Heidelberg in Mittelalter und Renaissance

Eine Spurensuche in zehn Spaziergängen

Heidelberg in Mittelalter und Renaissance

Eine Spurensuche in zehn Spaziergängen

herausgegeben von
Christoph Mauntel, Carla Meyer und Achim Wendt

in Kooperation mit dem Kurpfälzischen Museum der Stadt Heidelberg
und der Universitätsbibliothek Heidelberg

gefördert mit Mitteln der Stadt-Heidelberg-Stiftung und
der Gisela und Reinhold Häcker Stiftung

Jan Thorbecke Verlag

Bildnachweis

Biblioteca Apostolica Vaticana (Abb. auf S. 41)
Bibliothèque nationale de France, Paris (Abb. auf S. 173)
Binder, Claudia (Abb. auf S. 98, 104)
Büro für Bauforschung, Dokumentation und Konzeption (BDK) (Abb. auf S. 61, 64)
Davydov, Anton (Hochschule für Jüdische Studien, Heidelberg) (Abb. auf S. 178)
Deckers-Matzko, Renate J. (Abb. auf S. 8–9, 83, 92, 169, 151, 194, 198, 199, 200)
Deckers-Matzko, Renate J. (Institut für Europäische Kunstgeschichte) (Abb. auf S. 13, 15, 19, 20, 28, 30, 31, 32, 38, 48, 53, 54, 63, 65, 67, 68, 71, 72, 77, 80, 81, 88, 96, 100, 102, 107, 112, 114, 123, 126, 128, 130, 132, 137, 139, 140, 142, 149, 150, 155, 157, 158, 160, 164, 172, 175, 180, 188, 192, 196, 202, 206, 212, 217)
Deckers-Matzko, Renate J. / Universitätsmuseum Heidelberg (Abb. auf S. 186)
Foto Alex (Abb. auf S. 10)
Hoppe, Stephan (Abb. auf S. 124)
Kurpfälzisches Museum der Stadt Heidelberg (Abb. auf S. 44, 58, 66, 85, 91, 110, 147)
Landesamt für Denkmalpflege Baden-Württemberg (Abb. auf S. 43, 50, 211)
Mauntel, Thomas (Abb. auf S. 51)
Marzolff, Peter (Abb. auf S. 50)
Metropolitan Museum of Arts, New York (Abb. auf S. 118)
Montinaro, Gianpaolo (Abb. auf S. 34, 36)
Schultes, Kilian P. (Abb. auf S. 85, 205, 209, 213, 220, 221)
Staatsbibliothek zu Berlin, Preußischer Kulturbesitz (Abb. auf S. 22)
Staatsgalerie Stuttgart (Abb. auf S. 119, 122, 165, 177)
Stadtarchiv Heidelberg (Abb. auf S. 59, 215)
Universität Heidelberg/Leibniz-Institut für Länderkunde, Leipzig (Abb. auf S. 76, 183)
Universitätsarchiv Heidelberg (Abb. auf S. 185)
Universitätsbibliothek Heidelberg (Abb. auf S. 12, 17, 40, 45, 56, 57, 78, 82, 90, 96–97, 105, 106, 109, 146, 148, 154, 156, 189, 190, 193, 205, 216, 218–219, 220)
Universitäts- und Landesbibliothek Darmstadt (Abb. auf S. 207)
Wemhöner, Maximilian (Abb. auf S. 167)
Wendt, Achim / Dolmazon, Philippe (Abb. auf S. 121)

FSC www.fsc.org
MIX
Papier aus verantwortungsvollen Quellen
FSC® C095359

Für die Schwabenverlag AG ist Nachhaltigkeit ein wichtiger Maßstab ihres Handelns. Wir achten daher auf den Einsatz umweltschonender Ressourcen und Materialien. Dieses Buch wurde auf FSC®-zertifiziertem Papier gedruckt. FSC (Forest Stewardship Council®) ist eine nicht staatliche, gemeinnützige Organisation, die sich für eine ökologische und sozial verantwortliche Nutzung der Wälder unserer Erde einsetzt.

www.thorbecke.de

Umschlaggestaltung: Finken & Bumiller, Stuttgart
Umschlagabbildung: Foto: Blick auf Heidelberg von der Merian-Kanzel am Philosophenweg (Renate J. Deckers-Matzko), Kupferstich: Detail aus dem Heidelberg-Panorama von Matthaeus Merian, 1620 (Universitätsbibliothek Heidelberg, Graph. Slg. I,63); Montage: Thorbecke Verlag
Umschlagrückseite: Blick aus dem Chor ins Kirchenschiff der Heiliggeistkirche (Renate J. Deckers-Matzko)
Klappeninnenseite: Heidelberg-Panorama von Matthäus Merian aus dem Jahr 1620 (Universitätsbibliothek Heidelberg)
Klappe vorne: Das Michaelskloster auf dem Heiligenberg (Renate J. Deckers-Matzko)
Karten: Vermessungsamt Heidelberg, Axel Rohnacker
Gestaltung: DOPPELPUNKT, Stuttgart
Druck: Himmer AG, Augsburg
Hergestellt in Deutschland
ISBN 978-3-7995-0520-8

Liebe Leserin, lieber Leser,

gerne informieren wir Sie künftig über unsere Neuerscheinungen. Teilen Sie uns mit, für welche Themen Sie sich interessieren und schicken einfach diese Karte zurück.
Wenn Sie außerdem unsere Fragen auf der Rückseite beantworten, helfen Sie uns, zukünftig genau die Bücher zu machen, die SIE interessieren!

Gerne revanchieren wir uns für Ihre Mühe:
Unter allen Einsendern verlosen wir monatlich Bücher aus unseren Progammen im Wert von € 50,-

VORNAME / NAME

STRASSE / HAUSNUMMER

PLZ / ORT

E-MAIL

Bei Angabe Ihrer Mail-Adresse erhalten Sie rund 6 Mal jährlich unseren Newsletter, der Sie über die uns genannten Themenbereiche informiert.

Inhaltsverzeichnis

Vorwort

Das Wittelsbacherjahr, das die Bundesländer Baden-Württemberg, Rheinland-Pfalz und Hessen 2014 gemeinsam feiern, erinnert daran, dass diese glanzvolle Dynastie fast 600 Jahre lang auch an Rhein und Neckar regierte. Erst diese Herrschaft ließ sie in den vornehmen Rang von Kurfürsten des Heiligen Römischen Reichs deutscher Nation rücken. Als zentralen Sitz wählten die Wittelsbacher Heidelberg, das sich unter ihrer Herrschaft zu einer der bedeutendsten Residenzstädte im deutschsprachigen Raum entwickelte. Auf diese mittelalterliche Blütephase verweisen bis heute viele Spuren im Stadtbild, auch wenn Heidelberg nach seiner Zerstörung im Orléansschen Krieg 1689 und 1693 heute ein weitgehend barockes Gesicht hat.

Der vorliegende Stadtführer macht diese mittelalterlichen Überreste in zehn Rundgängen erfahrbar. Inhaltlich und didaktisch erprobt wurden sie im Rahmen einer Übung an der Universität Heidelberg, die durch Achim Wendt und Carla Meyer im Sommersemester 2008 mit 16 Studierenden durchgeführt wurde. Die hier versammelten Themenführungen wurden von einem interdisziplinären Team junger Wissenschaftlerinnen und Wissenschaftler aus Geschichtswissenschaft, Kunstgeschichte, Bauforschung und Archäologie verantwortet. Für inhaltliche Anregungen und Ergänzungen sind wir Hans-Martin Mumm, Leiter des Kulturamts der Stadt Heidelberg, Charlotte Lagemann, Universitätsmuseum Heidelberg, und Prof. Dr. Jürgen Miethke zu großem Dank verpflichtet.

Für die Bebilderung der Texte konnten wir die Fotografin Renate Deckers-Matzko gewinnen, deren besonderer Blick auf die Stadt auch andere Kunstführer über Heidelberg und seine historischen Schätze prägt. Für ihre Vermittlung und ihre Entlastung im Institut für Europäische Kunstgeschichte während der Wochen im Frühjahr, in denen die Fotografien entstanden, danken wir herzlich Prof. Dr. Matthias Untermann aus dem Institut für Europäische Kunstgeschichte.

Daneben bietet der Band eine Fülle an Rekonstruktionszeichnungen und Grundrissen, historischen Stichen, Zeichnungen, Gemälden und Aufnahmen archäologischer Funde. Überwiegend stammen sie aus den reichen Beständen der Universitätsbibliothek Heidelberg und des Kurpfälzischen Museums der Stadt Heidelberg, die den Band als Kooperationspartner von Beginn an begleiteten. Unser Dank gilt dem Direktor des Kurpfälzischen Museums, Prof. Dr. Frieder Hepp, und der Leiterin der Handschriftenabteilung an der UB, Dr. Maria Effinger, besonders aber dem Direktor der UB, Dr. Veit Probst, der uns in vielen Fragen mit erfahrenem Rat und spontaner Tat unterstützt hat.

Für die Vermittlung und Überlassung weiterer Bildrechte danken wir Prof. Dr. Dr. h.c. Peter Meusburger vom Geographischen Institut der Universität Heidelberg, Dr. Ingo Runde, Direktor des Universitätsarchivs, Dr. Kilian Schultes aus dem Historischen Seminar der Universität Heidelberg, Anton Davydov von der Hochschule für Jüdische Studien in Heidelberg sowie Uwe Gross vom Landesamt für Denkmalpflege. Die Erstellung der Karten übernahm Axel Rohnacker vom Vermessungsamt der Stadt Heidelberg. Für seine Begeisterung für das Projekt, die offenen Ohren bei Gestaltungsfragen des Buches und nicht zuletzt für sein sorgfältiges Lektorat danken wir Jürgen Weis aus dem Jan Thorbecke Verlag. Möglich wurde die Publikation des Stadtführers erst durch die großzügige finanzielle Unterstützung der Stadt-Heidelberg-Stiftung sowie der Gisela und Reinhold Häcker Stiftung, denen wir dafür herzlich danken.

Zur Fotografin

Renate J. Deckers-Matzko – gelernte Fotografenmeisterin – entwickelt seit vielen Jahren immer wieder neue Bildsprachen. In der modernen Kunstwelt wie in der Kunsthistorik sind zahlreiche Publikationen im In- und Ausland mit ihren Fotos erschienen.

Heidelberg in Mittelalter und Renaissance. Zur historischen Einführung

Carla Meyer und Christoph Mauntel

›Alt-Heidelberg‹ – so taufte der Dichter Victor von Scheffel die Neckarstadt in einem Gedicht aus dem Jahr 1854 und prägte damit den Namen für einen Sehnsuchtsort, der bis heute Touristen aus aller Welt nach Heidelberg zieht. Entdeckt wurde dieser ›Ort‹ in der Romantik, als die Stadt unter der Schlossruine eine ganze Generation junger Lyriker inspirierte, unter ihnen Hölderlin, Brentano und Eichendorff. Ihre Aufmerksamkeit galt jedoch nicht der quirligen Wissenschaftsmetropole des 19. Jahrhunderts. ›Alt-Heidelberg‹ – das war in den Augen der Romantiker die stolze Residenzstadt der Pfalzgrafen bei Rhein im Mittelalter und in der Renaissance, Epochen, die in den Trümmern auf dem Schlossberg noch zum Greifen nahe schienen.

Bis heute hinterlässt auch das enge Gassengewirr unterhalb des Schlosses den Eindruck einer mittelalterlichen Stadt. Dazu kommt der Blick von der anderen Flussseite auf Heidelbergs Panorama, das noch genauso kleinteilig und zugleich kompakt wirkt wie auf den großen Stadtdarstellungen von Sebastian Münster aus dem Jahr 1550 oder von Matthäus Merian aus dem Jahr 1620. Wer jedoch in den Straßen und auf den Plätzen steht, der schaut auf barocke Häuserreihen. Von den rund 900 denkmalgeschützten Objekten in der Altstadt stammen heute nur noch 22 Häuser, gerade einmal 2,4 Prozent, aus der Zeit vor dem 18. Jahrhundert. ›Alt-Heidelberg‹ – dieser Name bezeichnet eine Stadt, die gar nicht mehr steht, eine Stadt, die im neun Jahre wütenden Krieg um das pfälzische Erbe Ende des 17. Jahrhunderts untergegangen war.

Die französischen Truppen, die ab 1688 in die Pfalz eindrangen und sie besetzten, konnten sich zwar am Ende gegen die Reichstruppen nicht behaupten; die Selbständigkeit der Kurpfalz wurde verteidigt. Doch der berühmt gewordene Befehl des Sonnenkönigs Ludwig XIV. ›Brûlez le Palatinat!‹ – ›Brennt die Pfalz nieder!‹ ermächtigte das französische Heer zu einer systematischen Verwüstung der erstürmten Gebiete. Nicht nur pfälzische, auch württembergische Orte sowie die Reichsstädte Worms und Speyer gingen in Flammen auf. Heidelberg wurde zweimal getroffen: 1689 wurde das Schloss gesprengt, 1693 die Stadt zu seinen Füßen in Schutt und Asche gelegt. Als die Truppen im Herbst 1693 abzogen, standen nur noch einige Dutzend Wohnhäuser.

Links: Schlossbeleuchtung im Juli 2013

Zerstörung Heidelbergs im Orléansschen Krieg 1689 auf einem zeitgenössischen Flugblatt

Als man 1697 nach dem Frieden von Rijskwijk mit dem Wiederaufbau beginnen konnte, wurde Heidelberg eine andere Stadt: Den neuen Stadtherren aus der Neuburger Nebenlinie der Wittelsbacher, deren bisherige Territorien vorwiegend am Niederrhein lagen und die die Baufortschritte am liebsten von ihrer unzerstörten Kapitale Düsseldorf aus dirigierten, schwebte ein moderner Grundriss nach barockem Ideal mit begradigten Straßen und einheitlicher Architektur vor Augen. Statt in das zerstörte Schloss auf dem Jettenbühl zu ziehen, planten sie auf grüner Wiese in Bergheim am Neckar eine gigantische Residenz nach Versailler Vorbild. Die Mehrzahl der ehrgeizigen Projekte scheiterte jedoch am Widerstand der Heidelberger Einwohnerschaft. Schon aufgrund der Eigentumsverhältnisse, aber auch wegen der unter dem Schutt noch intakten Infrastrukturen entstand die Barockstadt stattdessen weitgehend auf dem Straßennetz und den Kellerfundamenten des Mittelalters.

Aber nicht nur der Wiederaufbau barg Konfliktpotential. Dazu kamen einmal mehr erbitterte konfessionelle Streitigkeiten zwischen den neuen katholischen Landesherren und der protestantischen Bevölkerung: Ihren symbolträchtigen Höhepunkt fanden sie im Ringen um die Nutzung der Heiliggeistkirche auf dem

Marktplatz. 1720 verließ der erboste Herzog Karl Philipp daher Heidelberg mit der Verwünschung, auf Heidelbergs Gassen solle künftig das Gras wachsen. Fortan war die aufblühende ›Quadratestadt‹ Mannheim der neue Herrschaftsmittelpunkt der Kurpfalz: Ihr auf dem Reißbrett geplanter Grundriss konnte ganz auf das neue, mit Versailles konkurrierende Schloss mit seinem riesigen Ehrenhof und einer Schaufront von über 400 Metern Länge ausgerichtet werden.

Durch die schweren Verwüstungen Heidelbergs im Orléansschen Krieg verlor die Stadt also einerseits ihre Silhouette, ihr Gesicht. Auch wenn die barocken Fassaden aus dem 18. Jahrhundert als Ensemble bis heute beeindrucken, konnten die in Dimension und Bauschmuck bescheidenen Neubauten an die Qualität der Gebäude aus Gotik und Renaissance nicht anknüpfen. Andererseits war auch das Selbstverständnis der Stadt tief getroffen. Eine der seit dem 13. Jahrhundert bedeutendsten Residenzstädte im deutschsprachigen Raum, die sich am Prag der Luxemburger und dem Wien der Habsburger gemessen hatte und selbst das Vorbild für umliegende Herrschaften gewesen war, sank zur Provinzstadt ab.

Mit diesem Stadtführer begeben wir uns auf Spurensuche nach dem verlorenen Heidelberg des Mittelalters und der Renaissance. Trotz der Zerstörungen und Umgestaltungen sind diese Epochen präsenter, als es auf den ersten Blick scheint: Hinter dem Putz der Fassaden schlummern Reste der Stadtmauer; die Keller in der Altstadt, die nach der Zerstörung nicht neu parzelliert wurden, weichen von den Grundrissen der heutigen Häuser ab und zeigen so die ur-

Einheitliche Barockfassaden am Heidelberger Marktplatz, errichtet im frühen 18. Jahrhundert sprünglichen Straßenverläufe. Aber auch überirdisch ist die ›alte Stadt‹ noch zu erahnen, wenn man ihre Spuren zu lesen weiß. Ein Beispiel sind die großen Plätze der Altstadt wie der Universitäts- oder der Karlsplatz, die – mit Ausnahme des Marktplatzes – wegen der engen Bebauung in einer mittelalterlichen Stadt undenkbar waren. Einst standen auf ihnen ausgedehnte Klosterkomplexe: Unter dem Universitätsplatz liegen noch heute die Grundmauern des Augustinerklosters und für die Anlage des Karlsplatzes musste um 1800 das Franziskanerkloster weichen.

Es geht jedoch nicht nur um die Heidelberger Altstadt, die im Vergleich zu ihrer näheren Umgebung jung ist. Während der Stadtname »Haidelberch« erst um 1196 zu fassen ist, lassen sich die heute eingemeindeten, ursprünglich jedoch selbständigen Dörfer Handschuhsheim, Wieblingen oder Neuenheim bis ins 6. Jahrhundert zurückverfolgen. Die noch sichtbaren Spuren unter anderem auf dem Heiligenberg führen vereinzelt sogar noch weiter über die Zeit der römischen Antike bis zu den Kelten zurück. Der Stadtführer wirft daher am Beispiel von Handschuhsheim und der Klöster auf dem Heiligenberg auch einen Blick auf diese Frühgeschichte (Rundgang 1 und 2). Die Mehrzahl der Rundgänge führt jedoch in Heidelbergs Blütezeit ab dem späteren 12. Jahrhundert, als man den ersten Burgweiler unter der ›alten Burg‹ auf der Molkenkur planmäßig nach Osten um die zentrale Achse der heutigen Hauptstraße herum erweiterte (Rundgang 3 und 4).

Zuvor hatten die Pfalzgrafen bei Rhein noch abwechselnd an verschiedenen Hauptorten ihrer Herrschaft, in Neustadt, Alzey oder Bacharach, Hof gehalten. Die ersten Wittelsbacher, ab 1214 Herren über die Pfalzgrafschaft (siehe Kasten auf S. 16), kehrten dagegen immer öfter in Heidelbergs Mauern ein. Nach und nach wandelte sich die traditionelle Reiseherrschaft ›vom Pferd herab‹ zu einer Regierung vor Ort an festen, repräsentativ ausgebauten Amtssitzen. Wie Heidelberg sich unter der pfalzgräflichen Hofhaltung entwickelte, wie diese Handwerker und Kaufleute, aber auch Adel und Klerus und später sogar Scholaren und Professoren in die Stadt zu ziehen vermochte, erzählen die Rundgänge 5 bis 10 unter verschiedenen thematischen Aspekten.

Die thematische Gliederung des Bandes hat zur Folge, dass herausragende Sehenswürdigkeiten wie die Heiliggeist- oder die Peterskirche wegen ihrer vielfältigen Aufgaben für die Stadt und ihre Herren mehrfach aufgesucht werden. Andere Überreste – darunter bedeutende Bauten wie die alte Johanniskirche auf dem Neuenheimer Marktplatz oder aber die Schlierbacher St. Laurentiuskapelle – sind dagegen nicht berücksichtigt: Es geht in diesem Band nicht darum, die aus der Zeit vor 1700 erhaltenen Überreste vollständig zu verzeichnen. Ausge-

Alte Johanniskirche aus dem 15. Jahrhundert am Neuenheimer Marktplatz

wählt wurden vielmehr Stationen, an denen sich das ›Funktionieren‹ einer mittelalterlichen Stadt unter fürstlicher Herrschaft beispielhaft entdecken lässt. So entsteht über das Beispiel Heidelbergs hinaus das Panorama einer Residenzstadt, wie man sie auch in anderen fürstlichen Zentralorten der Zeit – etwa in München, Tübingen oder Stuttgart – finden konnte.

Wittelsbacher am Rhein

1214 belehnte der staufische Herrscher Friedrich II. mit dem bayerischen Herzog **Ludwig I. dem Kehlheimer,** seinem treuen Gefolgsmann, den ersten Wittelsbacher mit der Pfalzgrafschaft bei Rhein. Ludwig führte die Herrschaft im Namen seines noch unmündigen Sohnes Otto, der mit der Erbtochter des letzten Pfalzgrafen verlobt worden war. Mit dem Akt von 1214 begann die 600 Jahre währende Herrschaft dieser Adelsdynastie an Rhein und Neckar.

1294 starb **Ludwig II. der Strenge** im Alter von 64 Jahren in seiner Geburtsstadt Heidelberg. Es wird erzählt, dass ihn der Tod im selben Zimmer ereilte, in dem er zur Welt gekommen war. Als letzter Wittelsbacher herrschte er sowohl über die Pfalz als auch über Bayern und gilt daher als der gemeinsame Stammvater beider Linien.

1329 musste der Wittelsbacher Ludwig IV. der Bayer, wiewohl seit 1314 König im römisch-deutschen Reich, im Hausvertrag von Pavia auf die Regentschaft der Pfalzgrafschaft verzichten. Sie wurde fortan allein von den Nachkommen seines

Stichwort »Pfalzgraf bei Rhein«

Der Name »Pfalz« leitet sich von dem lateinischen Wort »palatium« für einen burgähnlichen Königshof ab, den die römisch-deutschen Könige und Kaiser bis zur Stauferzeit an zentralen Orten ihres Reichs errichteten. Der »Pfalzgraf«, ein seit der Merowingerzeit fassbarer Titel, war ihr lokaler Stellvertreter, zuständig für die Hofhaltung und für die Gerichtsbarkeit. Für das 10. Jahrhundert sind für die Herzogtümer Schwaben, Lothringen, Bayern und Sachsen je eigene Pfalzgrafen belegt. Spätestens im 13. Jahrhundert verschwanden sie jedoch bis auf den lothringischen, der erstmals 1131 als »comes palatinus de Rheno«, als »rheinischer Pfalzgraf« bezeichnet wurde. Anfänglich trugen Familien den Titel, deren Besitzschwerpunkt am Niederrhein lag; in der ersten Hälfte des 12. Jahrhunderts verlagerte sich dann der Kern des pfalzgräflichen Territoriums ins Mittelrheingebiet um Bacharach. Erst als Kaiser Friedrich Barbarossa 1156 die Pfalzgrafenwürde an seinen Halbbruder Konrad von Staufen verlieh, wurde das Territorium in den Süden um den ehemaligen Königsbesitz der Salier um Alzey verlegt. Zugleich übertrug Barbarossa seinem Bruder die Lehenshoheit über eine ganze Reihe rheinischer Grafschaften sowie die Vogteien – das heißt, die Schutzherrschaft – über die seit der Karolingerzeit bedeutende Reichsabtei Lorsch und das Bistum Worms. Auf dem Gebiet der Diözese Worms stand auch die Burg mit dem späteren Namen Heidelberg, die Konrad zum Zentrum für den Ausbau seiner Herrschaft am unteren Neckar machte. In staufischer Zeit wurden Amt und Rang des Pfalzgrafen damit deutlich aufgewertet: Die Pfalzgrafen konnten fortan die gleiche Position wie Herzöge beanspruchen.

Stichwort »Kurfürst«

Als im Jahr 1196 der staufische Kaiser Heinrich VI. unerwartet früh starb, war der letzte Versuch gescheitert, die Herrschaft über das römisch-deutsche Reich in eine Erbmonarchie zu verwandeln. Im Konflikt um den Thron zwischen Heinrichs Bruder Philipp und dem Welfen Otto von Braunschweig 1198 rang man auch darum, welche Fürsten das Recht hatten, den König zu wählen, und nach welchem Modus diese Wahl stattfinden sollte. Ursprünglich waren alle Reichsfürsten berechtigt, an der Königswahl teilzunehmen. Wer sich zu dieser Gruppe zählen durfte, war jedoch nicht eindeutig festgelegt, was immer wieder zu Doppelwahlen beziehungsweise der Erhebung von Gegenkönigen führte. 1198 wurde daher erstmals von der welfischen Partei der Mehrheit der Reichsfürsten ein kleines Gremium privilegierter Königswähler gegenübergestellt, zu dem neben den rheinischen Erzbischöfen von Mainz, Trier und Köln auch bereits der Pfalzgraf bei Rhein gehörte. Erweitert durch den Herzog von Sachsen und den Markgrafen von Brandenburg sowie zuletzt durch den König von Böhmen, konnte dieser Kreis ab 1273 das exklusive Recht behaupten, den König zu »küren«. Den Königswählern wurde eine besondere Verantwortung für das Reich zugesprochen, die sie auch bei den Krönungsfeierlichkeiten zum Ausdruck brachten. Der Pfalzgraf etwa galt als Truchsess des Reichs, der für die gesamte Hofhaltung und damit auch die königliche Tafel verantwortlich war. Symbolisch bediente er den neuen König daher beim Krönungsmahl.

Der Pfalzgraf bei Rhein als Truchsess des Reichs in der Schedelschen Weltchronik von 1493

Rechtlich fixiert wurden die Abläufe der Königswahl durch das Gremium der drei geistlichen und vier weltlichen Kurfürsten erst unter Kaiser Karl IV. in der berühmten »Goldenen Bulle« aus dem Jahr 1356. Die in Gold besiegelte Urkunde, die in der frühen Neuzeit als »Reichsgrundgesetz« galt, entschied außerdem im dynastischen Konflikt, ob das Kurrecht der Münchner oder der Heidelberger Linie der Wittelsbacher zustehe, für die Pfälzer. Fortan glänzten die Heidelberger Stadtherren daher nicht nur als vornehmste weltliche Königsmacher, sondern Pfalzgraf Ruprecht III. konnte 1400 als einziger pfälzischer Wittelsbacher sogar selbst den römisch-deutschen Thron besteigen.

Bruders **Rudolf I.** wahrgenommen, die Wittelsbacher teilten sich in eine pfälzische und eine bayerische Linie.

1386 gründete Pfalzgraf **Ruprecht I.** mit päpstlicher Billigung die Heidelberger Universität. Er zog damit mit den königlichen Dynastien der Luxemburger und Habsburger gleich, die bereits 1348 in Prag beziehungsweise 1365 in Wien Hochschulen geschaffen hatten.

1400 wurde sein Großneffe **Ruprecht III.** als erster und einziger pfälzischer Wittelsbacher zum römisch-deutschen König gewählt, nachdem die Kurfürsten die Absetzung des Luxemburgers Wenzel beschlossen hatten. Nicht anders als Wenzel galt freilich auch er vielen Zeitgenossen wie auch der Forschung als ein gescheiterter König, dessen politischer wie finanzieller Handlungsspielraum eng begrenzt blieb. Erfolgreicher als seine Politik im Reich wird dagegen seine Herrschaft in seinem ererbten Territorium gewertet, so dass Ruprecht zwar nur als »kleiner König«, doch immerhin als »großer Pfalzgraf« gilt.

1462 triumphierte Pfalzgraf **Friedrich I. der Siegreiche**, von seinen Feinden auch als »böser Fritz« bezeichnet, in der Schlacht von Seckenheim über das gegen ihn aufgestellte Reichsheer. Unter Friedrichs Regierung erreichte das Herrschaftsgebiet der rheinischen Wittelsbacher seine größte Ausdehnung.

1552 führte der vor allem für seine Bibliophilie und Baulust berühmte **Ottheinrich** in der Kurpfalz gegen den Willen der wittelsbachischen Verwandtschaft die Reformation ein. Bis ins 18. Jahrhundert hinein sollte Heidelberg nach der Devise »cuius regio, eius religio« (»wessen Gebiet, dessen Religion«) nicht weniger als sieben Mal seine Glaubensrichtung wechseln.

1619 nahm der Pfälzer **Friedrich V.** die ihm angebotene böhmische Krone an, nachdem der Habsburger Kaiser Ferdinand II. mit dem berühmten »Prager Fenstersturz« im Jahr zuvor für abgesetzt erklärt worden war. Nur 18 Monate im Amt, ging Friedrich nach der für ihn verheerenden Schlacht am Weißen Berg als »Winterkönig« in die Geschichte ein. Seine Heimat Heidelberg wurde 1622 im durch die Prager Ereignisse ausgelösten Dreißigjährigen Krieg von der Katholischen Liga erobert und stark zerstört, die berühmte Bibliotheca Palatina ließ man nach Rom abtransportieren.

1685 starb **Karl II. von der Pfalz** unerwartet früh, ohne einen Erben zu hinterlassen; dadurch ging die Kurpfalz an die wittelsbachische Nebenlinie von Pfalz-Neuburg über. Aber auch der französische König Ludwig XIV. meldete Erbansprüche über seine Schwägerin, Karls Schwester Liselotte, an. Daraus entspann sich der ›Orléanssche Krieg‹ (auch als Pfälzischer Erbfolgekrieg bekannt), dessen Folgen für die Kurpfalz desaströs waren. Aus Anlass der Zerstörung ihrer Hauptstadt Heidelberg ließ der triumphierende Ludwig sogar eine Medaille »Heidelberg deleta« – »Heidelberg ist zerstört« prägen.

Blick vom Philosophenweg auf die Heidelberger Altstadt

Matthäus Merian und Heidelberg (siehe Bucheinband)

Am Heidelberger Philosophenweg, auf etwa 280 Metern Höhe, befindet sich die ›Meriankanzel‹, eine Plattform aus Sandstein, die man erst 1967 nach umfassenden Vermessungen wieder entdeckte: Sie gilt als Standpunkt, von dem aus der Kupferstecher und Verleger Matthäus Merian die Stadt für sein großes, 1620 im Druck publiziertes Heidelbergpanorama porträtierte.

Der Name Matthäus Merian steht bis heute für eine Vielzahl von Kupferstichen, auf denen der gebürtige Basler mehr als 2000 Städte, Burgen und Klöster des Heiligen Römischen Reichs deutscher Nation in prägnanten Ansichten festhielt. Wegen ihrer Details sind seine Stiche noch heute eine wertvolle Quelle für die Geschichte vieler Orte, die in den Kriegen des 17. Jahrhunderts zerstört wurden. Viel genauer und feiner ausgearbeitet als der rund 70 Jahre früher um 1550 entstandene Holzschnitt von Sebastian Münster, gilt Merians Ansicht von Heidelberg als geradezu maßstabsgetreue Darstellung der Stadt, mit deren Hilfe sich Häuserfassaden und Parzellengrößen rekonstruieren lassen. Wer von der ›Meriankanzel‹ auf die Stadt blickt, erkennt jedoch schnell, dass der Künstler die Stadtansicht für seinen Kupferstich stilisierte: Die Straßen wurden verbreitert und öffnen sich dem Betrachter, die Dächer sind zumeist verkleinert, markante Bauwerke hingegen wurden vergrößert. Nur so konnte der Künstler möglichst viele Details der Stadt in sein Bild rücken.

1. Handschuhsheim als Dorf der Karolingerzeit und seine Ersterwähnung im Lorscher Codex

Julia Becker

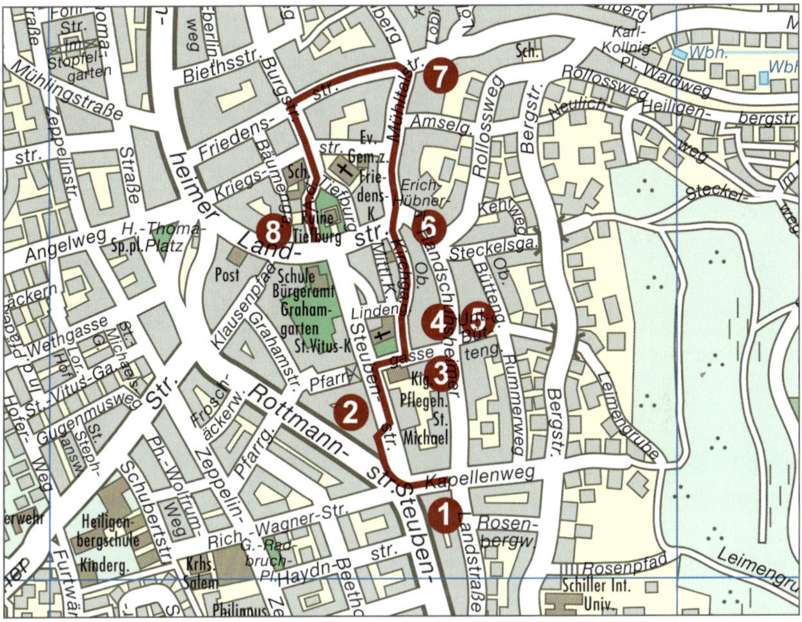

Stationen *(Rundgang: circa 2 Stunden)*

❶ Dorfbefestigung und Tore (Handschuhsheimer Landstraße 68/ Kapellenweg 5)

❷ »Lorscher Hof«/Atzelhof (Rottmannstraße 2/Atzelhof)

❸ bis ❺ St. Vitus (Pfarrgasse 5/Kirchhof)

❻ Mühltalstraße

❼ Mühltalstraße 41

❽ Tiefburg (Dossenheimer Landstraße 6)

Öffnungszeiten

St. Vitus: Montag, Donnerstag und Samstag von 7 bis 19.30 Uhr, Dienstag, Mittwoch, Freitag und Sonntag von 7 bis 18 Uhr.

Tiefburg: Dienstag und Freitag, 16.30 bis 18.30 Uhr. Heute wird die Tiefburg vom Handschuhsheimer Stadtteilverein für Feste und Veranstaltungen genutzt.

Links: St. Vitus in Handschuhsheim

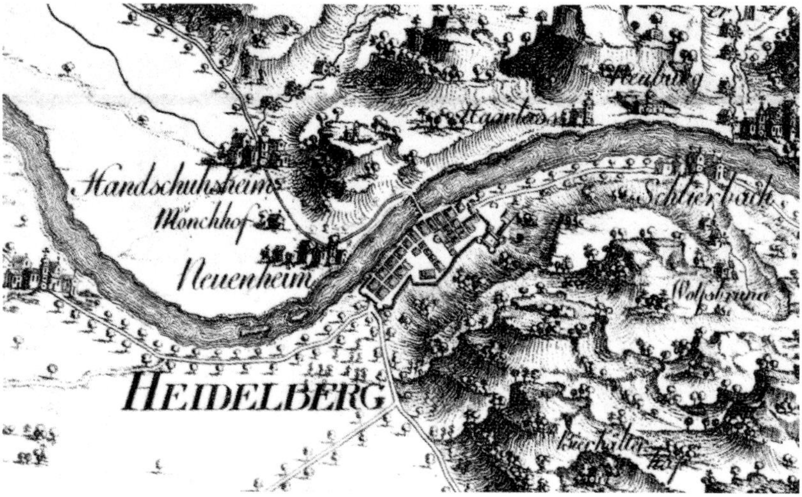

»Charta Palatina« des Jesuiten Christian Mayer, um 1780, mit dem eigenständigen Dorf Handschuhsheim (Detail)

Viele Heidelberger Stadtteile sind älter als die Altstadt selbst und wurden als ursprünglich eigenständige Dörfer erst um 1900 der Stadt Heidelberg eingemeindet. Eine der ältesten Ansiedelungen liegt auf dem Gebiet des heutigen Handschuhsheim, für das sich bereits römische Siedlungsspuren finden lassen. So wurden etwa unter dem »Lorscher Hof«/Atzelhof, einem Klosterhof aus karolingischer Zeit, Reste eines römischen Landgutes entdeckt. Nach der Eroberung durch die Franken im 6. Jahrhundert wurde das Gebiet in Gaue eingeteilt. Handschuhsheim gehörte zum Lobdengau mit der Hauptstadt »Lopodunum«, dem heutigen Ladenburg. Das Dorf ist erstmals im Lorscher Codex urkundlich erwähnt, als Sigwin, wohl ein fränkischer Edelmann, dem Kloster Lorsch einen Weinberg in seiner Gemarkung »Hantscuesheim« übertrug.

Mit dem Kloster Lorsch ist auch der wichtigste Bezugspunkt genannt, der für die weitere Entwicklung des späteren Heidelberger Stadtteils entscheidend werden sollte. Die Benediktinerabtei wurde um das Jahr 764 von den Rupertinern auf eigenem Grund und Boden am Fluss Weschnitz zwischen Heppenheim und Worms gegründet und bald darauf ihrem Verwandten Bischof Chrodegang von Metz übertragen. Mit Chrodegang von Metz, der zu den engen Vertrauten König Pippins gehörte und bei der Neuorganisation der fränkischen Kirche eine entscheidende Rolle spielte, erhielt das Kloster einen einflussreichen Förderer. Im Jahr 765 wurde Lorsch mit Benediktinermönchen aus Gorze besiedelt und nach der römisch-fränkischen Kirchenreform ausgerichtet. Die Überführung der

Gebeine des römischen Märtyrers Nazarius im Jahr 765 belegt ebenfalls die enge Anbindung des Klosters an Rom. Doch nicht nur mit Rom, auch mit der karolingischen Herrscherdynastie stand das Kloster Lorsch in gutem Kontakt, denn im Jahre 772 wurde es zur Reichsabtei erhoben und unter königlichen Schutz gestellt. Reichsabtei blieb Lorsch bis ins Jahr 1232. Durch diese herausgehobene Stellung entwickelte sich Lorsch rasch zu einem der mächtigsten Klöster der Karolingerzeit, die das Leben an der Bergstraße entscheidend bestimmten. Die Beziehungen zwischen Handschuhsheim und der karolingischen Reichsabtei intensivierten sich noch durch zwei weitere Ereignisse. Um das Jahr 870 wurde das Michaelskloster auf dem Heiligenberg gegründet und Lorsch unterstellt (siehe Rundgang 2). Außerdem kam zu Beginn des 12. Jahrhunderts das Geschlecht der Herren von Schauenburg in den Besitz der Bergsträßer Schauenburg oberhalb von Dossenheim, wo sie als Vögte die Verwaltung der Lorscher Liegenschaften übernahmen und die gerichtlichen Interessen des Klosters vertraten. So unterstand auch Handschuhsheim der Lehnshoheit der Schauenburger, die diese bis zum Aussterben der Dynastie im Jahr 1281 ausübten, und war damit eng mit dem Schicksal von Lorsch verknüpft. Im 13. Jahrhundert wurde Handschuhsheim das Marktrecht verliehen. Ab 1223 findet sich auch der Begriff »Rossemarkit«, der darauf hindeutet, dass in Handschuhsheim Viehmärkte ab-

Der Lorscher Codex

Der Lorscher Codex (lateinisch »Codex Laureshamensis«) ist eine Art Güterverzeichnis des Lorscher Klosterbesitzes, das Ende des 12. Jahrhunderts entstand. Darin sind neben einer Klosterchronik und einem Zinsregister mehr als 3800 Urkundenabschriften zusammengetragen, welche die Besitzungen (Äcker, Wiesen, Wälder, Mühlen, Leibeigene etc.) der Reichsabtei dokumentieren. Meist handelte es sich um Schenkungen kleinerer und größerer Grundbesitzer, die einen Teil ihres Besitzes zur Sicherung ihres Seelenheils an das Kloster und damit an den heiligen Nazarius übertragen hatten. Ab 767 bis in die 880er Jahre erhielt Lorsch mehr als 100 Schenkungen pro Jahr, wobei sich die Besitzungen der Reichsabtei vor allem entlang der heutigen Bergstraße (Heppenheim, Weinheim, Wiesloch etc.), im Worms- und Speyergau, im Lobdengau sowie bis in den südlichen Odenwald finden. Für Handschuhsheim lässt sich in der Zeit zwischen 765 und 900 mit mehr als 120 eine besonders hohe Zahl an Schenkungen an das Lorscher Kloster nachweisen, die Präsenz und Einfluss des Klosters in diesem Gebiet eindrucksvoll belegen.

Der Lorscher Codex stellt ein besonders wertvolles Quellenzeugnis dar, da fast alle Originale der frühmittelalterlichen Urkunden heute verloren sind. Zugleich finden hier auch zahlreiche Heidelberger Stadtteile wie Neuenheim (765), Rohrbach (766), Kirchheim (767), Wieblingen (767) und Bergheim (769) ihre erste urkundliche Erwähnung.

gehalten wurden. Erst im Jahr 1320, als der Einfluss des Klosters Lorsch längst zurückgegangen war, konnte der Mainzer Erzbischof das Gebiet um die Schauenburg erwerben und damit kam auch Handschuhsheim in den Besitz von Kurmainz. Dagegen wehrten sich die unmittelbaren Heidelberger Nachbarn, die Pfalzgrafen bei Rhein, in langwierigen Auseinandersetzungen, die erst in der Schlacht von Seckenheim am 30. Juni 1462 zugunsten des Kurfürsten Friedrich I. des Siegreichen entschieden wurden. Danach stand Handschuhsheim bis zum Orléansschen Krieg Ende des 17. Jahrhunderts, in dem es stark zerstört wurde, unter der Herrschaft der Kurpfalz. Ab dem Reichsdeputationshauptschluss im Jahr 1803, als die rechtsrheinischen Gebiete mit Mannheim und Heidelberg abgetreten wurden, gehörte Handschuhsheim zum Großherzogtum Baden.

Wir beginnen unsere Themenwanderung, auf der wir den sichtbaren Resten des mittelalterlichen Handschuhsheim nachspüren werden, am **Schnittpunkt von Handschuhsheimer Landstraße und Kapellenweg.** An dieser Stelle stand in spätmittelalterlicher Zeit das Heidelberger Tor, durch das der Weg von Handschuhsheim nach Süden führte. Die »Handschuhsheimer« grenzten ihre Siedlung zur Rheinebene hin mit Schutzwällen, Gräben und Toren ab. Von den ehemaligen **»Dorftoren«** ❶ und den Resten der Mauerbegrenzungen haben sich heute keine sichtbaren Überreste mehr erhalten. Die Mauer, die spätestens im Dreißigjährigen Krieg zerstört wurde, verlief ursprünglich vom Schnittpunkt Kapellenweg/Handschuhsheimer Landstraße den Kapellenweg und die Rottmannstraße entlang bis zu dem Punkt, an dem sich die Husarenstraße mit der Hans-Thoma-Straße vereint. Die nördliche Grenze der Mauer führte von dort hinter der Friedensstraße entlang bis zum Mühlbach. Das sogenannte Ladenburger Tor oder Wendelstor, das sich zwischen der heutigen Friedens- und Bietsstraße befand, begrenzte den Weg nach Nordwesten. Nach Norden (in Richtung Dossenheim) schützte das sogenannte Stuhl-Tor den Ort (heutige Kreuzung der Straßen Zum Steinberg, Friedensstraße und Mühltalstraße). Sein Name weist darauf hin, dass dort im Mittelalter wahrscheinlich zu Gericht gesessen wurde.

Seit karolingischer Zeit begannen sich Dorfanlagen vor allem um ein festes Zentrum herum zu entwickeln, zumeist die Kirche eines Adeligen. Frühmittelalterliche Dorfanlagen bestanden gewöhnlich aus Holzhäusern und sogenannten Grubenhäusern, etwa hüfttief in den Boden eingegrabene Nebenbauten. Da die Stützbalken der Häuser in den Boden eingegraben waren und daher mit der Zeit faulten,

Der Atzelhof vor seinem Abriss 1923

wurden die Häuser häufig an anderen Standorten neu gebaut. Auch die Qualität der Böden, die mit der Zeit auslaugten, waren Grund für regelrechte ›Wanderungen‹ der Siedlungsstellen. In dieser Tradition wurden selbst im Spätmittelalter Häuser noch als Mobilien aufgefasst, die man mitnahm, wenn man umzog. In Heidelberg wurde ein derartiger Siedlungsprozess punktuell etwa für das Dorf Bergheim archäologisch ergraben. Auch kleinere Siedlungskomplexe wurden durch Gräben, Dornhecken oder Palisaden vor äußeren Übergriffen geschützt.

Wir begeben uns nun zu dem Gebäude mit der Aufschrift »**Atzelhof**« 2, das sich an der Kreuzung der Steubenstraße mit der Rottmannstraße befindet und dessen Name wohl auf die vielen »Atzeln« (Elstern) zurückgeht, die dort auf den Pappeln nisteten. Seit dem Jahr 1923 entstand eine Wohnanlage, die – wie wir sehen können – das Stadtbild von Handschuhsheim südwestlich von St. Vitus entscheidend prägt. Ursprünglich handelte es sich bei diesem Anwesen, dessen Gebäude teilweise der im Jahr 1906 angelegten Steubenstraße weichen mussten, um einen karolingischen Klosterhof, dessen weitläufige Stallungen, Scheunen und Vorratsräume einst den wirtschaftlichen Mittelpunkt der Besitzungen der Lorscher Reichsabtei in Handschuhsheim und Umgebung bildeten. Teil dieses Gebäudekomplexes war eine der heiligen Anna geweihte Kapelle. Hier hatten die dem Lorscher Kloster zinspflichtigen Bauern ihre

Pachtabgaben in Form von Naturalien oder Geldzahlungen abzuliefern, und es wurde außerdem vom zuständigen Probst Recht gesprochen. Im Zuge der Konfiskation von Kirchengütern während der Reformation ließ Kurfürst Friedrich III. den Lorscher Hof im Jahr 1575 in ein Waisenhaus umwandeln, das bis ins Jahr 1813 bestand. Nach der Auflösung der Waisenhaus-Schaffnei übernahm die Evangelische Stiftung Pflege Schönau den Atzelhof, dessen Gebäudekomplex im Jahr 1923 komplett abgerissen wurde.

Wir folgen nun der Steubenstraße in Richtung Norden und können bereits rechter Hand die katholische Pfarrkirche **St. Vitus** ❸ sehen, die einst dem heiligen Nazarius – dem Schutzpatron des Klosters Lorsch – geweiht war. In ihrem Kirchhof gegenüber dem südlichen Eingangsportal beziehen wir unsere nächste Station. Zum Jahr 774 wird im Lorscher Codex erstmals eine Kirche in Handschuhsheim erwähnt, die wohl zunächst durch einen wohlhabenden Handschuhsheimer auf eigenem Boden errichtet worden war. Einige Jahre später wurde die Kirche von einem gewissen Hartdradus als Teil seines Besitzes an die Abtei Lorsch und ihren Patron Nazarius übertragen. Auch die Kirche des Hartdradus stand bereits unter dem Patrozinium, d.h. der Schutzherrschaft, des heiligen Nazarius, der wohl im 8. Jahrhundert der bedeutendste Heilige in dieser Region war. Von außen haben sich zwar keine sichtbaren Reste der karolingischen Bausubstanz mehr erhalten, bei Grabungen im Jahr 1961 stieß man jedoch auf Mauerreste im Erdreich. Wie auch am unregelmäßigen Grundriss zu erkennen ist, sind für die St. Vitus-Kirche mehrere Um- beziehungsweise Neubauten anzunehmen. Bereits im 11. Jahrhundert war die Kirche aus ungeklärten Gründen so stark zerstört, dass Abt Arnold von Lorsch sie neu aufbauen ließ. Vom Vorplatz der Kirche aus kann man an der südlichen Außenwand des Glockenturms im romanischen Bestand unterhalb der spitzbogigen gotischen Schallöffnungen zwei unterschiedlich geschichtete Arten von Mauerwerk ablesen, die den Turm senkrecht zerteilen: Es handelt sich dabei offensichtlich um die Reparaturmaßnahme nach dem Einsturz der Westhälfte. Möglicherweise war ein Erdbeben die Ursache für diesen merkwürdigen Schaden. Wenn wir nun um die Turmecke auf die Schallöffnungen in der Ostseite des Turmes blicken, ist noch das erhaltene romanische Glockengeschoss zu entdecken. Gut erkennbar sind hier eine Doppelarkade mit Würfelkapitell sowie darunter die vermauerte Öffnung einer gleichartig gebildeten Schallöffnung, die man für die Errichtung des bestehenden Langhausdachs verschließen musste.

Um 1200 wurde das Langhaus zu einer dreischiffigen Basilika erweitert.

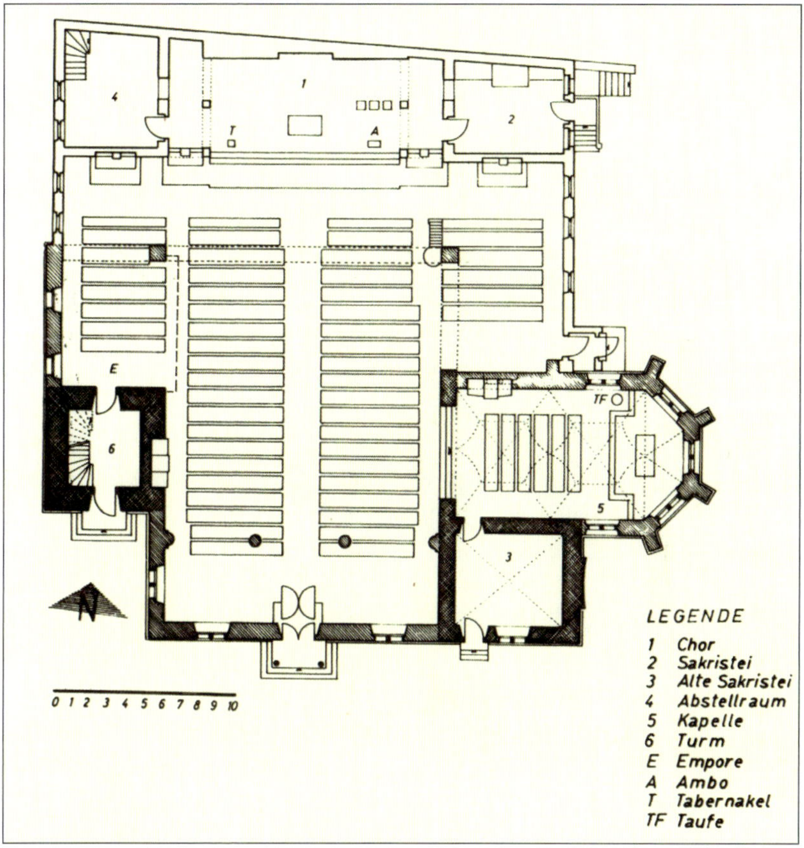

Grundriss von St. Vitus

Der heilige Nazarius

Der heilige Nazarius, gestorben um 304, war wohl ein römischer Soldat, der in Gallien, Italien und in Trier wirkte und während der Christenverfolgung des römischen Kaisers Diokletian zusammen mit seinem Begleiter Celsus den Märtyrertod erlitt. Seine Gebeine wurden von keinem Geringeren als Bischof Ambrosius von Mailand, einem der vier Kirchenväter der Spätantike, entdeckt und in die Mailänder Apostelkirche vor der Porta Romana, die dann den Namen San Nazaro Maggiore trug, überführt. Von Mailand aus verbreitete sich die Verehrung des Heiligen rasch. Bald besaßen zahlreiche Kirchen in Italien (Nola, Brescia, Ravenna, Rom), Byzanz, Afrika und Frankreich Reliquien des heiligen Nazarius. Im Jahr 765 wurden seine Gebeine nach Lorsch überführt, worauf zahlreiche Nazariuskirchen entlang der Bergstraße entstanden. Erst ab dem 12. Jahrhundert ist ein Rückgang der Nazariusverehrung zu verzeichnen.

Fresko des heiligen Jakobus aus dem 15. Jahrhundert in St. Vitus

Erst seit dem 13. Jahrhundert ist die Handschuhsheimer Kirche den Heiligen Vitus und Georg geweiht. Dies ist wahrscheinlich auch als Folge des Niedergangs des Klosters Lorsch zu interpretieren, das 1232 an das Mainzer Erzbistum übereignet wurde. Diether V. von Handschuhsheim ließ nach den Zerstörungen in Folge der Mainzer Erzstiftsfehde im 15. Jahrhundert die Kirche im spätgotischen Stil umbauen. Dabei wurde das nördliche Seitenschiff niedergelegt und stattdessen eine Empore für die Nonnen des benachbarten Augustinerinnenklosters errichtet, das westlich der Kirche lag. Seit den Konfessionskonflikten in der Mitte des 17. Jahrhunderts wurde St. Vitus als Simultankirche genutzt: Im Chor feierten die Katholiken ihren Gottesdienst, das Schiff blieb den Reformierten vorbehalten. Erst im Jahr 1910 wurde die endgültige Trennung in zwei Gotteshäuser vollzogen.

Durch den südlichen Haupteingang betreten wir nun das **Kircheninnere** ❹. Unserem Blick, der von außen – wenn wir von Süden und Westen kommen – noch vom Eindruck einer mittelalterlichen Dorfkirche geprägt ist, weitet sich nun ein vollkommen modern anmutender Großraum. Denn 1933/34 erfolgte ein erneuter Umbau unter dem Architekten Franz Kuhn, der die Nordseite des Kirchenschiffs erweitern ließ. Dies führte zu einer grundlegenden Umgestaltung des Kircheninneren: Der gotische Chor verlor seine Funktion und wurde zur Neben- beziehungsweise Taufkapelle, den Altarraum verlegte man in den nördlichen Anbau und der Seiteneingang an der Südseite wurde zum Haupteingang umgewandelt. Trotz dieser zahlreichen Umbauten und Neugestaltungen ist St. Vitus (St. Nazarius) die einzige Kirche im Stadtgebiet Heidelbergs, die noch bedeutende romanische Bausubstanz bewahrt. Darin spielen der mittelalterliche Chor sowie das alte Südschiff nur noch eine

Nebenrolle. In der **Vorhalle** sehen wir die Säulen des romanischen Baus, die rechter Hand den Blick auf den gotischen Chor zulassen. Uns gegenüber auf der linken Seite befindet sich der aus dem 11. Jahrhundert stammende Turm, der zur Hälfte in den Raum eingezogen ist. Wir betrachten nun die Fresken, die sich in der Vorhalle, also dem Seitenschiff der alten Basilika, auf der Ostwand und einem Teil der Westwand befinden. Diese wurden erst im Jahr 1911 entdeckt und stammen wohl aus der Zeit nach 1400. Durch die Fensterdurchbrüche während des Umbaus in gotischer Zeit wurden sie allerdings stark in Mitleidenschaft gezogen. Auf dem Freskenzyklus werden Szenen des Lebens und Leidens Christi dargestellt, von der Verkündigung Mariä über die Grablegung Christi bis zum Jüngsten Gericht. Auch auf der Südwand konnten an den Fensterlaibungen im Jahr 1961 weitere Fresken freigelegt werden, die aus der ersten Hälfte des 15. Jahrhunderts stammen. Da sie lange Zeit vermauert und somit vor äußeren Einflüssen geschützt waren, konnten sie ihre Farbintensität erstaunlich gut bewahren. Von links nach rechts sind die Heiligen Wendelin, Jakobus, Odilia und Apollonia dargestellt.

Wir wenden uns nun von der Vorhalle aus dem **alten Chor** zu. Dabei kommen wir an der Ostwand an Stufen vorbei, die ursprünglich in die Gruft führten. Diese befindet sich unterhalb der ehemaligen Sakristei, die heute zum Besprechungszimmer umfunktioniert ist. Die Gruft, die oft irrtümlich als Krypta gedeutet und deren Zugang im 14. Jahrhundert vermauert wurde, diente als Begräbnisstätte des Adelsgeschlechts der Handschuhsheimer. Dort steht heute noch ein Steinsarkophag aus rotem Sandstein, der wohl im 11. Jahrhundert entstand. Der

Herren von Handschuhsheim

Zahlreiche Denkmäler aus Spätgotik und Spätrenaissance, die in und an der Kirche St. Vitus angebracht sind, erinnern an das bedeutende Adelsgeschlecht der Handschuhsheimer. Ab dem 12. Jahrhundert standen die Handschuhsheimer als edle Herren im Dienst der Schauenburger, die von der Reichsabtei Lorsch mit der Herrschaft über den ganzen Lobdengau belehnt worden und dabei unter anderem auch für die Klöster auf dem Heiligenberg zuständig waren. Als erste Vertreter des Geschlechts sind im Lorscher Codex für die Jahre 1130, 1148 und 1165 die Brüder Ingram und Rumhard von Handschuhsheim urkundlich bezeugt. Eine zweite Linie dieses Adelsgeschlechts wird durch die Brüder Swigger und Suiger begründet, die ab 1206 urkundlich belegt sind. Ob die beiden Linien über Verwandtschaftsbeziehungen miteinander verknüpft sind, kann nicht mehr eindeutig nachvollzogen werden. Sicher ist jedoch, dass von der zweiten Linie das kurpfälzische Adelsgeschlecht der Handschuhsheimer abstammt, das erst im Jahr 1600 ausstarb.

Zugang zur Gruft, der von der Ostwand des alten Chors aus erfolgt, ist zwar inzwischen wieder freigeräumt, aber nicht für die Öffentlichkeit zugänglich. Der Chor der gotischen Kirche wurde zuletzt 1980 renoviert.

Von besonderer Bedeutung sind hier zahlreiche **Grabdenkmäler** ❺ aus dem 16./17. Jahrhundert, die an die Herren von Handschuhsheim erinnern. Auf der rechten Seite sehen wir beispielsweise das Grabdenkmal Diethers V. von Handschuhsheim, gestorben 1487, und seiner Frau Margarete von Frankenstein, gestorben 1483, die beide kniend in Gebetshaltung dargestellt sind. Unter den beiden Figuren am Sockel des Denkmals findet sich folgende Inschrift:

»Anno d(omi)ni 1487 uf Sant Marxtag (25. April) / starb der Vest Dytther vo(n) hentschusheim hie / begraben de(s) vater der streng herr Heinrich / vo(n) hentschushei(m) Jm strytt zu lottringen / wart erschlagen der beider selen got gnad«

»Anno d(omi)ni 1483 uf den grun / dorstag (27. März) starb die erbar frau Margreth von franke(n)stein Dyther vo(n) hentschus / heims elich gemahel und ligt zu hey / delberg zu de(n) barfußen d(er) got gnad«

Dieses Epitaph erinnert also nicht nur an Diether V., sondern auch an seinen Vater Heinrich (V.) von Handschuhsheim und seine Frau Margarete. Da diese nicht in St. Vitus, sondern im ehemaligen Heidelberger Franziskanerkloster (auch Barfüßerkloster genannt) begraben lag, ist das Denkmal aus der Sicht der mittelalterlichen Totenmemoria besonders interessant. Denn die Memoria, das rituelle Totengedenken, stellte einen zentralen Bestandteil des religiösen Lebens in mittelalterlichen Gesellschaften dar. Die Vorstellung von der Gemeinschaft der Lebenden und Toten, die auch für die genealogische Selbstvergewisserung des Adels eine wichtige Rolle spielte,

Grabmal Diethers V. von Handschuhsheim und seiner Frau Margarete von Frankenstein in St. Vitus

Grabplatte Heinrichs von Handschuhsheim in St. Vitus

war im Mittelalter zur Sicherung des Seelenheils tief verankert.

Wir bleiben bei den Grabdenkmälern der Herren von Handschuhsheim und begeben uns nun vom gotischen Chor in das **westliche Seitenschiff** der Kirche. Dort ist die Grabplatte Heinrichs von Handschuhsheim angebracht, der im Jahr 1376 starb. Erst nach dem Umbau der Kirche im Jahr 1933 wurden zahlreiche Grabplatten, die bis dahin im Fußboden lagen, an die südliche Außenseite der Kirche versetzt. 1970 wurden weitere fünf Grabplatten unter dem Fußbodenniveau freigelegt und in der Kirche aufgestellt, darunter auch das Denkmal für Heinrich von Handschuhsheim. In seinem Mittelfeld ist der große Schild noch erkennbar, auf dem das Wappenbild des Geschlechts – der Handschuh – abgebildet ist. Die Schrift rund um das Wappenfeld lautet in Übersetzung:

»Im Jahr des Herrn 1376 starb an dem 3. Tag vor den Nonen des August (3. August) der Ritter Heinrich von Handschuhsheim. Betet für ihn.«

In der schräg gegenüberliegenden **östlichen Seitenkapelle** – dem alten Chor – befindet sich das aufwändigste Grabmal der Vitus-Kirche, auf dem ebenfalls das Wappen der Handschuhsheimer Herren gut zu erkennen ist. Es handelt sich um das spätgotische Grabdenkmal Johanns von Ingelheim, gestorben 1517, und seiner Ehefrau Margareth von Handschuhsheim,

Wappen der Handschuhsheimer

Das Wappen der Handschuhsheimer, ein silberner Handschuh im blauen Feld, an dessen unterem Rand sich eine Bommel befindet, wird uns während dieser Themenwanderung an zahlreichen Wohnhäusern und Geschäften begegnen und scheint heute sozusagen zu einem identitätsstiftenden Symbol der Handschuhsheimer Bürger geworden zu sein.

gestorben 1509, das im Jahr 1519 fertig gestellt wurde. Die Grabplatten, die zu diesem Epitaph gehören, wurden erst im Jahr 1970 bei Umbaumaßnahmen wieder aufgefunden. Das Andenken an die beiden Verstorbenen ist in einer lebensgroßen und in einer Rundbogennische dargestellten Voll-

Grabdenkmal Johanns von Ingelheim und seiner Frau Margareth von Handschuhsheim in St. Vitus plastik gewahrt. Der Künstler dieses Epitaphs hat sich im Sockel unter den Füßen Johanns von Ingelheim mit einer Signatur verewigt. Es handelt sich um den in Heidelberg tätigen Bildhauer Lienhart Seyffer aus Heilbronn, der auch als Büchsenmeister und Glockengießer am kurpfälzischen Hof bezeugt ist. Folgende Inschrift ist auf den Pilastern und als gewelltes Band, das die Wappen der beiden Geschlechter in einem Halbkreis umrahmt, zu lesen:

»AN(N)O D(OMINI) XV C 17 VFF DE(N) 21 TAG DES MONATS HORNVNG D(ER) DO WAS SAMSTAG SA(N)T HILARIVS TAG // STARB D(ER) EDLE VEST HANS VA(N) INGELHE(IM) DEM GOT GENAT ANNO (D) XV C VF SA(N)T IOHAN(NE)S WAPTISTA STARB DIE EDEL ERSA(M) FRAW MARGRETH //GEBOR(NE) VAN HENTSCHVSHE(M) EIN HAVSFRAW HA(N)S VAN INGELHEM GEWEST D(ER) GOT GENAT.«

Wir verlassen nun die Kirche wieder durch den Haupteingang und biegen nach links in Richtung des östlichen Nebeneingangs der Kirche ab. Dabei sehen wir noch zahlreiche stark verwitterte Grabplatten, die an der Außenwand von St. Vitus angebracht sind. Der von einer Mauer eingerahmte Kirchhof wurde früher als Friedhof genutzt. Über dem östlichen Seiteneingang zeugt ein eingemauerter Schlussstein mit dem Wappen der Handschuhsheimer vom Ende des gotischen Umbaus im Jahr 1483.

Wir kehren dem Gelände von St. Vitus am östlichen Seitenausgang den Rücken und setzen unsere Themenwanderung in der Oberen Kirchgasse fort, deren Bild heute noch von stark verwinkelten Gässchen und dicht aneinander gedrängten Häusern geprägt ist. Von der Oberen Kirchgasse gelangen wir in die **Mühltalstraße** 6, die in Richtung Heiligenberg führt. Hier floss im Mittelalter der Mühlbach entlang, der auch die Gräben der Tiefburg mit Wasser versorgte und das Straßenbild von Handschuhsheim wesentlich bestimmte. Heute verläuft der Mühlbach weitestgehend unterirdisch und tritt erst am Wiesenweg wieder zu Tage, bis er schließlich bei Neckarhausen in den Neckar mündet. Folgt man der Mühltalstraße weiter, kann man bereits nach einigen Querstraßen einen Blick auf den Heiligenberg werfen. Entlang des Mühlbachtales standen mehrere Mühlen, von denen eine in der Gemarkung Handschuhsheim im Jahr 891 durch einen gewissen Heriger an das Kloster Lorsch übertragen wurde, wie im Lorscher Codex vermerkt ist. Von einer Mühle aus dem 13. Jahrhundert zeugt heute noch der Inschriftenstein, der sich im **Türsturz** 7 der **Mühltalstraße 41** (heute: Einfahrt zum Hotel »Deutscher Kaiser«) befindet. Diese nicht mehr er-

Ruine der Tiefburg – Blick auf die Südwand mit Graben

haltene Mühle gehörte ursprünglich zum Zisterzienserkloster Schönau. Die alten Mühlengebäude, die bereits im 17. Jahrhundert mehrfach zerstört und wieder aufgebaut wurden, fielen Ende des Zweiten Weltkrieges endgültig einer Straßenverbreiterung zum Opfer.

Nun begeben wir uns an die Stelle, an der das sogenannte Stuhltor Handschuhsheim in Richtung Dossenheim abgrenzte. Es muss an der **Kreuzung der heutigen Mühltalstraße, Friedensstraße und Zum Steinberg** gestanden haben. Von hier aus folgen wir der Friedensstraße, die auch als Dorfgrabenstraße bezeichnet wird, da hier der ehemalige Dorfgraben verlief, in Richtung Westen und biegen an der nächsten Kreuzung in die Burgstraße ab. Von dort können wir schon die nördliche Ringmauer der **Tiefburg** 8 erkennen, die die letzte Station unserer Themenwanderung darstellt. Wir beziehen unseren Standort zunächst an der südwestlichen Ecke der Burgmauer. Die Tiefburg, im Mittelalter Burg Handschuhsheim genannt, soll aus einer frühmittelalterlichen Wehranlage hervorgegangen sein. Belegt ist diese eher ungewöhnliche Entwicklung aber nicht. Ihr gesamter Umfang umfasste mit einer ausgedehnten Vorburg ein wesentlich größeres Arial, als die heutige Kernburg noch erahnen lässt, und erstreckte sich im Süden bis zur Dossenheimer Landstraße sowie

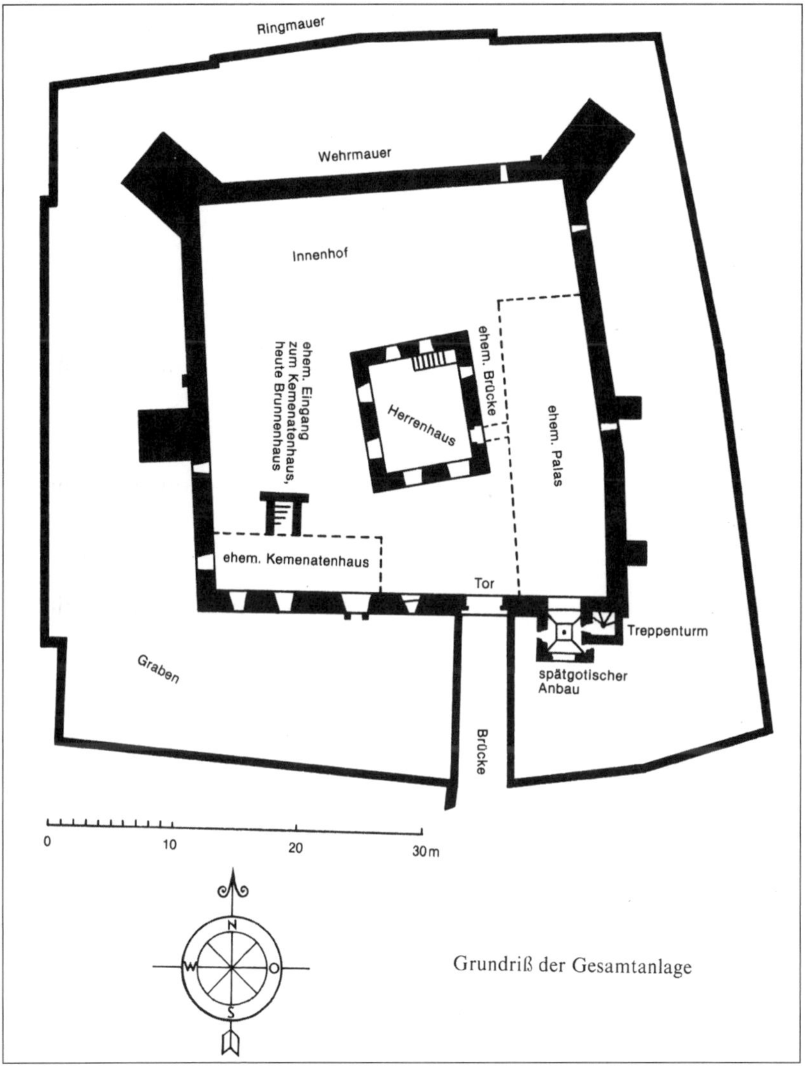

Grundriss der Tiefburg

im Westen entlang der heutigen Bäumengasse, wo sich noch Mauerreste erhalten haben.

Vor- und Kernburg waren wohl schon ursprünglich von Wassergräben umgeben, die aus dem Mühlbach gespeist wurden, wie später auch Schriftquellen bezeugen. An der nordöstlichen Ecke des Grabens können wir anhand einer heute zugemauerten Öffnung die Stelle erkennen, an der der Mühlbach seinen Zufluss zum

Die Tiefburg in Handschuhsheim

Graben hatte. Wann genau die bestehende Burg errichtet wurde, ist nicht sicher belegt; es ist jedoch davon auszugehen, dass sie von Anfang an im Besitz der Herren von Handschuhsheim war. Nach dem Erlöschen dieses Geschlechts im Jahr 1600 erbten die Grafen von Helmstatt die Tiefburg. Im Dreißigjährigen Krieg wurde sie stark beschädigt und schließlich durch die französischen Truppen während des Orléansschen Krieges 1689 endgültig zerstört. 1911 bis 1913 wurde die Tiefburg durch ihren Besitzer Graf Raban von Helmstatt wieder aufgebaut und das Wohngebäude nutzbar gemacht. Seit 1950 ist die Tiefburg im Besitz der Stadt Heidelberg.

Wir begeben uns nun zum **Eingang der Tiefburg** und verweilen zunächst auf der Dreibogenbrücke, die den an dieser Stelle fast zwölf Meter breiten Graben überspannt. Von hier aus kann man den äußeren Verlauf der Umfassungsmauern gut erkennen. Schießscharten und Rundbogenfries weisen darauf hin, dass das Geviert der Wehrmauer wohl aus dem mittleren 14. Jahrhundert stammt. Anstelle der heutigen Steinbrücke führte eine hölzerne Zugbrücke über den Graben zum rundbogigen Eingangstor, das durch ein Fallgatter geschützt war und dessen Führung heute noch sichtbar ist. In der Mitte der quadratischen Burganlage können wir noch den älteren Wohnturm erkennen, der schon im späteren 13. oder frühen 14. Jahrhundert errichtet worden sein könnte. Das heutige Aussehen geht auf den Wiederaufbau von 1911/13 zurück. Linker Hand des Eingangstors, direkt mit der Südmauer verbunden, stand ein Kemenatenhaus, in dem sich die Frauengemächer befunden haben sollen. Dieses Haus wurde im Zuge einer umfassenden Modernisierung der Burg im Jahr 1544 umgebaut, wie die an der Balkonbrüstung angebrachte Jahreszahl belegt. In der südöstlichen Ecke steht heute noch ein spätgotischer, turmartiger Anbau, in dem sich vermutlich auch eine Hauskapelle befand. An ihn schloss sich auf fast der gesamten Ostseite der ehemalige repräsentative Hauptbau an, von dem sich jedoch lediglich der Keller und Reste eines Kaminschachtes erhalten haben. Im Kellergeschoss des Turmes unterhalb der vermuteten Hauskapelle wurde vom damaligen Besitzer der Tiefburg, Johann Ferdinand Joseph Freiherr von Helmstatt, im Jahr 1770 ein in voller Rüstung und stehender Haltung eingemauerter Ritter gefunden, dessen Identität und Bestattungsumstände bis jetzt ungeklärt sind. Hier erinnert heute eine nachgebildete Rüstung in einer Nische an die Legende des eingemauerten Ritters. Im ehemaligen Herrenhaus, das ursprünglich durch eine Laufbrücke mit dem Hauptwohnbau verbunden war, befindet sich heute das Archiv der Tiefburg.

Am Herrenhaus der Tiefburg, genau gegenüber des Eingangstors, wurde vom Stadtteilverein anlässlich des 400-jährigen Jubiläums des Geburtstages Hans' von Handschuhsheim eine Gedenktafel angebracht. Diese erinnert daran, dass der letzte Vertreter dieses Adelsgeschlechts am 31. Dezember 1600 gestorben ist. Sein Grab befindet sich in St. Vitus.

Während das späte Mittelalter besonders in Gestalt der Tiefburg bis heute das Ortsbild Handschuhsheims prägt, sind die Überreste der früheren Jahrhunderte – wie unser Rundgang gezeigt hat – schwieriger zu entdecken. Ohne die große Bedeutung der karolingischen Reichsabtei Lorsch für das frühmittelalterliche Dorf Handschuhsheim aber ist seine spätere Entwicklung nicht zu verstehen. Dies gilt auch für die nächste Themenwanderung, die zu den Klöstern auf dem Heiligenberg führt.

Zur Autorin

Dr. Julia Becker arbeitet seit 2011 am Historischen Seminar der Universität Heidelberg in einen Forschungsprojekt über das karolingische Kloster Lorsch.

2. Der Heiligenberg und das Kloster Lorsch seit dem frühen Mittelalter

Claus Kropp

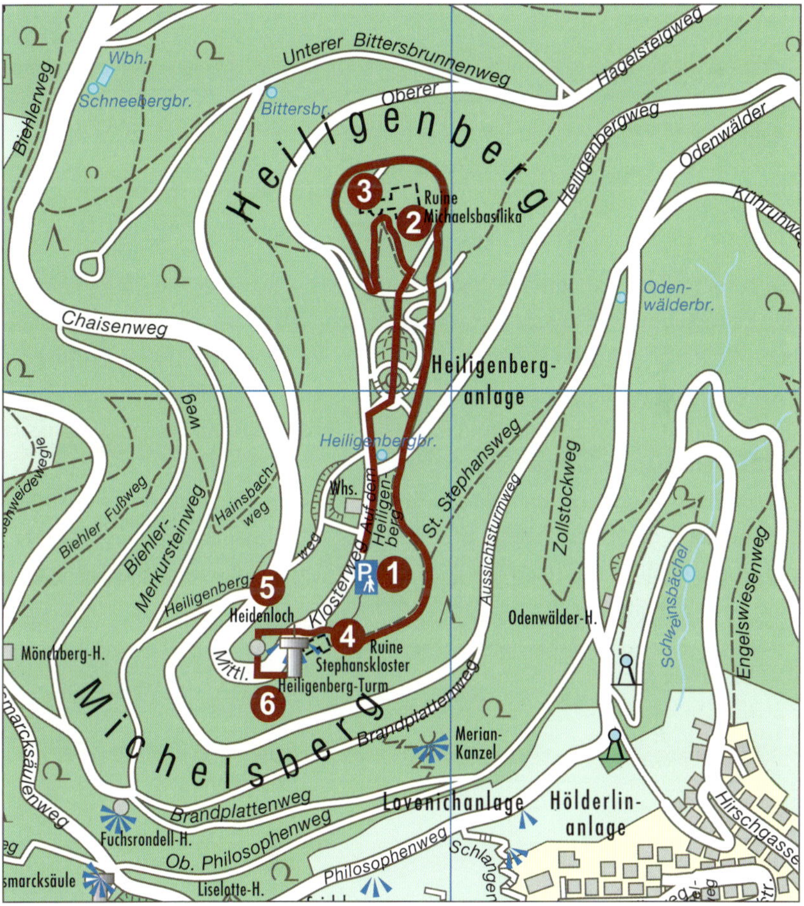

Stationen *(Rundgang: circa 2 Stunden)*

1. zentraler Parkplatz und Geländemodell
2. Klosterruine St. Michael
3. Mittelalterlicher Abschnittswall und Toranlagen
4. Klosterruine St. Stephan/Laurentius
5. Heidenloch
6. Aussichtsturm nahe St. Stephan

Anfahrt Heiligenberg

Mit dem Auto: Von Handschuhsheim aus führt eine asphaltierte Straße direkt auf den Heiligenberg (Heiligenbergstraße/Waldweg). **Zu Fuß:** Als schöner Wanderweg führt der sogenannte Philosophenweg auf einer Wegstrecke von etwa zwei Kilometern vom Heidelberger Stadtteil Neuenheim hinauf auf den Heiligenberg.

Öffnungszeiten

Klosterruine St. Michael: zwischen April und September Dienstag bis Sonntag von 8 bis 19 Uhr, zwischen Oktober und März Dienstag bis Sonntag von 8 bis 16 Uhr.

Die beiden Klosterruinen auf dem Heiligenberg gehören zu den herausragenden mittelalterlichen Baudenkmälern des heutigen Stadtgebietes von Heidelberg. Zugleich erlauben sie einen Einblick in die Lebenswelt benediktinischer Klöster. Die Benediktiner standen mit der berühmten Mönchsregel ihres Gründers Benedikt von Nursia aus dem frühen 6. Jahrhundert am Beginn der großen mittelalterlichen Ordensgemeinschaften.

Ähnlich wie der ihm gegenüberliegende Gaisberg überragt der zweigipflige Heiligenberg die Austrittsstelle des Neckars in die Rheinebene und bildet ein prägendes Element des Heidelberger Stadtbildes. Bis zum ausgehenden 15. Jahr-

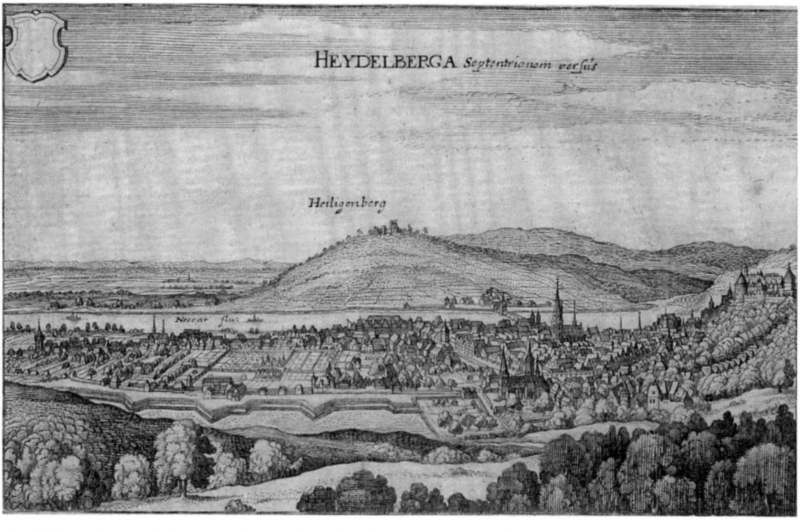

Der Heiligenberg auf einem Stich von Matthäus Merian aus dem Jahr 1645

»Heiligenberger Psalterium« aus dem späten 11. Jahrhundert, das die Mönche von St. Michael im Chorgebet nutzten

hundert stand der Berg allerdings in keinerlei Beziehung zur Entwicklung Heidelbergs. Viel enger war er mit der wechselhaften Geschichte des etwa 35 Kilometer entfernten Nazariusklosters Lorsch verknüpft. Bereits um 874 gründete der Lorscher Abt Thiatroch auf dem »Abrinesberg« (Aberinsberg/Aberinsburg) – so der ursprüngliche Name des Heiligenberges bis ins Spätmittelalter – ein Kloster. Um 890 ist erstmals eine zu Ehren des heiligen Michael errich-

Stift Neuburg

Nach der Gründung von St. Michael und St. Stephan auf dem Heiligenberg kam es im Jahr 1130 mit dem Kloster Neuburg (heute Stiftweg 2) noch zu einer dritten Erweiterung der Lorscher Propsteien im heutigen Stadtgebiet von Heidelberg. Das zwischen Neuenheim und Ziegelhausen gelegene Kloster war zunächst ebenfalls dem Benediktinerorden zugehörig. 1195 erfolgte die Umwandlung von einem Mönchs- in ein Nonnenkloster, 1303 finden sich erste urkundliche Belege für Zisterzienserinnen in Neuburg. Die Rückkehr zur benediktinischen Ordensregel erfolgte etwa 1460 auf Veranlassung Kurfürst Friedrichs des Siegreichen. Eine besondere Blüte erlebte das Kloster in dieser Zeit unter der Äbtissin Folin von Irmtraut. Nach dessen Aufhebung 1562 im Zuge der Reformation kam es erneut zu mehreren Umwidmungen der Anlage: Die Funktion als Adeliges Damenstift ist bis heute Namensbestandteil geblieben; 1804 ging Neuburg schließlich an weltliche Besitzer über. Erst in den zwanziger Jahren des 20. Jahrhunderts wurde Neuburg wieder als benediktinisches Männerkloster genutzt und besteht in dieser Funktion bis heute weiter.

tete Kirche urkundlich fassbar. Basis für diese auf der Nordkuppe des Berges errichteten Bauten bildete offenbar ein zu dieser Zeit bereits in den Besitz der Benediktinerabtei gelangter »Königshof«.

Seit dem Jahr 1023 Lorscher Propstei (Nebenkloster), kam St. Michael in der Folgezeit vor allem die Verwaltung der zahlreichen Besitzungen Lorschs in dieser Region zu. Umfangreiche Baumaßnahmen, kostbare Ausstattungselemente sowie Belege für ein eigenes Skriptorium (Schreibstube) legen ein eindrucksvolles Zeugnis von dieser Blütephase des monastischen Lebens auf dem Berg ab. 1094 kam es auf der vorderen Kuppe sogar zu einer weiteren Propsteigründung, in diesem Fall St. Stephan beziehungsweise nach dem zweiten Patron St. Laurentius.

Im Jahr 1232 verlor das Kloster Lorsch seine Unabhängigkeit und fiel an das Erzstift Mainz. 1248 löste man sogar den Konvent auf und siedelte stattdessen Prämonstratenserchorherren aus Allerheiligen im Schwarzwald an. Auch St. Michael auf dem Heiligenberg wurde um 1265 in ein solches Stift umgewandelt. In der zweiten Hälfte des 15. Jahrhunderts gelangte der Heiligenberg durch Pfalzgraf Friedrich den Siegreichen in den Besitz der Kurpfalz. Schon zu diesem Zeitpunkt scheint es zu einem Niedergang der beiden Anlagen auf dem Berg gekommen zu sein. Die Einführung der Reformation in der Kurpfalz um 1556 und die damit einhergehenden Klosterauflösungen bildeten schließlich den Endpunkt dieser Entwicklung und ließen nach mehr als 650 Jahren das geistliche Leben auf dem Heiligenberg erlöschen.

Die Wanderung nimmt ihren Ausgangpunkt am **zentralen Parkplatz** ❶. Vor dem eigentlichen Aufstieg lohnt sich zunächst ein Blick auf die dort befindlichen Informationstafeln und das bronzene **Geländemodell**. Gerade Letzteres verdeutlicht anhand der unzähligen, aus dem Hang gearbeiteten Wohnplattformen (als »Einkerbungen« am Modell erkennbar) und der beiden Ringwälle eindrucksvoll die wechselvolle und lange Besiedlungsgeschichte des Berges, welche bis in die späte Bronzezeit im 13. bis 8. Jahrhundert vor Christus zurückreicht. Von herausragender Bedeutung ist vor allem eine befestigte Höhensiedlung, die zwischen dem fünften und dritten vorchristlichen Jahrhundert (Latènezeit) ein überregionales Zentrum der Kelten darstellte. Zudem belegen zahlreiche Funde und einige Gebäudereste eine nicht zu unterschätzende römische Präsenz auf dem Berg.

Beginnen wir nun unseren Rundweg und folgen zunächst der Straße in nördlicher Richtung. Linker Hand passieren wir dabei das ganzjährig bewirtschaftete Gasthaus Waldschenke, das gerade im Sommer mit seinem Biergarten zum Verweilen einlädt. Etwa zehn Meter nach einer Schranke zweigt in östlicher Richtung ein Weg von der Straße ab, der uns hinauf zur imposanten Freilichtbühne »Thingstätte« führt. Zwischen 1934 und 1935 wurde sie im Zuge der nationalsozialistischen Thingbewegung errichtet,

St. Michael – Kirche mit anschließenden Klosteranlagen

Rest eines hochmittelalterlichen Rundbogens aus dem Michaelskloster

die bewusst den sakralen Genius loci für sich zu instrumentalisieren wusste. Seit den sechziger Jahren wird die Thingstätte gelegentlich noch für Konzerte oder andere Open-Air Veranstaltungen genutzt.

Wir durchqueren nun die Anlage und setzen unseren Weg über die Treppe in nördlicher Richtung fort. Am oberen Ende des Aufstiegs gelangen wir zu einer Wegkreuzung, von der aus bereits der Eingang zur **Klosterruine St. Michael** ❷ zu sehen ist.

Einen ersten Überblick über das Gelände liefert bald nach dem Eingang eine **Informationstafel**, die den Grundriss und die wahrscheinliche Aufteilung des Klosters deutlich macht. Die Kirche, die innerhalb des Gesamtensembles mittig angeordnet war, stellte den wichtigsten Ort für die monastische Gemeinschaft dar. Nach der Benediktsregel hatten sich die Mönche dort nicht weniger als acht Mal (bei insgesamt sieben Tageshoren und einer Nachthore) zum gemeinsamen Chorgebet zusammenzufinden. Zugleich stellte die Kirche auch eine Pilgerstätte und einen Gebetsort für andere Gläubige dar. Während diese also bis zu einem gewissen Grad noch als Begegnungsstätte zwischen der Außenwelt und dem Kloster angesehen werden kann, war die Klausur ausschließlich den Mönchen beziehungsweise ab dem 13. Jahrhundert den Prämonstratenserchorherren vorbehalten. In St. Michael schloss sich dieser Bereich östlich an und zwar nach dem Vorbild des benedikintischen Stammklosters Monte Cassino in Mittelitalien axial in der Verlängerung des Kirchenschiffs. An zentralen Räumen, die für das Funktionieren der Gemeinschaft notwendig waren, beherbergte die Klausur unter anderem ein Dormitorium (Schlafsaal), ein Refektorium (Speisesaal) und einen Kapitelsaal für Konventsversammlungen.

Betreten wir nun die eigentliche Klosterruine und besteigen sogleich den **Nordturm** des ehemaligen Westwerkes, der die beste Übersicht über Kirche und Klausur gewährt. Das jetzige Aussehen der Anlage ist im Wesentlichen noch von den Ausbauphasen des 11. Jahrhunderts unter den Äbten Reginbald und Udalrich geprägt und vermittelt deshalb einen Eindruck vom Kloster des Hochmittelalters. An der Aussichtsplattform angekommen, wenden wir unseren Blick nach Osten. Zwei wieder aufgestellte Säulen mit für die Ottonenzeit typischen Würfelkapitellen verdeutlichen, dass das Langhaus in ein Mittel- und zwei Seitenschiffe unterteilt war. Zudem fällt im Langhaus sogleich der durch Pflastersteine kenntlich gemachte Grundriss eines römischen Merkurtempels auf, der einen eindrucksvollen Beleg der vormittelalterlichen Nutzung des Berges für kultische Zwecke darstellt. Dieser Rechteckbau mit angesetztem halbzylindrischem Abschluss (Apsis) bestimmte mit seinen Fluchten die Ausrichtung der späteren kirchlichen Anlage und bildete ursprünglich wohl das Zentrum eines römischen Tempelbezirkes auf dem Nordgipfel.

Deutlich werden mit Blick nach Osten schließlich auch die Dimensionen der Ostkrypta und der Klausur. Die jetzt symmetrisch um den Kreuzgang gruppierten Klausurgebäude sind in diesem Fall allerdings das Resultat mehrerer, vom Hoch- bis in das Spätmittelalter reichender Bauphasen, deren jüngste Entwicklungsstufe mit der

Ruine des Klosters St. Michael mit dem »Heidenloch« im Vordergrund auf einem Stich von Matthäus Merian um 1645: Noch gut zu erkennen sind die achteckigen Treppentürme der Kirche und ihr äußerst mächtiger Vierungsturm. Vom westlichen Vorhof sind bereits keine Reste mehr sichtbar.

Errichtung der nördlichen Gebäudetrakte erreicht wurde.

Wieder am Fuß des Treppenturmes angelangt, wenden wir uns nach Westen und gehen bis zu dem mittig angeordneten Brüstungsgitter. Von dort aus erkennt man die Reste eines großen, vom Geländeniveau her deutlich unterhalb der Kirche liegenden **Vorhofes**, der in seiner ursprünglichen Planung wohl über ein Obergeschoss verfügen sollte, aber in dieser Form nie realisiert wurde. Die vorhandenen Reste einiger Wandsäulen zeigen zudem, dass der eigentliche Innenhof durch gewölbte Gänge umgeben werden sollte. Warum letztlich nur eine deutlich reduzierte Form des ursprünglich geplanten Baus fertig gestellt wurde, kann heute nicht mehr mit Sicherheit gesagt werden. Gedacht war der Vorhof wahrscheinlich zunächst als Ort des für jedes Kloster äußerst wichtigen liturgischen Totengedenkens. Für die späten Bauphasen von St. Michael ist schließlich auch eine Nutzung als Friedhof belegt. Unterhalb unseres jetzigen Standortes und über zwei Treppen bis heute betretbar, befinden sich die Reste der **Westkrypta**. Das Kernstück des unterirdischen Raumes bildete ein nach Osten ausgerichteter Altar. Fünf kleine Fenster sorgten zudem für den nötigen Lichteinfall.

Bereits aus der Vogelperspektive vom Turm herab haben wir die eindrucksvollen Reste der **Ostkrypta** gesehen, die sich von vier Säulen getragen einst unter dem Altarraum der Kirche befand. Um diese zu erreichen, durchschreiten wir nun den Kirchenrest bis zum Schnittpunkt des Lang- und Querhauses, der so genannten Vierung. Für die Bedeutung des Michaelsklosters als Wallfahrtsort von unschätzbarem Wert beherbergte diese wahrscheinlich die Reliquien des auf dem Heiligenberg verstorbenen und später heiligmäßig verehrten ersten Hirsauer Abtes Friedrich. Eine Gedenktafel, welche über die beiden Treppen zu erreichen ist, erinnert bis heute an diesen Geistlichen. Zunächst Mönch in Einsiedeln (Schweiz) wurde Friedrich 1065 mit zwölf weiteren Mönchen nach Hirsau (St. Aurelius) geschickt, um dem bereits 1059 durch Adalbert II. von Calw initiierten Wiederaufbau des Klosters als erster Abt vorzustehen. 1069 wurde er dieses Amtes wieder enthoben. Friedrich fand schließlich nach seiner Vertreibung aus Hirsau durch Vermittlung des Lorscher Abtes Udalrich Asyl im Michaelskloster auf dem Heiligenberg, wo er im Jahr 1070 verstarb.

Wir betreten nun als nächstes über einen südlich der Ostkrypta gelegenen Zugang den Kreuzgang und somit die ehemalige **Klausur** des Klosters. Eine sichere Identifizierung einzelner Klausurräume ist in der heutigen Klosterruine nur eingeschränkt möglich. Der sich nun zu unserer Rechten erstreckende Südflügel beherbergte neben dem **Kapitelsaal (I)** als dem zentralen Versammlungsort der Klostergemeinschaft auch den größten Raum des Klosters (**II**), der erst in einer jüngeren Phase durch eine Quermauer unterteilt wurde und ursprünglich womöglich als Refektorium für das gemeinsame Speisen oder als Arbeitsraum gedient haben könnte. In der Nordwestecke des kleineren Raumes wur-

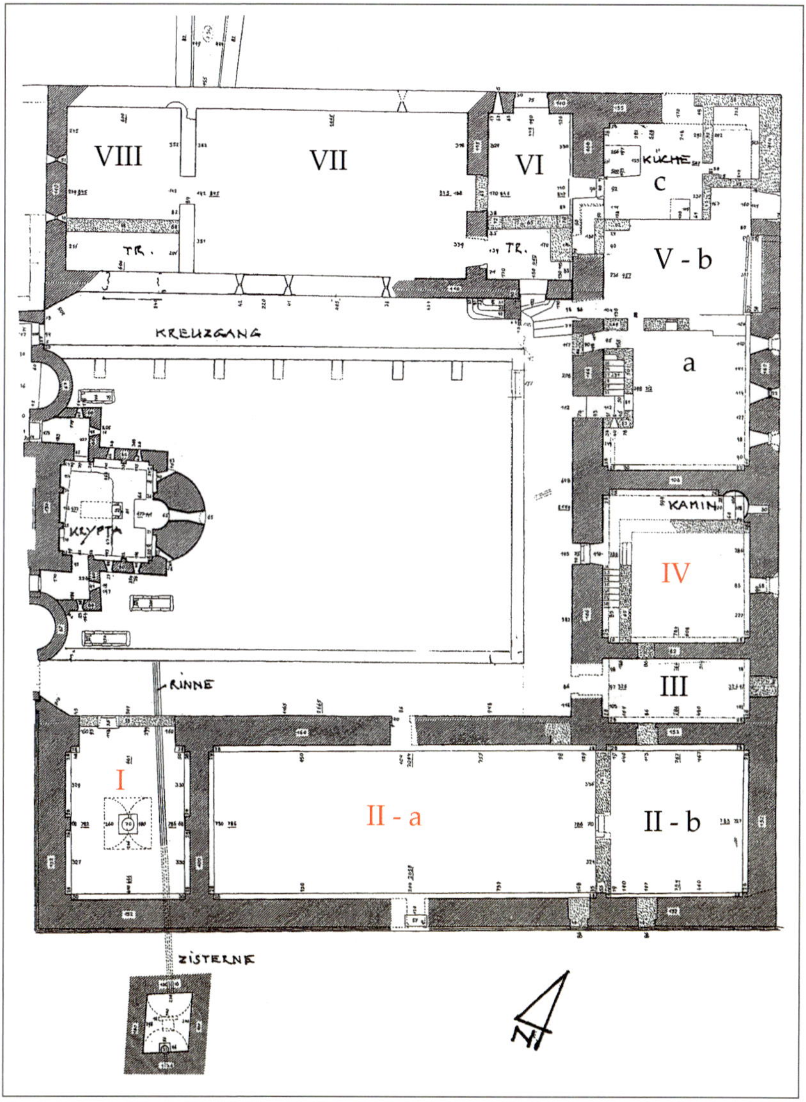

Klausurgebäude des Klosters St. Michael

Fensteröffnung im Seitenschiff der Klosterkirche St. Michael den bei archäologischen Ausgrabungen Reste einer Ofen- bzw. Heizanlage gefunden. Ein eindrucksvolles und besseres Beispiel dieser Art findet sich auch im anschließenden Ostflügel, wo in einem ursprünglich quadratischen **Raum (IV)** wahrscheinlich eine Wärmestube unterhalten wurde und heute noch der Rest eines offenen, romanischen Kamins erkennbar ist. Im Nordflügel der Klausur, in dem sich wohl vor allen Dingen weitere Wohnräume befanden, fand man bei den Ausgrabungen auch die Reste mehrerer Kachelöfen.

Nachdem wir uns in den Klausurgebäuden umgesehen haben, gehen wir nun erneut in **Raum II** und verlassen das Gebäude durch einen schmalen Durchlass im Süden. Zu unserer Rechten erreichen wir nach nur wenigen Metern den Standort der **Außenzisterne** des ehemaligen Klosters. Als Sammelbecken für Regen- beziehungsweise Oberflächenwasser kam der 3 mal 2,6 Meter messenden Anlage neben dem am Nordhang gelegenen Bittersbrunnen und einer weiteren im Inneren des Klosters gelegenen Zisterne eine zentrale Funktion in der ohnehin sehr problematischen Wasserversorgung der Klöster auf dem Berg zu (zur Bedeutung des auf der Südkuppe gelegenen »Heidenloches« vergleiche ❺). Gespeist wurde die Zisterne durch eine Sandsteinwasserleitung, die vom Klausurbereich (unter anderem unter Raum I) herführte.

Wir setzen unseren Rundgang jetzt fort und verlassen die Ruine von St. Michael wieder durch den Haupteingang. An der großen Wegkreuzung wenden wir uns nach rechts auf einen breiten Wanderweg, den wir nach etwa 20 Metern an einer Gabelung bereits wieder in nördlicher Richtung verlassen. Unser Rundgang führt uns nun in einem breiten Bogen um das ehemalige Kloster sowie zunächst auch entlang eines womöglich mittelalterlichen und teilweise noch immer sichtbaren **Abschnittswalles** ❸. Dieser Wall schnitt die nördliche Kuppe vom Rest des Berges ab und ging an seinen Enden in den keltischen Ringwall über. Insbesondere dieser innere der beiden Ringwälle scheint im Mittelalter weitergenutzt und teilweise instand gesetzt worden zu sein. Dies beweisen nicht nur zahlreiche im Wallsystem sekundär verbaute römische Werkstücke, sondern auch die zwei im Zuge von Ausgrabungen des Jahres 1907 aufgefundenen **Toranlagen**, die im Gegensatz zum Trockenmauerwerk des restlichen Walles wahrscheinlich als gemörtelte Kammertore der Karolingerzeit zu identifizieren sind. Ein Wegstein am linken Wegrand liefert uns einen Hinweis auf die Lage eines dieser beiden Tore (Tor D). Ein paar Schritte weiter erkennt man dann zur Linken – markiert durch einen weiteren Hinweisstein – die Eintiefung des Weges, der durch das Tor auf den Gipfel führte.

Rekonstruktion des vollständigen Inschriftentextes der Grabplatte von Hazecha

HAZECH[A RIFRIDI D]EPOSCENS HIC [S]EPELIRI / PREDII Q[VAEQVE SV]I CESSIT HVIC DOMVI / HIC CONSIS[TE]NTES EIVS OBITVM RECOLENTES SINT VT PERP[ET]VO VIVAT ET IPS[A DEO] / VIII KAL DECEMBRIS OBIIT H(AZECHA)

Hazecha, die [Witwe des] Ricfried, wünschte hier begraben zu werden und trat alle ihr Habe diesem Hause ab. Diese Klostergemeinschaft möge ihres Hinganges gedenken, damit sie beim ewigen Gott lebe. Hazecha starb am 23. November.

Nachdem wir einige Hundert Meter dem Weg weiter gefolgt sind und die Klosterruine schon fast vollständig umrundet haben, zweigt halb links ein schmaler Pfad ab, der uns parallel zur Thingstätte weiter an den Resten des inneren Ringwalls entlang führt. Auf Höhe der Waldschenke (noch vor der Schranke und dem Waldschenkenbrunnen) kommen wir zu einer Kreuzung, bei der wir unseren Rundgang halb links auf einem schmalen Pfad fortsetzen. In der nächsten Kurve geht es Richtung Aussichtsturm (vergleiche Wegstein) weiter, bis wir schließlich die **Klosterruine St. Stephan/ Laurentius** ❹ erreichen.

Es bietet sich an, die im Vergleich zu St. Michael deutlich kleinere Anlage von der Kirche aus zu erschließen. Hierzu wenden wir uns am Treppenaufgang des Aussichtsturmes aus dem Jahr 1886 nach rechts, bis wir an den Resten der wohl spätromanischen **Kirchenvorhalle** angelangt sind. Von dort aus betreten wir das Kirchenlanghaus der kreuzförmigen **Basilika**. Gleich am Eingang fällt eine große, im Boden eingelassene Steinplatte in unser Blickfeld. Es handelt sich hierbei um eine Kopie der Deckplatte des **Grabes von Hazecha**, Gattin eines ge-

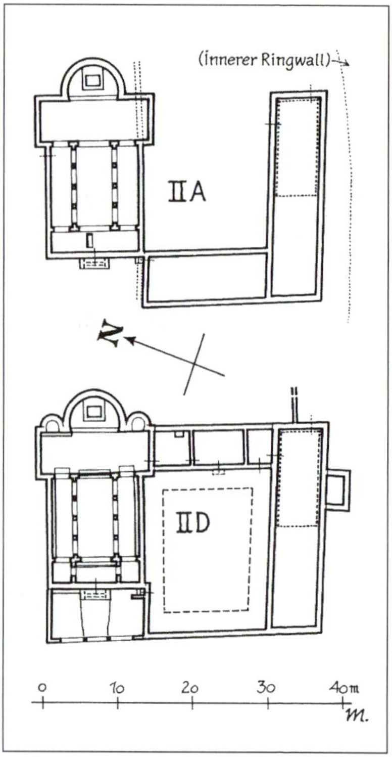

Kloster St. Stephan im Hochmittelalter (oben) und Spätmittelalter (unten)

wissen Ritters Ricfried aus dem frühen 12. Jahrhundert. Sie übereignete ihren Besitz an das Kloster und wurde nach ihrem Tod in St. Stephan bestattet. Diese Deckplatte gehört zu den ältesten inschriftlichen Zeugnissen des Mittelalters aus dem heutigen Stadtgebiet von Heidelberg.

Der Ostabschluss der Kirche verfügte in einer der frühen Bauphasen nur über eine Hauptapsis, wurde aber später durch die auch heute noch sichtbaren Nebenapsiden erweitert. Hier befand sich der ausschließlich für die Geistlichen vorbehaltene Chorbereich, den eine Schranke vom Rest der Kirche trennte. Der über einen Durchgang von der Kirche aus erreichbare Ostflügel der Anlage war wahrscheinlich erst in seiner letzten Bauphase dreischiffig und stellt als Gesamtkomplex einen spätestens in das 14. Jahrhundert zu datierenden Neubau dar. Ursprünglich bestand der Klausurbereich nur aus einem West- sowie seinen teilunterkellerten Südflügel und verfügte somit über alles andere als eine geschlossene Ge-

Kloster St. Stephan auf dem Heiligenberg

Das Heidenloch und seine Mythen

Es existieren heute zahlreiche volkstümliche Erzählungen zum Heidenloch, deren ältester Kern bis in die frühe Neuzeit zurückreicht. So finden wir bereits 1548 in der Cosmographia Sebastian Münsters die Anmerkung, dass man auf dem Allerheiligenberg »wunderbarlich alt heidnisch gemaurte locher« finden könne. Auch die Chronik Froben Christophs von Zimmern aus dem 16. Jahrhundert weiß über das auf dem Heiligenberg befindliche Heidenloch zu erzählen: »Man sagt, in der kirchen uf Allerhailigenberg sei ein loch ganz dief hinab ins ertrich, da soll einest ein gans hinab gelassen sein worden, die soll beim closter zu Newburg wider heraußkommen sein. Diß tief loch in der kirchen hat man hernach verworfen.«

stalt. Der Gesamteindruck der Ruine macht deutlich, dass diese im Vergleich zum Kloster auf der Nordkuppe weit stärker durch Steinraub in Mitleidenschaft gezogen worden ist und insgesamt nur noch recht spärliche Reste erhalten geblieben sind. Begründet werden kann dies sicherlich durch die topographisch bessere Lage des Stephanklosters, die den Abtransport des Steinmaterials begünstigte.

Um zur letzten Station unseres Rundgangs zu gelangen, verlassen wir nun die Klosterruine in westlicher Richtung. Nach etwa 50 Metern entlang der Straße erreichen wir auf der rechten Seite einen überdachten Schutzbau aus dem Jahre 1987 und somit den Standort des sogenannten und bis heute mythenbehafteten **Heidenlochs** ❺.

Es handelt sich hierbei um einen etwa 56 Meter tiefen Schacht von durchschnittlich drei bis vier Metern Durchmesser, der im untersten Bereich über eine mit Quaderwerk ausgemauerte, runde Brunnenstube verfügte und dessen Mündung überwölbt war. Eine Verbindung zum Kloster St. Stephan/Laurentius ist aufgrund der räumlichen Nähe plausibel, doch war der Schacht wohl zu keinem Zeitpunkt seiner Benutzung als regulärer Brunnen in Gebrauch. Dies lässt sich dadurch begründen, dass auf der südlichen Bergkuppe in dieser Höhe keine wasserführenden Horizonte liegen und sich die Wassergewinnung somit auf die Sammlung von nur spärlichem und nach längerem Niederschlag eintretenden Schicht- und Oberflächenwasser beschränken musste. Einen effektiven Beitrag zur Wasserversorgung der mittelalterlichen Klosteranlagen auf dem Heiligenberg wird das Heidenloch wohl nie geleistet haben. Es verwundert deshalb auch nicht, dass der Schacht bereits 26 Meter hoch mit Schutt verfüllt gewesen war, als man zu Beginn des 15. Jahrhunderts damit begann, große Mengen Bauschutt und Abfallmaterial aus dem nahe gelegenen Kloster – darunter Hausrat wie unglasierte Gefäßkeramik und Ofenkacheln – sowie überraschender Weise auch verschiedene Waffen und Teile eines Kettenpanzers darin zu entsorgen.

Gerade die Waffenfunde und deren Datierung in die Mitte des 15. Jahrhunderts liefern einen Hinweis darauf, dass das Kloster von Pfalzgraf Friedrich dem Siegreichen zerstört worden sein könnte, somit zu einer Zeit, als Heidelberg als Residenzstadt der Kurpfalz eine besondere Blüte erlebte. Es bietet sich daher an, zum Abschluss unseres Spaziergangs auf den bereits genannten **Aussichtsturm nahe St. Stephan** ❻ zu steigen: Mit seiner unvergleichlichen Sicht auf die Altstadt Heidelbergs verlassen wir die bis ins Frühmittelalter zurückreichende Welt der Klöster auf dem Berg und blicken auf die sich im Hochmittelalter entfaltende Welt der Städte, die im Fokus der nun folgenden Themenführungen steht.

Zum Autor

Claus Kropp arbeitet seit 2013 als Leiter des Freilichtlabors Lauresham an der UNESCO Welterbestätte Kloster Lorsch.

3. Die obere Burg auf der Molkenkur

Achim Wendt

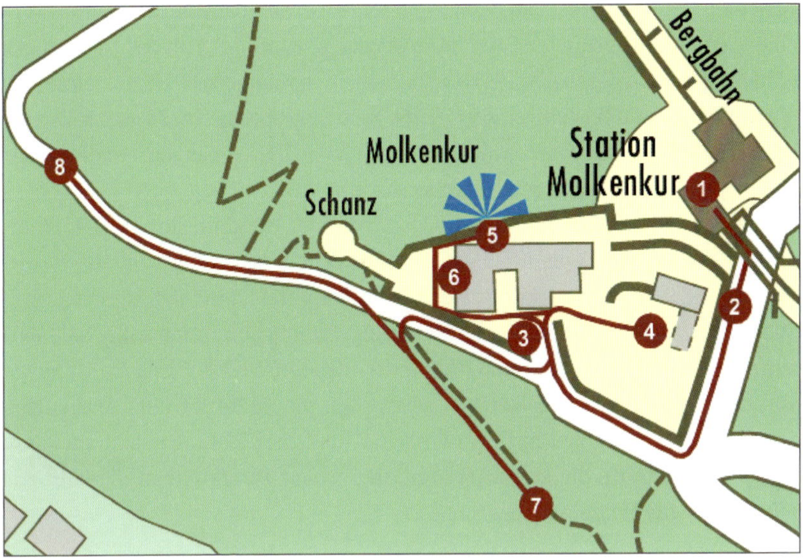

© Stadt Heidelberg, Vermessungsamt

Stationen *(Rundgang: circa 1 Stunde, mit festem Schuhwerk)*

1. Station Molkenkur
2. Halsgraben der ehemaligen Burg (Molkenkurweg)
3. Gedenktafel zum »alten Schloss«
4. Fundament- und Mauerreste der südlichen Ringmauer
5. Aussichtsterrasse über dem nördlichen Bering
6. »Spiegelsaal« mit Wandgemälde der »oberen Burg«
7. »Steinrusseln« und Bossenquader am Westhang der Molkenkur
8. Plateau mit Burgschanze und »Plättelsweg«

Anfahrt zur Molkenkur

Bergbahn: Die Molkenkur ist bequem mit der Bergbahn (Station am Kornmarkt) zu erreichen (kostenpflichtig). Zwischen April und Oktober von 9 bis etwa 20 Uhr, November bis März von 9 bis etwa 17 Uhr.

Links: Reste der gemauerten Artilleriebastion auf der Molkenkur

Die Frage nach einer zweiten Heidelberger Burg dürfte selbst die meisten Bewohner der Stadt ratlos zurücklassen – »aus dem Auge aus dem Sinn«: Eine verheerende Pulverexplosion machte sie im Jahr 1537 nahezu dem Erdboden gleich. »Das Schloß stürzte in seiner ganzen Größe in einem Augenblick zusammen«, so berichtete der Humanist Jacob Mycillus seinem Freund Joachim Camerarius in einem lateinisch verfassten Brief. »Die gewaltige Kraft des Pulvers, durch dicke Mauern eingeschlossen und verriegelt«, habe sich nämlich durch Blitzeinschlag entzündet. Sobald das Pulver aber »seine Fesseln gesprengt und sich mit Gewalt Bahn geschaffen« habe, sei es nicht nur hoch in die Luft gegangen, sondern habe auch das ganze Gebäude vom Gipfel gestürzt.

Wenige Jahre später wurden die Überreste der Burg auf der großen Stadtansicht des Cosmographen Sebastian Münster immer noch als ›altehrwürdig‹ bezeichnet, in den Kriegsläuften des 17. Jahrhunderts dann aber mit mächtigen Schanzen überbaut. Im Schatten der prominenten Schlossruine sollte bald darauf auch die Erinnerung an die Burg entschwinden. Selbst ihr Name ist längst von der sogenannten »Molkenkur« überprägt, die 1856 auf dem ehemaligen Standort als Wanderziel mit Gastwirtschaft und herrlicher Aussicht entstand. Versuchen wir nun, die letzten Spuren dieser Burg zu erkunden, die einst das mittelalterliche Heidelberg bekrönte.

»Reliquiae vetustae arcis« – die »Ruinen der alten Burg« hoch über der Stadt und dem Schloss auf Sebastian Münsters Stadtansicht von 1550

Ansicht der Stadt Heidelberg mit den beiden Burgen im »Calendarium Hebraicum« des Sebastian Münster, 1526/27: Der Holzschnitt wurde aus Versehen spiegelverkehrt gefertigt. Hier ist die Darstellung daher erneut gespiegelt, wie der Schriftzug »Heidelberg« zeigt.

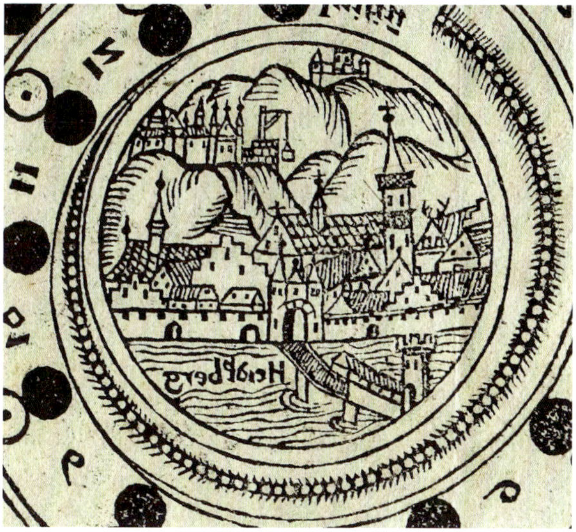

Man erklimmt die Höhe der Molkenkur am einfachsten von der Stadt oder dem Schloss aus mit der **Bergbahn bis zur Station ›Molkenkur‹** ❶. Von dort bietet sich eine weite Sicht über die Stadt und das Schloss, gewährt aber ebenso die Gelegenheit, den Standort der längst verschwundenen zweiten Burg zu betrachten. Im Jahrzehnt vor ihrem Untergang gab sie Sebastian Münster in einer Abbreviatur der Stadtansicht schematisiert auf hohem Gipfel mit Bergfried und einer von Rundtürmen flankierten Ringmauer wieder (siehe Abb. auf S. 57). Ihre damals noch unverzichtbare Bedeutung

Die beiden Heidelberger Burgen in der ältesten Beschreibung Heidelbergs, 1458 verfasst von dem Frühhumanisten Peter Luder – ein Lob der Stadt zu Ehren der Landesfürsten

»Auf den Gipfeln stehen zwei Burgen, die aus so viel Steinwerk erbaut sind, dass ihrer Häuser Zier denen, die darin wohnen, zur Lust gereiche, aber die Höhe der Mauern, Türme und Vorwerke wie auch ihre natürliche Lage den Feinden ein Grauen sein möge. Wer vermöchte nun von der besonderen Größe der Bauwerke, im besonderen der einen Burg, zu erzählen, wo der einzigartige Saal, der auch der königliche heißt, mit dem Aufwand an Säulen, Zier der Wände und Deckenbalken von so großer Schönheit gebaut ist, dass darin selbst der allermächtigste König empfangen werden kann. Darum haben auch die Fürsten des Rheines vor längst vergangenen Zeiten nicht gezweifelt, den Stuhl der Pfalzgrafschaft, der früher woanders stand, mit vollkommener Einsicht in diese unübertreffliche Burg zu verlegen.«

für die Wiedererkennbarkeit der kurpfälzischen Residenzstadt offenbart die älteste, 1485 gedruckte Darstellung Heidelbergs, die das Konterfei auf die von beiden Burgen bekrönte Neckarbrücke und Heiliggeistkirche reduziert. Ganz ähnlich begegnet das Bild auch in der ältesten überlieferten Beschreibung der Stadt aus der Feder des Frühhumanisten Peter Luder (siehe Kasten auf S. 57). Dieses Lob des Fürsten würdigt beide Heidelberger Burgen als gleichermaßen prächtig und reich ausgestattet. Besonders hebt er den »künglich sal«, den königswürdigen Saal einer der beiden Burgen hervor, welcher auch später noch in Beschreibungen des Heidelberger Schlosses gerühmt wird (siehe Rundgang 6).

Zur Zeit der Zerstörung der oberen Burg im Jahr 1537 verband man das Gedächtnis an das Königtum Ruprechts im ersten Jahrzehnt des 15. Jahrhunderts und dessen Saalbau (»aula regia«) allerdings auch noch mit dem »Palast« der alten Burg. Mycillus pries die Burg in seinem Brief daher als einen Bau, »der einst das Zentrum des römischen Reiches gewesen war und die königliche Wohnung so vieler berühmter Fürsten«. Gestehen wir dieser im 16. Jahrhundert noch lebendigen Erinnerung an die obere Burg einen wahren Kern zu, dann spielte sie vielleicht noch bei Herrschaftsantritt des Königs im Jahr 1400 eine wichtige Rolle. Möglicherweise besiegelte erst der kurz darauf unternommene Ausbau der Residenz,

Das im »Schweizer Stil« 1857 neu errichtete Gasthaus auf der Molkenkur, im Vordergrund liegen Trümmer als Reminiszenz an die alte Burg

Die »Molkenkur«

In der Baugruppe der heutigen Hotelgebäude ist das alte Kerngebäude noch gut zu erkennen, welches der Gastwirt Albrecht Wagner 1856 erbaut hatte. Nahe zu der berühmten Schlossruine boten Waldeinsamkeit und Höhenlage ideale Voraussetzungen zur Errichtung einer »Molkenkur«, wie sie nach Schweizer Vorbild damals in Mode waren. Das ehemalige Burggelände diente nun Ziegen als Weide, deren Milch zu Molken verarbeitet wurde. Ihrem reichlichen Konsum schrieb man im Verein mit angenehmer Bewegung auf Spaziergängen in abwechslungsreicher Berglandschaft aufsehenerregende Erholungserfolge zu. Entsprechend wählte man auch keine architektonischen Reminiszenzen im neugotischen Burgenstil, sondern das alpin anmutende Gewand eines »Schweizer Hauses« mit umlaufendem Holzbalkon, weit vorstehendem Dach und Schnitzwerk. Nur auf den ältesten Darstellungen der »Molkenkur« platzierte man noch romantisch überwucherte Trümmerstücke, um auf die mittelalterlichen Ursprünge zu verweisen. Die Platz- und Namenswahl rechnete daher schon damals nicht mehr mit dem historischen Ort, sondern seinem vermarktbaren Gebrauchswert.

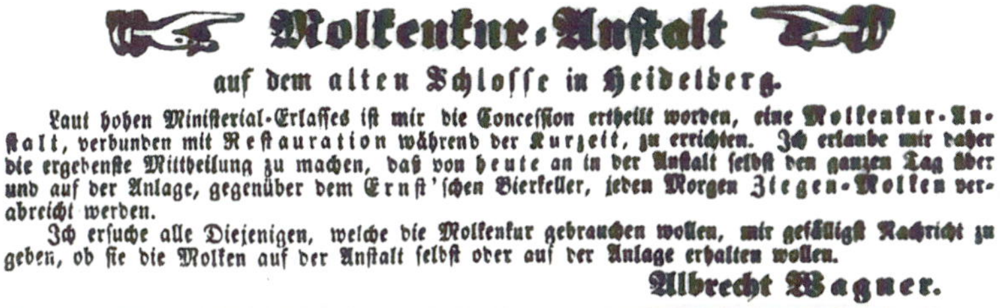

Molkenkur-Anstalt

auf dem alten Schlosse in Heidelberg.

Laut hohen Ministerial-Erlasses ist mir die Concession ertheilt worden, eine Molkenkur-Anstalt, verbunden mit Restauration während der Kurzeit, zu errichten. Ich erlaube mir daher die ergebenste Mittheilung zu machen, daß von heute an in der Anstalt selbst den ganzen Tag über und auf der Anlage, gegenüber dem Ernst'schen Bierkeller, jeden Morgen Ziegen-Molken verabreicht werden.

Ich ersuche alle Diejenigen, welche die Molkenkur gebrauchen wollen, mir gefälligst Nachricht zu geben, ob sie die Molken auf der Anstalt selbst oder auf der Anlage erhalten wollen.

Albrecht Wagner.

Annonce des Gastwirts Albrecht Wagner zur Eröffnung der »Molkenkur-Anstalt« 1857.

von dem noch der »Ruprechtsbau« zeugt (siehe Rundgang 6), die Bedeutungsverschiebung zu der näher zur Stadt gelegenen unteren Burg, dem heutigen Schloss.

Auf der Straße angekommen wenden wir uns nun nach rechts und blicken in einen tiefen, hohlwegartigen Geländeeinschnitt, durch dessen einst tiefer reichende Sohle heute die Fahrstraße zum Schloss führt. Die markante Eintiefung wurde künstlich ausgehoben, um den Bauplatz der Burg mit einem breiten **Halsgraben** ❷ als Schutz gegen Angriffe vom ansteigenden Bergsporn aus zu sichern. Über der nördlichen (in Blickrichtung rechten) teils von Schutt überlagerten Grabenkante erhob sich die hochaufragende Schildmauer, in deren Schutz die Bauten der Burg lagen. Am Westende des Einschnitts gelangen wir rechts auf eine Auffahrt, die vermutlich den alten, rampenartigen Burgweg überformt und heute auf den Parkplatz des Molkenkurhotels führt.

Nach rund 100 Metern steht man vor den Hotelgebäuden (siehe Kasten auf S. 59).

Bevor wir uns auf Spurensuche begeben, werfen wir am oberen Ende der Auffahrt einen Seitenblick auf die rechter Hand gut sichtbar aufgestellte **Sandsteintafel** ❸, die hier an den historischen Ort der verschwundenen Burg erinnert: »Hier stand einst das alte Heidelberger Schloss, urkundlich zum ersten Mal erwähnt im Jahre 1225, als obere Burg im Jahre 1303, durch Blitzschlag zerstört am 25. April 1537«. Als man die Tafel 1875 aufstellte, war eigentlich noch gar nicht bewiesen, auf welche der beiden Burgen das älteste Schriftzeugnis eines »castrum« wirklich zu beziehen ist. Die Quellen schweigen nämlich darüber, wann und warum es zur Errichtung der Burgen kam und in welchem Verhältnis sie zueinander standen. Im ganzen 13. Jahrhundert ist dafür stets nur ein pfalzgräfliches »castrum« zu Heidelberg erwähnt. Erst eine 1303 ausgestellte Urkunde nennt dann zwei Burgen. Hinfort wurde zwischen der »oberen« und »niederen Burg« unterschieden, wobei die untere das heutige Schloss bezeichnete. Ab 1421 begann man die höher gelegene Anlage auch das »alte Schloss« zu nennen. Ob sie deshalb aber tatsächlich die ältere der beiden Heidelberger Burgen war, blieb lange umstritten, denn im Mittelalter bezeichnete man Bauwerke gewöhnlich als neu, sobald dort Umbauten stattgefunden hatten. Hatte man also auf dem unteren Schloss neu gebaut, wurde damit das obere Schloss als »alt« empfunden. Des Rätsels Lösung bergen also allein die geringen auf dem Bergsporn verbliebenen Reste.

Auf dem Heidelberger Schloss kennen wir bis heute keine baulichen Zeugnisse, die weit vor das genannte Datum von 1225 zurückreichen. Dagegen traten auf der »oberen Burg« bei archäologischen Sondagen 2001 Funde zu Tage, die eine Nutzung des Standorts schon im 12. Jahrhundert beweisen. Dieses Ergebnis fügt sich in das archäologisch erschlossene Bild zu den Anfängen der Stadt, deren Kristallisationskern eine am Fuß des Burgberges gleichzeitig aufblühende Siedlung im Areal um die Peterskirche war (siehe auch Rundgänge 4 und 5). Bei Ausgrabungen wurden hier 1987 und 2003 die Überreste großer Hofanlagen nachgewiesen. Die Fundamente turmartiger Steinhäuser, Funde von Hufeisen, Reitersporen, Pfeilbolzen und der Abzugsbügel einer frühen Armbrust bezeugen die Anwesenheit von Ritteradel, den man wohl mit den Dienstleuten der älteren Heidelberger Burg gleichsetzen darf. Der Kern der heutigen Schlossanlage entstand dann offenbar erst in direktem Bezug auf die planmäßige Anlage der späteren »Gründungsstadt« (siehe Rundgang 4). Dieser großzügige Neuansatz wurde wahrscheinlich erst von den Wittelsbacher Pfalzgrafen und Bayernherzögen initiiert, die 1214 die Herrschaft über Heidelberg antraten. Die ältere Burg dürfte ihren großzügigen Ausbau jedoch schon Pfalzgraf Konrad von Staufen verdanken. Die um 1220 verfasste Vita des Seligen Eberhard von Kumd erzählt davon, dass jener mit seinem Hof von Burg Stahleck am Mittelrhein auf das »castrum Heidelberg« gezogen sei. Nach allem was wir heute wissen, dürfte damit die »obere Burg« gemeint gewesen sein. Um 1180 markierte also wohl dieser heute so abseitig wirkende Ort den Ausgangspunkt zur Gründung der Stadt Heidelberg und zur Entwicklung der Pfalzgrafschaft zu einem der mächtigsten Territorien des »Alten Reichs«.

Von der Auffahrt wenden wir uns nach rechts und blicken über die weite **Parkplatzfläche,** die etwa die Ausdehnung der ehemaligen Kernburg markiert. Geringe Fundamentreste der Ringmauer blieben nur an den tiefer liegenden Randzonen der Hangflanken erhalten. Sie wurden allerdings schon bei Steinbrucharbeiten im 18. Jahrhundert reduziert sowie verschüttet und sind für den Besucher daher nicht mehr sichtbar. Erkenntnisse zum erhaltenen Bestand brachten archäologische Untersuchungen:

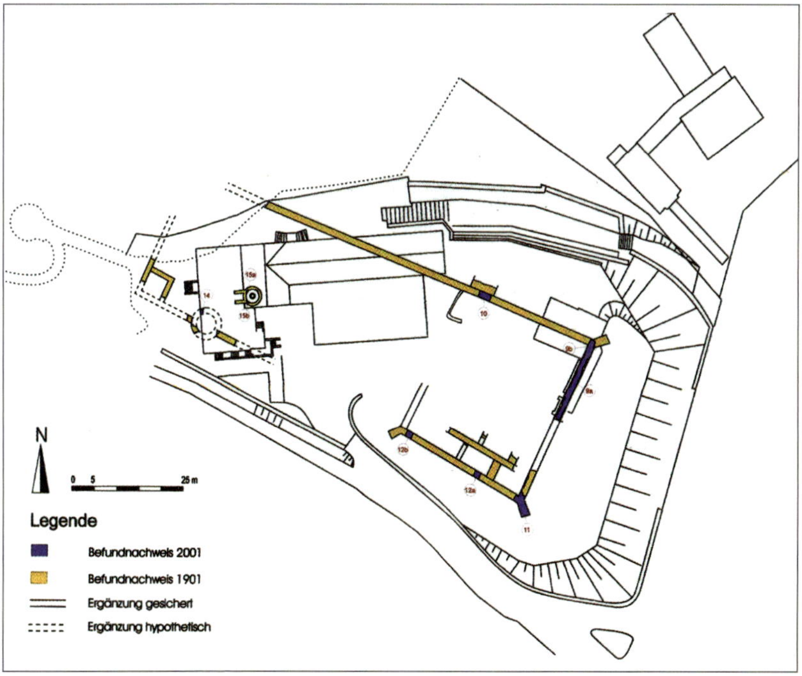

Archäologisch nachgewiesene Fundamentreste der Burg auf der Molkenkur

Zuerst hatte sich im Jahr 1901 der Heidelberger Lehrer und Altertumsforscher Karl Pfaff auf systematische Suche begeben, um die Entstehungszeit und Ausdehnung der Burg zu ermitteln. Trotz der tiefgreifenden Geländeveränderungen konnte er noch genügend Mauerreste zu Tage fördern, die den Mauerbering einer überaus großen, im Grundriss rechteckigen Burganlage ablesen ließen. Die Innenbebauung war allerdings weitgehend den späteren Planierungen des Burgplateaus zum Opfer gefallen. Schemenhaft war noch das massive Fundament eines Turmes hinter der gegen den Halsgraben gerichteten Schildmauer zu erfassen. Der Ausgräber verstarb jedoch wenige Jahre später. Unterlagen und Funde, die konkretere Auskunft hätten geben können, gingen verloren. Nur ein durchgepauster Grundrissplan blieb erhalten, der erst vor kurzer Zeit wieder aufgefunden wurde. Das Alter der verschwundenen Burg blieb daher weiter umstritten. Erst 2001 – genau ein Jahrhundert nach Karl Pfaffs Grabung – bot ein Projekt zur Erweiterung des Hotelbetriebs auf der Molkenkur wieder die Möglichkeit zu archäologischen Untersuchungen. Das Ergebnis offenbarte einerseits die zwischenzeitlich weiter fortgeschrittene Zerstörung der Fundamentreste. Es bestätigte andererseits aber auch exakt den von Pfaff dokumentierten Grundriss.

Geht man von der Auffahrt aus diagonal über den Parkplatz, erhebt sich am anderen Ende der einzige noch über der Bodenoberfläche sichtbare Baurest der ehemaligen Burganlage. Es handelt sich um einen kleinen **Ausschnitt aus der Südostecke der Ringmauer** ❹. Bei näherer Betrachtung erweist sich der untere Teil als Fels mit darauf gesetztem Mauerwerk. Dieses ist nicht gleichartig gemauert: Der untere, ungeordnet wirkende Abschnitt zeigt die ursprünglich im Boden verborgene Fundamentzone an. Die wenigen darüber sorgfältiger aufgeschichteten Lagen aus quaderartigen Hausteinen – sogenannte »Handquader«, die man ohne Hebewerkzeuge mit der Hand versetzen konnte – kennzeichnen dagegen den letzten Rest des alten Sichtmauerwerks. Weshalb heute auch das einstige Fundament über der Geländeoberfläche zu sehen ist, erklärt sich aus nachträglichen Geländeabtiefungen, die bei der späteren Steinbruchtätigkeit auf dem ehemaligen Burggelände unternommen wurden. Die mittelalterliche Oberfläche des Burghofs, um den sich einst die Gebäude gruppierten, wurde im Laufe der Zeit so tief abgetragen, dass wir uns heute teils mehrere Meter unter dem historischen Bodenniveau befinden. Nur der noch sichtbare »Mauerzahn« blieb – vermutlich als Rücklage für ein Nebengebäude der Gastwirtschaft – bestehen. Der hier etwa 1,5 Meter starke

Blick auf die einzigen noch sichtbaren Mauerreste der »oberen Burg« am Parkplatz der Molkenkur.

Bering dürfte ohne aufgesetzte Bauten einst wenigstens acht bis neun Meter Höhe erreicht haben.

Die Breite der gegen den Berg gerichteten Schildmauer lässt sich abschätzen, wenn man von der (vom Parkplatz aus betrachtet) rechten Abbruchkante ausgehend die Mauerflucht in gerader Linie bis knapp vor die Hangkante abschreitet. An dieser Stelle war 2001 die noch gut erhaltene Südwestecke der Burg aufgedeckt (siehe Abb. auf S. 64). Der Bering gründet dort erheblich tiefer am Abhang und wurde an der Außenseite von einem mächtigen, diagonal vorspringenden Pfeiler abgestützt. Heute liegt der Baurest von Erdreich überschüttet wieder tief unter der Parkplatzoberfläche.

Blicken wir über den Parkplatz zurück, so markiert die Bauzeile der Gaststätte heute in etwa die nördliche Begrenzung des ehemaligen Burgbezirks. Für Besucher unzugänglich haben sich im Keller des alten »Schweizer Hauses« noch die Reste eines kleinen Rundturms erhalten. Wir gehen nun an der Auffahrt um die **Gaststätte** herum auf die **Terrasse** ⑤, die zum Verweilen einlädt. Dort befinden wir uns etwa an der Stelle der talwärts gerichteten Ringmauer und können die weite Aussicht über das Neckartal sowie die Rheinebene genießen, die eindrucksvoll vergegenwärtigt, warum man im Mittelalter an dieser Stelle eine Burg errichtete. Wenn man den Blick rechts hinunter auf die Dächer des Heidelberger Schlosses wendet, wird die beherrschende Dominanz des Standorts offenbar. Ohne eine Burg an dieser Stelle war das untere Schloss bei Belagerungen von hier aus auch schon im Mittelalter stark gefährdet. Deshalb befestigte man die Position nach Zerstörung der oberen Burg wieder mit Schanzen und verteidigte sie bei der großen Belagerung Heidelbergs im Dreißigjährigen Krieg 1622 als Schlüsselposition.

Von der Terrasse aus werfen wir beim Rückweg zur Auffahrt einen Blick in den »**Spiegelsaal**« ⑥. Der 1925 als repräsentativer Tanz- und Veranstaltungssaal errichtete Anbau erstrahlt restauriert im alten Glanz. Im Inneren befindet sich ein großformatiges Wandgemälde, das dem Gast heute wieder eine anschauliche Vorstellung vom Erscheinungsbild der verschwundenen Burg vermitteln soll. Es beruht auf dem recht frei interpretierten Vorbild einer im Jahr 1537 angefertigten Federzeichnung, die dem kunstsinnigen Pfalzgraf Ott(o)-Heinrich zugeschrieben wird (siehe Abb. auf S. 66). Ob das mit kurpfälzischem

Südwestecke der Burg mit Stützpfeiler, die bei der Grabung 2001 freigelegt wurden

Darstellung der »alten Burg« im Spiegelsaal der Molkenkur

Wappen versehene Blatt wirklich die im gleichen Jahr zerstörte obere Heidelberger Burg darstellt, ist nicht ganz sicher. Sie müsste dann nämlich aus der Erinnerung oder nach einer älteren Vorlage gezeichnet worden sein. Die dargestellte Topografie und die Baumerkmale lassen sich aber durchaus mit den Gegebenheiten vor Ort verbinden: Zu sehen ist eine kompakte Kernburg mit einem hohen quadratischen Bergfried und um einen Hof gruppierten Wohnbauten. Talwärts erstreckt sich eine längliche Vorburg, die von zwei Rundtürmen flankiert wird. Wenn die Zeichnung tatsächlich die obere Heidelberger Burg darstellt, so zeigt sie mit großzügigen Dreibahnfenstern, Bogenfriesvorkragungen und Eckwarten ein spätgotisches Erscheinungsbild, das auf prägende Umbauten im späteren 14. oder frühen 15. Jahrhundert verweist.

Wir kehren zum Parkplatz zurück und laufen die Auffahrt wieder hinab, um hart rechts auf den nordwärts entlang der Hangstützmauern geführten **Waldweg** einzubiegen. Nach knapp

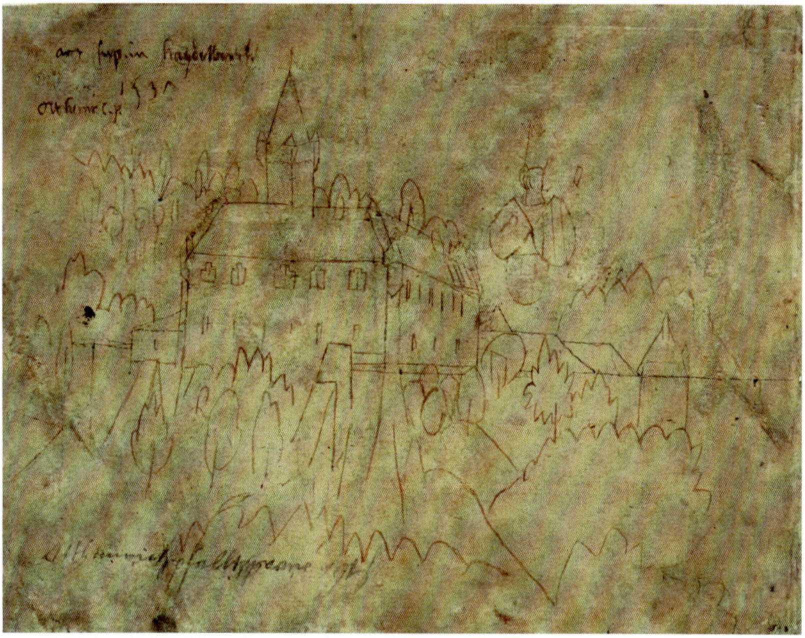

Die »obere Burg« auf einer Federzeichnung von 1537, die dem Pfalzgrafen Ottheinrich zugeschrieben wird.

100 Metern zweigt ein Pfad hangabwärts in die Gegenrichtung ab. Der Abstieg ist unbefestigt und besonders im Winter nur sehr eingeschränkt zu begehen. In etwa linearem Bezug auf den ehemaligen Halsgraben der Burg sind beidseitig des Weges auffällige **Anhäufungen aus losem Steinmaterial im Unterholz** 7 auszumachen, die in langen Reihen den Hang abwärts ziehen. Es handelt sich um sogenannte »Russeln«, die aus Steinen aufgeschichtet wurden, um die Zwischenräume landwirtschaftlich – vorzugsweise als Weinberge – nutzen zu können. Sie grenzten zugleich die Parzellen voneinander ab und schützten in den Steillagen vor Erosion. Ihr Alter ist unbekannt, doch dürften sie vor weit mehr als 200 Jahren entstanden sein, als hier noch kein Wald bestand (siehe Rundgang 5). An verschiedenen Stellen finden sich darin auch Trümmer der »alten Burg« verbaut. Besonders im Bereich unterhalb der bergseitigen Ringmauer liegen – schwer zu sehen – vereinzelt so genannte Buckel- oder Bossenquader. Diese mächtigen Werksteine blieben an der einst im Mauerverband nach außen gewandten und von einem breiten Randschlag gesäumten Stirnseite bruchrauh – man ließ also die sogenannte »Bosse« stehen, daher die Be-

zeichnung. Ein so gemauerter Block bewirkte einen martialischen Eindruck, der für anspruchsvolle Bergfriede der Stauferzeit charakteristisch ist. Ein beeindruckendes Vergleichsbeispiel ist etwa auf der Hinterburg in Neckarsteinach 15 Kilometer östlich von Heidelberg zu besichtigen. Auf der Ober- und Unterseite der Quader, den Lagerflächen, die einst im Mauerverband verbaut waren, sind mitunter sogenannte Wolfslöcher eingearbeitet. Sie dienten dazu, die Steine mit Hilfe des »Wolfs« anzuheben und zu versetzen. Dieses Hebewerkzeug wurde jedoch schon im 13. Jahrhundert allmählich durch die Hebezange verdrängt, deren Löcher allenthalben auf den Quadern des heutigen Schlosses zu sehen sind (siehe Rundgang 6). Die am Abhang verstreuten Bossenquader legen zugleich Zeugnis vom gewaltsamen Untergang der Burg ab, ganz so, wie das Jacob Mycillus unter dem Eindruck der Katastrophe geradezu apokalyptisch beschrieb: »So, wie der

»Buckelquader« wohl vom stauferzeitlichen Burgfried der »alten Burg«, die heute am Westhang der Molkenkur verstreut liegen

Reste einer ehemaligen Artillerieplattform mit dem »Plättelsweg« im Bereich der »Burgschanze«

Turm als Viereck gebaut war und seine vier Öffnungen den vier Weltengegenden zuwandte, so schleuderte er auch im Fall die Steinbrocken in ebenso viele Himmelsrichtungen und zersprang unter dem Druck gleichsam in Kreuzesform. Hoch flogen überall die Bruchstücke der stürzenden Mauer und schlugen unten auf den Feldern ein …«.

Wir gehen den Waldweg wieder zurück und wenden uns auf dem Hauptweg links in Richtung Stadt. Nach wenigen Metern bergabwärts erreicht man ein **Plateau, an dessen rechter Seite sich eine Felskuppe erhebt** **8**. Die dominante Aufhügelung wird wegen ihrer künstlich wirkenden Form vielfach als Rest einer ältesten Burg des 11. Jahrhunderts gedeutet. Die These konnte bisher aber nicht bestätigt werden, da Wall-Gräben, Baureste oder archäologische Funde fehlen. Die Beurteilung wird erschwert durch nachträgliche Veränderungen des Geländes wie die Steinbrüche an der Ostseite und die neuzeitlichen Befestigungen an der Westseite (siehe Rundgang 5 zum Steinbruch am Gaisberg auf S. 101).

Reste dieser Schanzenanlagen lassen sich am besten links vom Weg erkennen, entlang des Westabhangs. Es handelt sich um trocken (das heißt ohne Mörtelbindung) aus Lesesteinen aufgeschichtete, heute stark verfallene Wälle mit angeböschter Außenseite, die man als feste Wandschale ohne Mauerkern gegen den Steilhang gesetzt hatte. Darüber waren aus losen Steinen Wälle aufgeschichtet, die als Brustwehren Schutz für die dahinter aufgestellte Artillerie boten. Wenn man den Weg Richtung »Molkenkur« zurückgeht, kann man am ansteigenden Fels auf einem schmalen Pfad weitere Wallreste und Laufgräben erkennen, die eine kleinere »Redoute« – also ein geschlossenes Vorwerk – bildeten.

Die Wallanlagen gehörten zu einer als »Burgschanze« bezeichneten Bastion, die sich um den ganzen ehemaligen Burgbezirk zog. Eine plastische

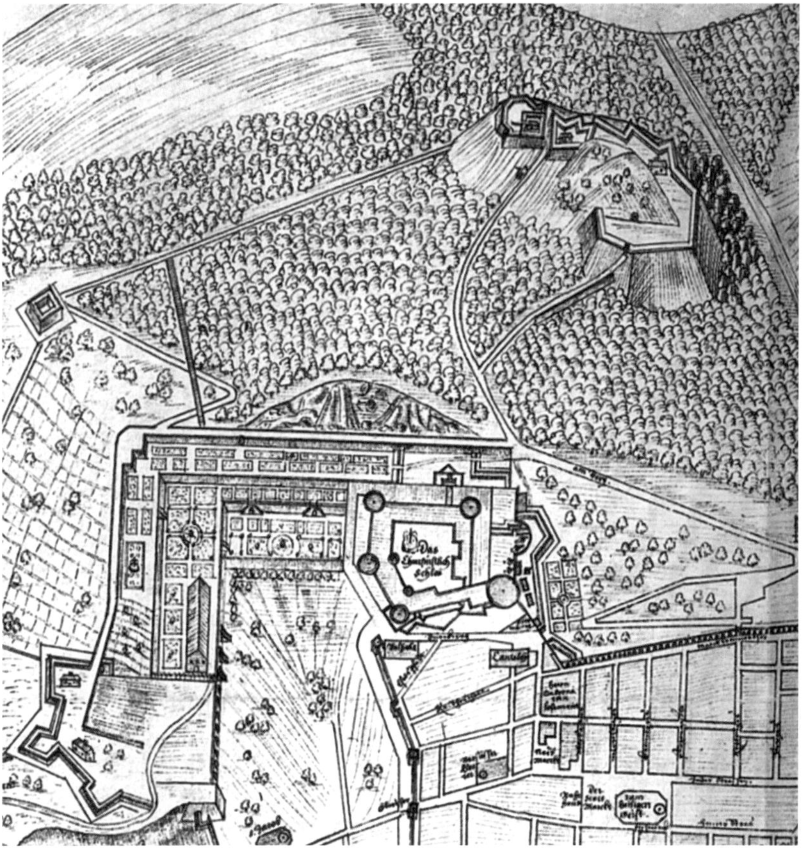

Die »Burgschanze« auf der Molkenkur im Befestigungsplan der Stadt Heidelberg aus dem Jahr 1622

Vorstellung davon vermittelt ein Plan der Befestigungen Heidelbergs aus dem Jahr 1622. Die Notwendigkeit zu einer derart ausgedehnten Befestigung des Areals hatte sich bald nach Beginn des Dreißigjährigen Krieges ergeben, als nach der Niederlage des »Winterkönigs« in der Schlacht am Weißen Berg 1620 die Truppen der Katholischen Liga die kurpfälzische Hauptstadt anzugreifen drohten. Die alles überragende Lage der »alten Burg« markierte eine entscheidende Schlüsselposition für die Verteidigung der zu ihren Füßen liegenden Residenz. Feindliche Geschützstellungen auf den Abhängen von Königstuhl und Gaisberg konnten von hier aus wirkungsvoll unter Feuer genommen werden. Entsprechend zäh wurde die »Burgschanze« bei der Belagerung im Jahr 1622 gegen die übermächtigen Truppen des berühmten bayerischen Feldherren Johann Tilly über mehrere Monate verteidigt. Auch im Orléansschen Krieg Ende des 17. Jahrhunderts setzte man die Stellungen wieder instand. Erst im 18. Jahrhundert geriet die Position in Vergessenheit und verfiel.

Wenn man zwischen der Molkenkur und dem Weg um die »Burgschanze« den Blick zu Boden richtet, fällt die linear aus großen Sandsteinplatten gebildete Wegbefestigung ins Auge, auf die sich die volkstümliche Bezeichnung »Plättelsweg« bezieht. Die archaische Anmutung des Belages gab seit jeher Anlass zu Spekulationen über das hohe Alter – etwa als römischer oder mittelalterlicher Höhenweg, auf den sich später auch die Burg bezogen habe. Beweisbar ist das – wie erwähnt – schon aufgrund der umfassenden Geländeveränderungen durch die Schanzenanlagen nicht. Nicht unwahrscheinlich ist aber ein Zusammenhang als Zugang zur »Burgschanze«, die auch Merian mit einer befestigten Wegrampe abbildete.

Im 19. Jahrhundert war der »Plättelsweg« zu einem beliebten Waldpfad geworden, dessen bemooste Steinhalden dem Ruinenbegeisterten Wanderer das Bild urwüchsiger Romantik vermittelten. Die Verbindung zum Schloss wurde später durch den Steinbruch und die Bergbahn zerschnitten, so dass wir heute wieder auf gleichem Wege zur Bergbahnstation zurückkehren, den wir hergekommen sind. Von dort können wir aber auch den Molkenkurweg links hinab wandern und erreichen nach etwa zehn Minuten den Abzweig zum Schloss-Wolfsbrunnenweg. Nach 200 Metern rechts führt uns ein Treppenabgang direkt in den »Hortus Palatinus«, den berühmten Renaissancegarten des Heidelberger Schlosses (siehe Rundgang 6).

Zum Autor

Achim Wendt ist seit 15 Jahren als Leiter eines selbständigen Büros für Bauforschung, Dokumentation & Konzeption (BDK) bundesweit engagiert mit Schwerpunkten in der Sanierungsbetreuung staatlicher und kommunaler Baudenkmäler. Langjährig für die Stadtkernarchäologie in Heidelberg tätig, ist er durch zahlreiche Veröffentlichungen zur Stadt- und Baugeschichte in Heidelberg hervorgetreten.

Gedenkstein zur Einnerung an die obere Burg auf der Molkenkur

4. Die Altstadt und ihre hochmittelalterlichen Befestigungen

Christoph Mauntel

Durch himmelstürmende Kirchtürme und spitze Giebel geprägt sowie von hohen Mauern umfasst erheben sich städtische Silhouetten über ihr ländliches Umland – so zumindest stellen viele mittelalterliche Miniaturen und Holzschnitte eine typische Stadt dar. Damit machen sie deutlich, welche bedeutende Funktion der Stadtbefestigung aus mittelalterlicher Sicht zukam: Jenseits schützender Bollwerke waren sie auch in rechtlicher Hinsicht ein Symbol der Stadt. Städte hatten häufig ein eigenes Recht, dessen Geltungsbereich die Mauer anzeigte, die die Stadt von ihrem Umland trennte. In Heidelberg ist eine solche Stadtmauer (»murus civitatis«) ab 1235 schriftlich belegt, so dass man die Stadtwerdung Heidelbergs auf etwa 1200 bis 1220 datieren kann. Die Altstadt dürfte etwa in jener Zeit ihr heutiges Gesicht bekommen haben. Ihr großzügiges und regelmäßiges Straßenraster lässt eine planmäßige Anlage durch den Pfalzgrafen vermuten, wie sie für das 13. Jahrhundert typisch war. Als Mittelachse diente die Hauptstraße, die von Parallelstraßen flankiert (Ingrimstraße, Untere Straße) und von querlaufenden Gassen gekreuzt wurde. In der Stadtmitte befand sich der Marktplatz, an dem sich die zentralen Wege trafen (Hauptstraße, Steingasse) und der durch die Heiliggeistkirche dominiert wurde.

Wenn wir uns im Folgenden also auf die Spuren des mittelalterlichen Heidelberg begeben, bietet es sich geradezu an, dem Verlauf der alten Stadtmauer zu folgen. Ihre Türme und Tore berichten nicht nur vom städtischen Leben und seinen sozialen und rechtlichen Besonderheiten, sondern führen uns auch die Größe der Stadt vor Augen: Mit ungefähr 5000 Einwohnern war Heidelberg 1439 durchaus eine größere Stadt und hatte in etwa so viele Einwohner wie Ravensburg, Leipzig oder Freiburg im Üechtland. Solche Bevölkerungsgrößen sollten immer in ihrer zeitgenössischen Relation gesehen werden, da man sich sonst von den heute klein erscheinenden Zahlen täuschen lässt: Dresden hatte zur selben Zeit 3000 Einwohner, Zürich 5000, Mainz 5700, Aachen knapp 10 000, Straßburg 18 000. Die größte Stadt im deutschen Sprachgebiet war zur damaligen Zeit Köln mit etwa 40 000 Einwohnern. Der Gang entlang der Stadtmauer zeigt damit auch, wie groß das Gebiet einer hochmittelalterlichen Stadt war. Trotz der großzügigen Anlage Heidelbergs prägte bald eine dichte Bebauung mit engen Gassen das Bild, so dass in Heidelberg wie andernorts ›Altstädte‹ im Laufe ihrer Entwicklung durch ›Neustädte‹ erweitert werden mussten.

Links: Der Hexenturm

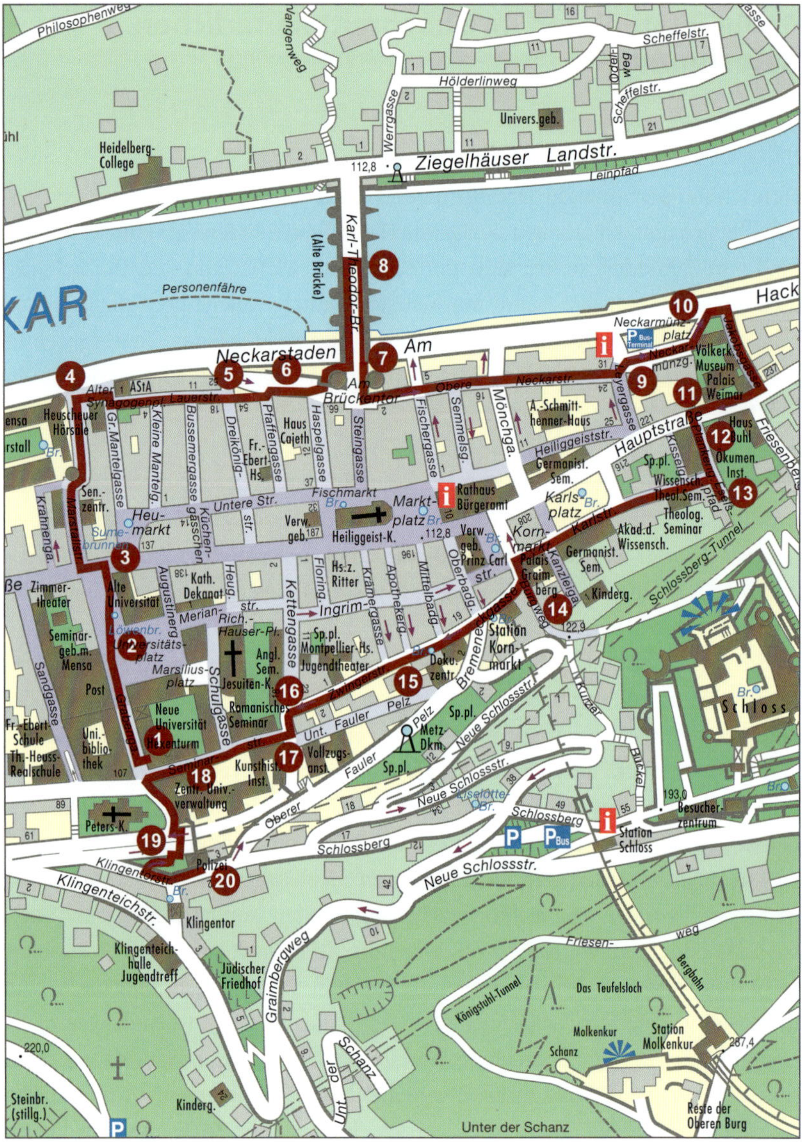

© Stadt Heidelberg, Vermessungsamt

Öffnungszeiten

Innenhof der Neuen Universität: Der Innenhof ist täglich außer Sonntag von etwa 8 bis 22 Uhr geöffnet.

Stationen *(Rundgang: circa 1,5 bis 2 Stunden)*

1. Hexenturm (Innenhof der Neuen Universität)
2. Universitätsplatz
3. Mitteltorturm (Hauptstraße 126)
4. Heuscheuer und Zeughaus (Kreuzung Marstallstraße/Neckarstaden)
5. Judentor (Kreuzung Lauerstraße/Dreikönigstraße)
6. Linstörlein und Lauerplatz (Kreuzung Neckarstaden/Haspelgasse)
7. Tor der Alten Brücke, Brückenaffe, Neckarschule (Obere Neckargasse 1)
8. Alte Brücke
9. Leyertor (Kreuzung Obere Neckarstraße/Leyergasse)
10. Münzturm und Vorstadt (Neckarmünzgasse 4/6)
11. Inneres Obertor (Kreuzung Hauptstraße/Plankengasse)
12. Kaltetalturm (Plankengasse/Karlstraße)
13. Eselspfadturm (Eselspfad)
14. Rest der Stadtmauer (Burgweg 11)
15. Stadtmauer und Bäder (Zwingerstraße/Oberbadgasse)
16. Markbronner Tor (Kreuzung Zwingerstraße/ Kettengasse)
17. Loh-Gerber und alter Graben (Kreuzung Seminarstraße/Unterer Fauler Pelz)
18. Rest der Stadtmauer (Seminarstraße)
19. Rest der Stadtmauer (Schlossberg-Tunnel)
20. Keltertor (Schlossberg 3–4)

Der Rundgang entlang der hochmittelalterlichen Stadtmauer beginnt an ihrem heute noch markantesten Rest, dem Hexenturm an der **Ecke Grabengasse/Seminarstraße** ❶. Dieser Turm markierte die südwestliche Ecke der hochmittelalterlichen Stadtmauer, die entlang der Seminarstraße auf ihn zulief und dann die Grabengasse nordwärts zum Neckar verlief. Die Peterskirche, die als älteste Heidelberger Kirche bereits in das 12. Jahrhundert zurückreicht, lag damit außerhalb der Stadtmauern. Topographisch steht sie auf einer erhobenen Position, die nach drei Seiten hin abfällt (Plöck, Grabengasse, Seminarstraße). Der vom Berg kommende Klingenteichbach bildete hier im Laufe der Zeit einen Schwemmkegel, dessen Oberflächenniveau mit etwa 118 Metern über dem Meeresspiegel drei bis sieben Meter höher liegt als die übrige Altstadt. Hier, zwischen Theaterstraße, Hauptstraße, Kettengasse und dem Hang des Königsstuhls, vermutet die archäologische und historische Forschung die Keimzelle Heidelbergs. Wahrscheinlich entstand hier in der zweiten Hälfte des 12. Jahrhunderts eine zur Burg

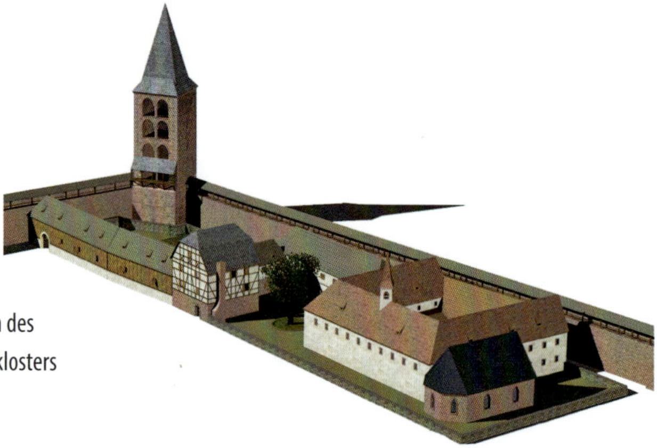

Rekonstruktion der Stadtmauer mit Hexenturm und den Gebäuden des ehemaligen Augustinerklosters (17. Jahrhundert)

gehörende Siedlung, an deren südlicher Spitze die Peterskirche gelegen haben könnte. Mit der planmäßigen Gründung der Altstadt wurde diese Siedlung größtenteils aufgegeben und eingeebnet. Die neu errichtete Stadtmauer durchschnitt dann den alten »Burgweiler«.

Der circa 34 Meter hohe **Hexenturm** steht heute im Innenhof der Neuen Universität, die 1931 errichtet wurde. Wir erreichen den Innenhof durch einen der beiden Zugänge an der Grabengasse bzw. der Seminarstraße. Das Alter des Turms ist nicht exakt geklärt. Da er seiner Form nach in das späte 13. Jahrhundert datiert, war er vermutlich eine spätere Ergänzung der ursprünglichen Befestigung. Bis zur Stadterweiterung von 1392 bildete er die südwestliche Ecke der Stadtbefestigung. Aus fortifikatorischen Gründen war er in die Diagonale gedreht. Zur Stadtseite hin öffnete er sich in drei Doppelarkaden, um es dem Gegner im Fall einer Eroberung unmöglich zu machen, sich im Turm zu verschanzen. Auf Höhe der ersten Arkade sieht man noch heute herausstehende Kragsteine, die früher die hölzernen Verbindungsstege zu den Stadtmauern trugen. Daraus lässt sich ableiten, dass die Stadtmauer an dieser Stelle die beträchtliche Höhe von circa zwölf Metern erreichte – und damit fast bis an die Regenrinne des heutigen Universitätsgebäudes gereicht hätte.

Der heutige Name des Hexenturmes ist erst seit 1689 belegt, davor war er ab dem 15. Jahrhundert als ›Diebesturm‹ bekannt, da sein unterster, überwölbter Raum als städtisches Gefängnis diente. Der Merian-Stich von 1620 zeigt ihn mit einem Spitzdach, beim Wiederaufbau der Stadt 1693 erhielt er dann ein gewalmtes Mansardendach. Außerdem wurden je vier Fenster in die Nord- und Südwand sowie ein Tor in die Wand auf der Grabenseite gebrochen. Um Baumaterial für den Festungsbau in Mannheim zu gewinnen, wurde der Turm 1725 teilweise abgerissen und nur Proteste der Heidelberger Bevölkerung verhinderten, dass er ganz niedergelegt wurde. Seit 1906 gehört er zur Universität, die 1932/33 im ersten Stock eine Gedenkstätte für die im Ersten Weltkrieg gefallenen Universitätsangehörigen einrichten ließ.

Vom Hexenturm gehen wir die Grabengasse hinab zum **Universitätsplatz** ❷. Die Grabengasse selbst markiert den Verlauf des Stadtgrabens. Beim Bau der Stadtmauer wurde der Klingenteichbach, der ursprünglich wohl entlang der Sand- und Schiffsgasse verlief, hierher in den Stadtgraben umgeleitet. An der leicht eingewölbten Pflasterung der Grabengasse ist der ehemalige Graben noch heute erkennbar, vor allem im Vergleich zum deutlich höher liegenden Universitätsplatz. Unter seiner Pflasterung liegen die Grundmauern des Augustinerklosters, weswegen seine Oberfläche nicht wie der heute verfüllte Graben absinken konnte. Die Stadtmauer verlief im Anschluss an den Hexenturm durch den heutigen Innenhof der Neuen Universität, quer über den Universitätsplatz und an der Fassade der Alten Universität entlang.

Dort, wo die Stadtmauer auf die **Hauptstraße** traf, stand der **Mittelturm** ❸, an den heute noch zwei Gedenktafeln an den Fassaden von

Hervorkragende Steine am Hexenturm, die einst einen hölzernen Wehrgang trugen

Der Mitteltorturm an der Hauptstraße vor seinem Abriss 1827

Hauptstraße 126 und 135 erinnern. Die Hauptstraße als zentrale Achse der Stadt orientierte sich vermutlich am Verlauf eines Handelswegs von Worms nach Würzburg, so dass der Mitteltorturm das Haupttor Heidelbergs war. Auf dem Merian-Stich erscheint er als mächtiger Turm, der die Stadtmauern hoch überragt. Deutlich ist das hohe, spitze Dach mit Glockenturm und mehreren hölzernen Gauben zu erkennen. Direkt vor dem Tor führte eine Zugbrücke über den Stadtgraben. Auf der Stadtinnenseite sieht man auf dem Merian-Stich Arkaden. Ursprünglich waren diese (wie beim Hexenturm) aus taktischen Gründen offen, zu Merians Zeiten aber bereits zugemauert. Seine zentrale Verteidigungsfunktion hatte der Turm durch die Stadterweiterung nach Westen schon lange verloren und so wurde das Innere als Wohnraum für den Nachtwächter genutzt, der hier seinen Sitz hatte. Die Stadtordnung von 1465 bestimmte, dass 30 der tauglichsten Männer die Stadtwache übernehmen mussten. Vier von ihnen sollten jeweils Nachtwache halten, sich alle 15 Minuten gewissenhaft umschauen und der Stadt ihre Aufmerksamkeit durch ein Hornsignal anzeigen, wie eine Dienstordnung aus dem 18. Jahrhundert bestimmt. Für den Notfall stand ihnen eine Sturmglocke sowie eine Laterne zur Verfügung, die sie an einer langen Stange vom Turm in die Richtung hängten, in der das Feuer gesichtet wurde. Bei Tag wurde die Laterne durch eine Fahne ersetzt, wobei rot einen Stadtbrand und grün einen Waldbrand signalisierte.

Nach dem verheerenden Brand von 1689 erhielt der Turm einen achteckigen Aufsatz mit einer sogenannten ›welschen Haube‹, wie sie ein späterer Stich von 1824 zeigt. Letztlich jedoch wurde der Turm 1827 als Verkehrshindernis abgerissen. Der Feuerwächter verrichtete seitdem seinen Dienst auf dem Turm der Heiliggeistkirche.

Die Stadtmauer verlief vom Mitteltorturm weiter neckarabwärts. Wegen der heutigen Bebauung können wir ihr nicht direkt folgen, sondern gehen die Hauptstraße ein Stück Richtung Bismarckplatz, biegen rechts in die Marstallstraße ab und folgen ihr bergab Richtung Neckar zum charakteristischen Bau der **Heuscheuer** ❹. Sie wurde zwar erst nach der Zerstörung Heidelbergs um 1707/08 gebaut, birgt jedoch die neben dem Hexenturm bedeutendsten Reste der hochmittelalterlichen Stadtbefestigung. Deutlich erkennbar ist die bis zu einer Höhe von etwa 9,5 Meter gerundete Nordwest-Ecke: Dies ist der Stumpf des Frauenturms, der bis 1392 der nordwestliche Eckturm der Stadtbefestigung war. Ursprünglich stand hier ein Wehrbau aus zwei Türmen, die durch einen Mittelbau verbunden waren. Nach der Stadterweiterung Ende des 14. Jahrhunderts wurde der Turm offenbar als Arbeitshaus für Frauen bzw.

Die Heuscheuer, in deren Bau Reste der einstigen Stadtbefestigung einbezogen wurden

als Gefängnis genutzt. In schriftlichen Quellen begegnet er uns 1466 als »kefich« und 1620 als »frawenthurn« beziehungsweise »keffig«. Nachdem die Eckbastion 1693 beim großen Stadtbrand zerstört worden war, errichtete man aus den Trümmern ein städtisches Lagerhaus. Seit 1963/65 wird die Heuscheuer von der Universität als Hörsaalgebäude genutzt.

Der Heuscheuer gegenüber liegt das ehemalige kurfürstliche **Zeughaus**. Es wurde 1510 als Lagergebäude für Waffen und Kriegsgerät errichtet. Der vergleichende Blick auf den Merian-Stich zeigt deutlich einen Unterschied im Bodenniveau. Nimmt man den am Neckar gelegenen Eckturm in den Blick, so erkennt man heute knapp über dem Pflaster, dass der Turm auf einem zurückgesetzten Sockel mit Rundbogenfries aufsetzt. Auf dem Merian-Stich markiert er das obere Ende des ersten Stockwerks; ursprünglich lag der Boden hier also etwa zwei Meter tiefer! Nachdem der westliche Teil der alten Stadtbefestigung durch die Erweiterung der Stadt überflüssig geworden war, schüttete man den Stadtgraben im 17. Jahrhundert auf und erhöhte damit das Bodenniveau massiv bis auf die Höhe

Eckturm des Zeughauses mit Rundbogenfries knapp über der Pflasterung der heutigen Oberfläche. Bei Kanalisationsarbeiten wurden später zwischen dem Marstall und der Heuscheuer etwa 40 Zentimeter unter der heutigen Oberfläche der Marstallstraße die Reste einer Mauer und ihrer Stützpfeiler entdeckt: Wir erkennen sie ebenfalls auf dem Merian-Stich als Sperrmauer, die den Stadtgraben zum Neckar hin abschloss. Auch der Durchlass für den Klingentalbach ist gut zu erkennen.

Darstellung des Eckturms, der direkt an den Stadtgraben und den Neckar grenzt, im Merian-Stich von 1620

An der Heuscheuer biegen wir nach Osten in die Lauerstraße ein. Die Stadtmauer verlief vermutlich an der nördlichen (nun links liegenden) Seite der Straße – sowohl auf dem Stich Münsters als auch dem Merians erkennt man ihren geraden Verlauf. An der Lauerstraße 1–7 stand die 1471 erstmals erwähnte Pfistermühle, die den städtischen Bäckern als gemeinsame Mühle diente. Durch ein Hochwasser im Jahre 1824 wurde sie zerstört.

An der **Kreuzung Lauerstraße/ Dreikönigstraße** ❺ erinnert noch heute eine kleine Gedenktafel an das Judentor, das ab 1566 in den Quellen nachgewiesen ist. Seinen Namen hat es von der dahinterliegenden Gasse, die bis ins 19. Jahrhundert Judengasse genannt wurde: Hier befand sich bis zur Vertreibung der jüdischen Gemeinde Heidelbergs deren Zentrum (siehe Rundgang 9). Auf dem Merian-Stich ist das Judentor als breites Tor mit Aufbau dargestellt. Bei Hochwasser konnte es mit Balken und Sandsäcken verschlossen werden. Das Judentor bildete den Hauptzugang zum Lauerplatz, der sich vor der Stadtmauer am Neckar entlang erstreckte. Dieser Platz wurde vor allem als Holzmarkt und Handelsplatz genutzt. Der Flussverlauf, wie ihn der Merian-Stich zeigt, legt nahe, dass aufgrund der niedrigen Wassertiefe wohl nur kleinere Schiffe am Ufer anlegen konnten. Später wurden hier

Die Alte Brücke

der städtische Holzhof sowie das sogenannte Lauerhaus gebaut, das nicht nur den Holzschreibern als Amtssitz diente, sondern seit 1770 auch einen Festsaal beherbergte. Es wurde 1880 zerstört.

Wir folgen nun dem Verlauf der Neckarstaden (und damit dem Verlauf der Stadtmauer) bis zur **Kreuzung Neckarstaden/Haspelgasse** ❻. Hier bot das »Linstörlein« einen zweiten Zugang zum Lauerplatz. Sowohl bei Münster 1544 als auch bei Merian ist es nur als kleiner Durchgang in der Stadtmauer erkennbar. Direkt daneben befand sich seit 1587 der mächtige städtische Kornspeicher. Der ehemalige Stadtarchivar Derwein vermutete, dass der Name des erstmals 1704 als »Linßen thor« belegten Durchgangs vom mundartlichen »linsen« (für heimlich hinaus-/hineinblicken) herrührt. Der Rundgang führt nun die Neckarstaden entlang hoch zum Tor der Alten Brücke.

Das charakteristische doppeltürmige **Tor der Alten Brücke** ❼ ist schon auf der Darstellung Heidelbergs von 1527 deutlich erkennbar (siehe S. 57). In ihrer heutigen Form gehen die beiden schlanken Türme noch auf das Spätmittelalter zurück. Mit dem Bau der heutigen Brücke zwischen 1786 und 1788 unter Pfalzgraf Karl Theodor wurden sie um ein barockes Tor und Turmhelme ergänzt. Der westliche Torturm beherbergt drei kleine Kerker, der östliche eine kleine Wohnung, die sich auch auf das Torhaus erstreckt. Auf der Rückseite des östlichen Turms befindet sich eine Gedenktafel für die vielfach erneuerte Alte Brücke.

Schon 1217 ist an der Stelle der heutigen **Alten Brücke** eine Neckarfähre belegt, die von Mönchen des Klosters Schönau betrieben wurde. Die Brücke selbst ist 1284 urkundlich zum ersten Mal erwähnt. Ihr Bau dürfte bei der planmäßigen Anlage der Stadt bereits vorgesehen gewesen sein. Der Standort war strategisch gewählt, da die Brücke den Neckar in der Mitte der Altstadt quert und zudem vom Schloss aus gut zu kontrollieren war. Indem der Neckarübergang von Bergheim, wo es bereits eine antike römische Neckarbrücke gab, in die Altstadt verlegt wurde, lenkte man zudem einen Handelsweg von Frankfurt nach Basel durch Heidelberg. Ruprecht I. versuchte den Handel unter anderem 1357 durch die Etablierung einer vierzehntätigen Messe zu stärken, die sich terminlich an die große Frankfurter Frühjahrsmesse anschloss und so von dort abreisende Besucher nach Heidelberg locken sollte. Die heutige Brücke hatte vermutlich acht hölzerne Vorgängerbauten, die seit dem 13. Jahrhundert immer wieder durch Hochwasser und Eisgang zerstört wurden. Direkt vor dem Brückentor soll sich eine Zugbrücke befunden haben. Auf dem Stich von Merian erkennen wir eine überdachte und an den Seiten geschlossene Holzbrücke, wie sie seit ungefähr 1565 bestand.

Gehen wir stadtauswärts bis zur **Mitte der Brücke** 8, so fällt auf, dass der siebte Pfeiler deutlich breiter ist. Nach Osten hin befindet sich eine kleine Balustrade, nach Westen eine größere Plattform, auf der die Statue der Pallas-Athene steht. Hier stand früher ein weiterer Turm, für den der Brückenpfeiler verbreitert werden musste. Dieser Turm, der mit einem eisernen Gitter gesperrt werden konnte, bildete bis um 1460 die Grenze zwischen den Territorien der Kurpfalz und des Erzbistums Mainz – mit dem Überqueren der Brücke betrat man also ein anderes Herrschaftsgebiet. Während das Brückentor die Stadt sicherte, markierte der Turm auf der Brücke die territoriale Grenze. Erst 1465 übertrug der Pfalzgraf der Stadt das Recht, den Brückenzoll selbst einzunehmen, sowie die damit verbundene Pflicht, die Unterhaltskosten der Brücke zu übernehmen. Der Grund hierfür war einfach: Drei Jahre vorher waren Pfalzgraf Friedrich dem Siegreichen nach einem Schlachtensieg über den Erzbischof von Mainz die Dörfer Handschuhsheim, Dossenheim, Neuenheim und der Heiligenberg übertragen worden – die Brücke hatte damit ihre Bedeutung als Grenze verloren.

Dem Angriff Tillys 1620 hielt die Brücke stand, 1689 aber wurde sie und mit ihr der nördliche Grenzturm zerstört. Als Ersatz wurde eine Holzbrücke errichtet, die jedoch 1784 bei

Der Heidelberger »Brückenaffe« auf einem Flugblatt von 1620/21 und heute

einem außergewöhnlich starken Hochwasser mit Eisgang zusammenbrach. Vier Jahre später, 1788, wurde die heutige steinerne Brücke fertig und damit die traditionelle Einheit aus Schloss, Heiliggeistkirche und Brücke wiederhergestellt.

Wir gehen erneut stadteinwärts, rechts am Brückentor vorbei, wo der sogenannte **Brückenaffe** steht. Die Bronze-Figur von Gernot Rumpf erinnert seit 1979 an den alten Brückenaffen, der von der Nordwand des Brückenturms, also dem Mainzer Territorium zugewandt, auf alle herannahenden Besucher herabblickte. Der Affe fasste sich mit der einen Hand an den Hintern und hielt dem Neuankömmling mit der anderen einen Spiegel entgegen. Neben dem Steinbild stand folgender Text:

»Was thustu mich hie angaffen?
Hastu nicht gesehen den alten Affen
Zu Heydelberg, sieh dich hin und her,
Da findestu wol meinesgleichen
mehr!«
(überliefert durch Martin Zeiller,
»Itinerarium Germania«, 1632)

Derartige Spottbilder sind von vielen Orten bekannt: In Lübeck begrüßte den Ankömmling das nackte Hinterteil einer Merkur-Statue, am Chorgestühl des Doms zu Ribe in Dänemark findet man ebenso zwei Affen wie an der Wertheimer Kilianskapelle – immer mit einem Spiegel in der einen Hand und mit der anderen am Hintern. Man kann diese Bildnisse gleichermaßen als Aufruf zur Demut wie auch als frechen Spott sehen. In Heidelberg muss der Affe ein Wahrzeichen der Stadt geworden sein: Zeitweilig hielt man am Brückentor sogar einen lebenden Affen, dessen Tod durch Ertrinken um 1550 überliefert ist. Als der Brückenturm 1689 gesprengt wurde, ging auch der alte steinerne Brückenaffe verloren.

Vom Brückenaffen gehen wir am Brückentor vorbei zur **Oberen Neckargasse 1.** Hier, direkt an der Stadtmauer, stand früher die Neckarschule, eine um 1420 von der Bürgerschaft gegründete Bildungsstätte – und damit die älteste Heidelbergs. Da die Bürger ohnehin für die Instandhaltung der Stadtmauern verantwortlich waren, bezog man bei städtischen Bauten häufig die Stadtmauer in das Gebäude mit ein, um die Kosten für eine Mauer einzusparen. Im heutigen Nachfolgerbau der Neckarschule von 1706 ist als gewölbter Gang noch das Tränktor erhalten. 1435 ist es als »fysche pforten« (wegen der nahe gelegenen Fischergasse) und 1528 als »Drenckthor« fassbar, weil es einen Durchgang zum Neckar bot, an dem das Vieh getränkt werden konnte.

Wir folgen weiter dem Verlauf der Stadtmauer entlang der Oberen Neckarstraße. Bei Hausnummer 21 befand sich die erstmals 1239 erwähnte Mönchsmühle, die zum Schönauer Klosterhof gehörte (siehe Rundgang 10). An der Kreuzung **Obere Neckarstraße/Leyergasse** ❾ stand bis zum Ende des 17. Jahrhunderts das Leyertor. Hier, direkt an der Stadtmauer, waren die Loh-Gerber (»lawer«) angesiedelt, um ihre übel riechenden Abwässer schnell in den Neckar leiten zu können. Nach ihnen hießen Tor und Gasse ursprünglich Lawertor beziehungsweise -gasse, vielleicht geht auch der Name Lauerplatz auf sie zurück. Allerdings findet er in den Quellen nur als Handelsplatz Erwähnung.

Wir folgen der Oberen Neckarstraße weiter und biegen an ihrem Ende leicht nach links ab, um in die **Neckarmünzgasse** ❿ zu kommen. Bei Hausnummer 4/6 stand der Münzturm, der 1750 als Pulverturm erwähnt wird. Reste der Mauer sollen sich in der Rückwand von Neckarmünzgasse 2 und 4 erhalten haben. Der sich am Fluss erstreckende Neckarmünzplatz war eine zwischen der Mönchs- und Herrenmühle gelegene Anlegestelle für Flöße. Der Merian-Stich zeigt, wie die obere Vorstadtmauer weiter Richtung Osten verlief, die eigentliche Stadtmauer aber in einem Bogen nach Süden abknickte. Die Vorstadtmauer hatte keine direkte Verbindung zur Stadtmauer, sondern diente dem Schutz der kleinen oberen Vorstadt, die sich im 14. Jahrhundert gebildet hatte. Die Mauer entstand wohl erst zu Beginn des 17. Jahrhunderts.

Wir folgen der Neckarmünzgasse, um dann rechts in die Jakobsgasse einzubiegen. Diese befand sich im Mittelalter bereits außerhalb der eigentlichen Altstadt. Am Ende dieser Gasse biegen wir rechts in die Hauptstraße ein, wo wir zu unserer Rechten das **Palais Weimar** beziehungsweise **Freudenberg** aus dem Jahr 1714 erblicken. Auf dem Merian-Stich lässt sich an dieser Stelle direkt vor der Stadtmauer der Stadtweiher erkennen. Der Pfalzgraf gestand der Stadt 1465 zu, im Stadtgraben sowie im Stadtweiher Fischzucht zu betreiben und die Verkaufserlöse für die Instandhaltung der Befestigung aufzuwenden.

Wir gehen die Hauptstraße weiter stadteinwärts, bis wir an die **Plankengasse** ⓫ kommen. Hier stand früher das Innere Obertor beziehungsweise die Jakobspforte. Es wurde 1371 schriftlich erwähnt und trennte die Obere Vorstadt vom eigentlichen Stadtgebiet, das man über eine kleine Brücke über den Stadtgraben betreten konnte. Das Tor wurde beim Angriff auf Heidelberg 1689 gesprengt und 1759 gänzlich abgetragen.

Nun folgen wir dem Verlauf der Mauer nach Süden und biegen dazu links in die Plankengasse ein. Auf der Höhe der nach rechts abzweigenden **Karlstraße** ⓬ stand der Kaltetalturm, an den auch heute noch eine Gedenktafel erinnert. Der Turm diente vermutlich zur Aufbewahrung von Schießpulver. Nach der Zerstörung Heidelbergs wurde hier wohl nur noch zu Kriegszeiten Pulver gelagert, bis man den Turm schließlich 1750 abgerissen hat. Der Merian-Stich zeigt, wie die Stadtmauer vom Kaltetalturm den Hang hoch bis zum Glockenturm des Schlosses verlief. Die Einbindung der Stadtmauer in die Befestigungsanlage des Schlosses zeigt die enge Bindung der Stadt und ihrer Bauten an den Pfalzgrafen. Wir gehen geradeaus den **Eselspfad** ⓭ entlang, einen schmalen Weg zur Herrenmühle, auf dem mit Lasteseln das Korn transportiert wurde. Hier befand sich der kleine Eselspfadturm, der auf dem Merian-Stich ohne Dach und kaum höher als die Stadtmauer selbst erscheint.

Wir kehren um und folgen dem Verlauf der Karlstraße, am rechter Hand gelegenen Karlsplatz vorbei bis zum Kornmarkt, und biegen links in den Burgweg ab. Dieser führt uns am Gebäude der Bergbahn vorbei bergauf. Deutlich sind nun auf der rechten Seite gegenüber **Burgweg 11** ⓮ Bruchstücke der alten Stadtmauer sichtbar. Heute sind sie in der Stützwand der höher gelegenen Neuen Schlossstraße verbaut, die sich bis zur Grundstücksgrenze zwischen Burgweg 12 und Kurzem Buckel 1 zieht. Der Merian-Stich zeigt, wie eine Schenkelmauer vom sogenannten »Dicken Turm« des Schlosses (siehe Rundgang 6) den Hang abwärts geführt wurde und hier wieder auf die Stadt traf. Die Mauer verlief quer durch das heutige Gebäude der Bergbahn. Um ihrem

Verlauf weiter zu folgen, kehren wir um und biegen vom Burgweg nach links in die Zwingerstraße ein.

Etwa ab der Kreuzung **Zwingerstraße/Oberbadgasse** ⓯ nahm die Stadtmauer den heutigen Verlauf der Zwingerstraße an – und zwar mittig: Die Zwingerstraße, einst eine schmale Gasse direkt hinter der Mauer, wurde im 19. Jahrhundert verlegt und verbreitert. Der Badbrunnen gegenüber der Mündung der Mittelbadgasse wurde dabei entsprechend nach Süden versetzt. Er versorgte die umliegenden öffentlichen Bäder mit frischem Wasser (siehe Rundgang 10).

Reste der alten Stadtmauer am Burgweg

Wir folgen der Zwingerstraße bis zur Kreuzung mit der **Kettengasse** ⓰. Hier stand das 1466 erstmals erwähnte Markbronner Tor, später Kettentor genannt. Es war vermutlich nach dem an dieser Ecke stehenden Markbrunnen benannt, der auf der Grenze (Mark) der zwei Stadtbezirke stand. Auf dem Tor wohnte zunächst der Pförtner, ab dem 15. Jahrhundert hatten hier vermutlich die Schneider ihr Zunfthaus. Die dichte Bebauung, die auf dem Merian-Stich vor der Außenseite der Mauer zu sehen ist, hat den Wehrgang darauf offenbar nutzlos gemacht. Das Tor wurde 1693 teilweise zerstört, aber wieder aufgebaut. Es ist möglich, dass vom Kettentor und dem dort befindlichen kurfürstlichen Marstall der »Plättelsweg« zur so genannten »alten Burg« auf dem Gaisberg führte (siehe Rundgang 3).

Unsere nächste Station liegt ein Stück bergauf, an der Kreuzung **Seminarstraße/Unterer Fauler Pelz** ⓱. Ursprünglich hieß die Kettengasse Altlawergaß, weil sich hier die älteste Ansiedlung der Lohgerber (»lawer«) befand. Nach dem Bau der Mauer zogen die Gerber weiter nördlich direkt an den Neckar, damit die beißenden Gerüche ihrer Abwässer nicht durch die Stadt geleitet werden mussten. An der Stelle ihrer Häuser an der Kettengasse erbaute man den pfalzgräflichen Marstall – den Vorgängerbau des heutigen Marstalls am Neckar. Zurück blieb der ehemalige Stadtgraben, der auf dem Merian-Stich gut sichtbar ist. Eine kleine treppenartige Brücke führte über den Graben zur höher gelegenen südlichen Seite. Die Herkunft der noch heute gängigen Benennung der Gegend als ›Fauler Pelz‹ ist umstritten: Die Bezeichnung mag auf die übel riechenden Abwässer der Gerber zurückgehen, die aufgrund des wasserundurchlässigen Tonbodens an der Oberfläche blieben und erst an der Kettengasse Richtung Neckar fließen konnten. Möglich ist aber auch, dass der Begriff ›Pelz‹ auf später an dieser

Der Schlossberg

Das Kettentor trennte die Altstadt vom Schlossberg. Dessen Bewohner, vor allem Burg- und Hofgesinde des Pfalzgrafen, waren Teil der sogenannten Burgfreiheit. Sie unterstanden nicht dem Heidelberger Stadtrat, sondern ihrem Dienstherren, dem Pfalzgrafen. Innerhalb der Stadt bildete der Schlossberg damit rechtlich und administrativ einen eigenständigen Bereich: Seine Bewohner hatten einen eigenen Bürgermeister und ein eigenes Gericht. Zudem waren die Schlossbergbewohner von städtischen Steuern befreit, mussten dafür dem Pfalzgrafen jedoch Frondienste leisten (etwa Krankenpflege, Botendienste, Hilfe in der Küche und bei der Wache sowie bei Baumaßnahmen). Mit der Verlegung der Residenz nach Mannheim begann der Niedergang des Bezirks. Der Schlossberg wurde dann 1743 offiziell Teil der Stadt Heidelberg.

Blick auf den ›Faulen Pelz‹ mit dem Stadtgraben, im Vordergrund das Kettentor, im Merian-Stich von 1620

Stelle angelegte Obstgärten hinweist (das mittelhochdeutsche Wort »pelzen« bedeutet ›Obstbäume veredeln‹).

Vom Kettentor verlief die Stadtmauer hinter dem heutigen Gebäude Seminarstraße 3 (Romanisches Seminar der Universität) her in einer geraden Linie zum Hexenturm. Wir folgen dem Straßenverlauf der **Seminarstraße** 18 bis zum Hexenturm und haben damit die Grenzen der hochmittelalterlichen Stadt abgeschritten. Von der hier verlaufenden südlichen Stadtmauer schloss noch eine Mauer im rechten Winkel die Talsohle bis zum Berghang ab. Ihre Reste wurden 2003 bei einer archäologischen Grabung entdeckt und bilden nun in der Garage eines Neubaus mit gläserner Fassade die linke Seitenwand.

Weitere Reste dieser Mauer birgt heute die Ausfahrt des **Schlossberg-Tunnels** 19 an der Friedrich Ebert-Anlage (hinter Grabengasse 11). Nach dem Bau des Tunnels wurden vermutlich Bruchstücke der alten Stadtmauer in die seitliche Verkleidung eingebaut. Um sie zu sehen, gehen wir von der Seminarstraße links die Grabengasse hoch – die Tunneleinfahrt befindet sich nun linker Hand. Einen guten Blick darauf hat man vom Parkplatz auf der gegenüberliegenden Straßenseite. Hier, bergaufwärts, zwischen dem heutigen **Schlossberg 3 und 4** 20, lag auch das **Keltertor**. Es bildete den Abschluss dieser Quermauer und öffnete einen weiteren Zugang zum Schlossberg. Seinen Namen bekam es durch das ehemals hier gelegene Kel-

Das Keltertor am Aufgang des Schlossbergs, das Ende des 19. Jahrhunderts abgerissen wurde

terhaus der pfalzgräflichen Hofkellerei (dessen Schlussstein von 1555 sich heute im Kurpfälzischen Museum befindet). Das Tor wurde vermutlich 1877 oder 1881 zusammen mit der Hofkellerei abgerissen, um die Auffahrt zum Schlossberg zu erweitern. 1999 konnten die Fundamente des Tores archäologisch nachgewiesen werden.

Unser Rundgang hat gezeigt, wie klein die Ausmaße einer hochmittelalterlichen Stadt aus heutiger Sicht waren. Heidelberg im Hochmittelalter umfasste nur etwa die Hälfte des Gebietes, das heute als Altstadt bekannt ist: Die Stadtmauer war weniger als zwei Kilometer lang und umfasste etwa 20 Hektar dicht bebauten Gebiets. Der moderne Eindruck täuscht jedoch, da die Stadt im 13. Jahrhundert durchaus großzügig angelegt und im Vergleich zu anderen Städten keinesfalls klein war. Ihre Gründung darf als Erfolg gelten: Bald schon war die Stadt für die wachsende Bevölkerung zu klein. An die Kern-Altstadt schloss sich die Erweiterung nach Westen an. Auf die Reise durch diese Neustadt führt der nächste Rundgang.

Zum Autor

Dr. Christoph Mauntel arbeitet und forscht seit 2010 am Historischen Seminar der Universität Heidelberg und am Exzellenzcluster »Asien und Europa im globalen Kontext« zur mittelalterlichen Geschichte.

5. Die spätmittelalterliche Stadterweiterung nach Westen

Claudia Binder

Im Jahr 1392 entschied Pfalzgraf Ruprecht II., seine Residenzstadt nach Westen zu erweitern, wodurch ihre Grundfläche mehr als verdoppelt wurde. An das vormalige Ende der Stadt an der Grabengasse fügte sich nun die ›Neustadt‹ an, die bis zum heutigen Bismarckplatz reichte. Ruprecht gebot dazu, das benachbarte Dorf Bergheim aufzulösen und dessen Gemarkung in die Heidelberger zu überführen. Die Bewohner, überwiegend Bauern, mussten in die neu angelegte Vorstadt umziehen. Eine Vergrößerung der Siedlungsfläche war wegen der rasch wachsenden Bedürfnisse des pfalzgräflichen Hofes und der kurz zuvor gegründeten Universität notwendig geworden. Zugleich war damit ein städtischer Raum geschaffen, der zumindest an Fläche mit den altehrwürdigen Metropolen der benachbarten Bischöfe in Worms und Speyer konkurrieren konnte. Die Vorstadt war der Kernaltstadt allerdings rechtlich wie wirtschaftlich untergeordnet. Schon in der Gründungsurkunde verbot Ruprecht II. dort die Einrichtung eines eigenen Marktes, mit der Begründung, dass »der alte der Herrschaft … bequemer gelegen« sei.

Vergleichbar den meisten Vorstädten des späten Mittelalters entwickelte sich auch deshalb eine von der Kernaltstadt abweichende Bau- und Gewerbestruktur. Der neue Stadtbezirk bot Raum für all jene Anforderungen und Einrichtungen, die in der Altstadt keinen ausreichenden Platz mehr fanden oder die man wegen Umweltbelästigungen lieber ausgelagert sah. Neben den Ackerbürgern des ehemaligen Dorfes war es vor allem der pfalzgräfliche Dienstadel, der entlang der Hauptstraße großzügige Grundstücke für die Landwirtschaft und Gärten ihrer Höfe fand. Dabei blieb man wohl separiert: Der Adel fand sich näher zur Altstadt, das ehemalige Dorf war fast geschlossen an den äußeren westlichen Rand der Vorstadt gedrängt. Dazwischen fanden neu gegründete kirchliche Institutionen wie das Dominikanerkloster oder das Armenspital Platz. Aber auch die Pfalzgrafen nutzten die freien Flächen, indem sie den weiträumigen »Herrengarten« mit Turnierbahn ebenso hierhin auslagerten wie die militärischen Einrichtungen des Zeughauses, des Marstalls und der Geschützgießerei. Am Neckarufer fanden neben den Schiffsanlegern so raumgreifende Einrichtungen wie der Bauhof und der Zimmerplatz ihr Domizil. Auch feuer- und geruchsintensive Gewerbebetriebe wie Ziegeleien und Gerbereien oder die Schweineställe der Bäcker waren fortan vor allem außerhalb der Kernaltstadt zu finden.

Links: Die Peterskirche

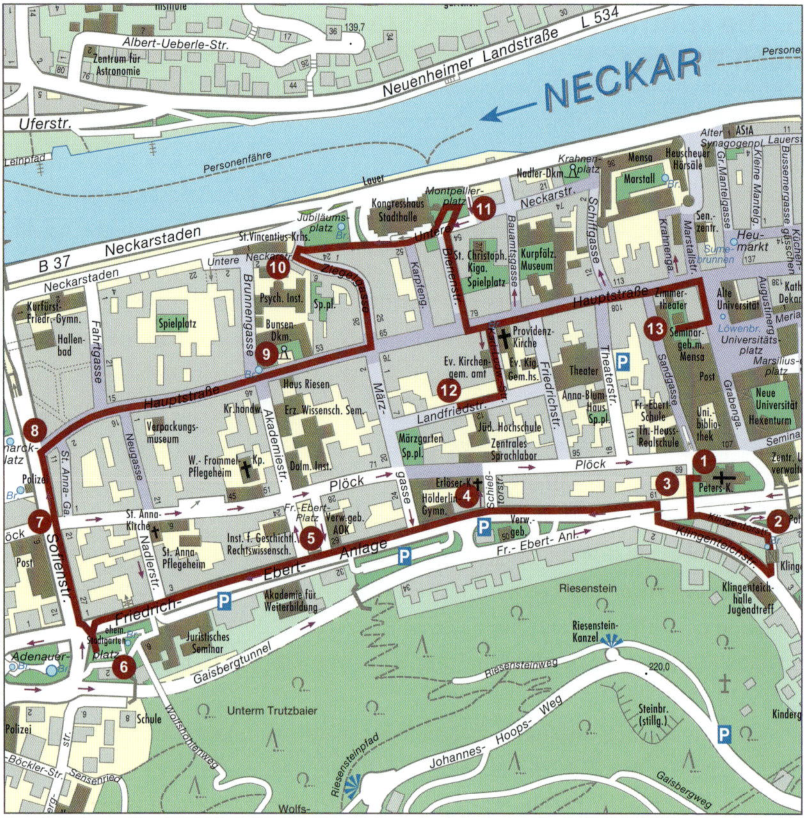

© Stadt Heidelberg, Vermessungsamt

Stationen *(Rundgang: circa 2,5 Stunden)*

1. Peterskirche (Plöck 70)
2. Klingentor (Klingentorstraße)
3. Kuhtor (Friedrich-Ebert-Anlage, Haltestelle Peterskirche)
4. Schießtor (Friedrich-Ebert-Anlage 49, Einmündung Schießtorstraße)
5. Stadtmauer (Friedrich-Ebert-Platz)
6. Blauer Turm (Stadtgarten, Ecke Sofienstraße, Kurfürstenanlage)
7. Trutzkaiser (Sofienstraße, Ecke Plöck)
8. Speyerer Tor (Hauptstraße 1, Einmündung Sofienstraße)
9. Dominikanerkloster (Hauptstraße 47–51)
10. Untere Neckarstraße (Ecke Ziegelgasse, Untere Neckarstraße)
11. Zimmerplatz (Montpellierplatz)
12. Herrengarten (Landfriedstraße 12)
13. Rodensteiner Turm (Grabengasse 12, Innenhof hinter Universitätsplatz 12)

Den vielleicht besten Eindruck von dem unterschiedlichen Erscheinungsbild der beiden Heidelberger Stadtteile vermittelt heute der Stich von Braun-Hogenberg aus dem Jahr 1582. Weite baumbestandene Freiflächen dominierten das Bild der Vorstadt. Ihre Bebauung konzentrierte sich entlang der Hauptstraße sowie in den etwas abseits gelegenen Quartieren zwischen Marstallstraße, Grabengasse und Schiffgasse sowie zwischen dieser und der Bauamtsgasse. Viele der heutigen Sträßchen sind erst im Zuge der Aufsiedelung im 19. und 20. Jahrhundert entstanden. Auf dem Stadtrundgang werden wir daher, wenn möglich, jene Wege begehen, die bereits vor den großen Zerstörungen 1688 und 1693 bestanden.

Öffnungszeiten

Peterskirche: zwischen April und Oktober Montag bis Freitag von 11 bis 17 Uhr, Samstag von 11 bis 14 Uhr.

Rodensteiner Türmchen: Der Innenhof ist bis Anfang 2015 wegen Bauarbeiten gesperrt; danach täglich außer Sonntag von etwa 8 bis 22 Uhr geöffnet.

Der Rundgang beginnt bei der **Peterskirche** ❶. Dazu begeben wir uns zum Haupteingang am Westportal. Die Kirche zählt zu den ältesten heute noch erhaltenen Bauten Heidelbergs und geht im Kern auf die Zeit vor der eigentlichen staufischen Stadtgründung zurück. Schon vor 1200 war sie Pfarrkirche und Begräbnisort der ältesten, zur Burg gehörigen Talsiedlung, die sich in dem Bereich zwischen dem heutigen Theaterplatz im Westen bis zur Kettengasse im Osten erstreckte. Nach der planmäßigen Anlage der Altstadt im 13. Jahrhundert lag ein Teil der älteren Siedlung mit der Peterskirche außerhalb der Mauern, man ließ die Kirche buchstäblich »im Dorf«. Sie behielt zunächst das Pfarrrecht für die Heidelberger und wurde später Universitätskirche (siehe Rundgang 9). Erst nach der Vorstadterweiterung erhielt die von König Ruprecht ausgebaute Marktkirche zum Heiligen Geist im Jahre 1400 das Pfarrrecht für die Kernaltstadt. Die Peterskirche wurde nun zur Pfarrkirche für die Bewohner der Vorstadt.

Von ihrem mittelalterlichen Bestand ist nicht mehr viel erhalten, denn mit der Stadt fiel auch die Peterskirche im Orléansschen Krieg Ende des 17. Jahrhunderts dem Brand zum Opfer. Begeben wir uns auf Spurensuche nach ihrem mittelalterlichen Erscheinungsbild ins Innere der Kir-

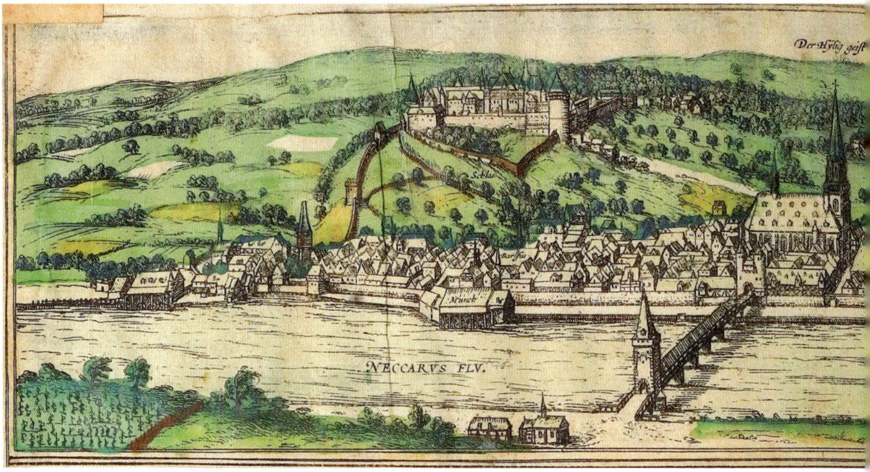

Heidelberg in einer Ansicht von Georg Braun und Franz Hogenberg von 1582

che. Wir betreten das Langhaus und lassen den Blick schweifen: Den heutigen Raumeindruck bestimmt die 1864 unternommene Wiederherstellung. Von der ursprünglich romanischen Hallenkirche mit Flachdecke ist heute nichts mehr zu sehen. Ein guter Eindruck lässt sich dagegen noch von der umfassenden Erneuerung des Gotteshauseses im späten 15. Jahrhundert

Grabplatten und Epitaphien an der Peterskirche

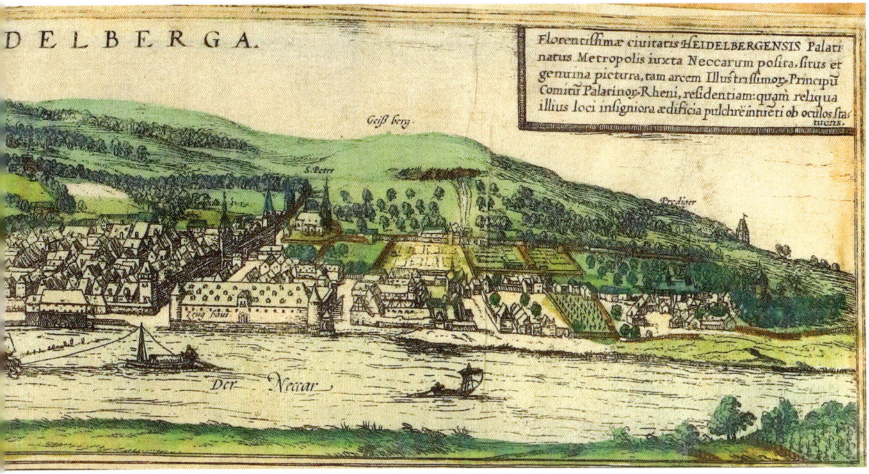

gewinnen, die dem alten Kirchenbau eine zeitgemäße, dem Status als Universitätskirche angemessene Erscheinung verlieh.

Der quadratische Turm baut im Kern noch auf dem romanischen Vorgänger auf, Langhaus und Chor sind in ihren Dimensionen weitgehend im spätgotischen Zustand erhalten. Die Innengliederung unterschied sich aber deutlich vom heutigen Zustand. Damals wie heute wurde der Chor von mehreren steinernen Rippengewölben überspannt, das Langhaus war allerdings als stützenloser Saal mit einer hölzernen, wohl aufwändig gefassten Gewölbedecke angelegt. Schon Matthäus Merian staunte über diese »hohe und weite Kirche«, deren Decke »ohne einige Seul« getragen werde. Bald nach Abschluss der Bauarbeiten wurden dem Langhaus Seitenkapellen sowie die Sakristei an der Südseite des Chores angefügt. Die Lage der heutigen Universitätskapelle orientiert sich dabei vermutlich an einem 1390 errichteten Kapellenbau. Mit der Beibehaltung und Erhöhung des Westturms, dessen Halle 1492 eingewölbt wurde, schließt sich die Peterskirche einem für Landstädte und Orte der Reichsritterschaft charakteristischen Kirchentyp an, der seit dem Beginn des 15. Jahrhunderts auch in der Kurpfalz Verbreitung fand.

Wir verlassen die Kirche und gehen um sie herum. Heute sind in und um die Peterskirche noch **156 Grabplatten und Epitaphe** aufgestellt, die meisten stammen allerdings aus dem 17. Jahrhundert oder später. Dieser Reichtum an Grabdenkmälern aus über vier Jahrhunderten ist einzigartig für eine Kirche in Süddeutschland und verweist auf die ehemalige Funktion der Peterskirche als Begräbnisort.

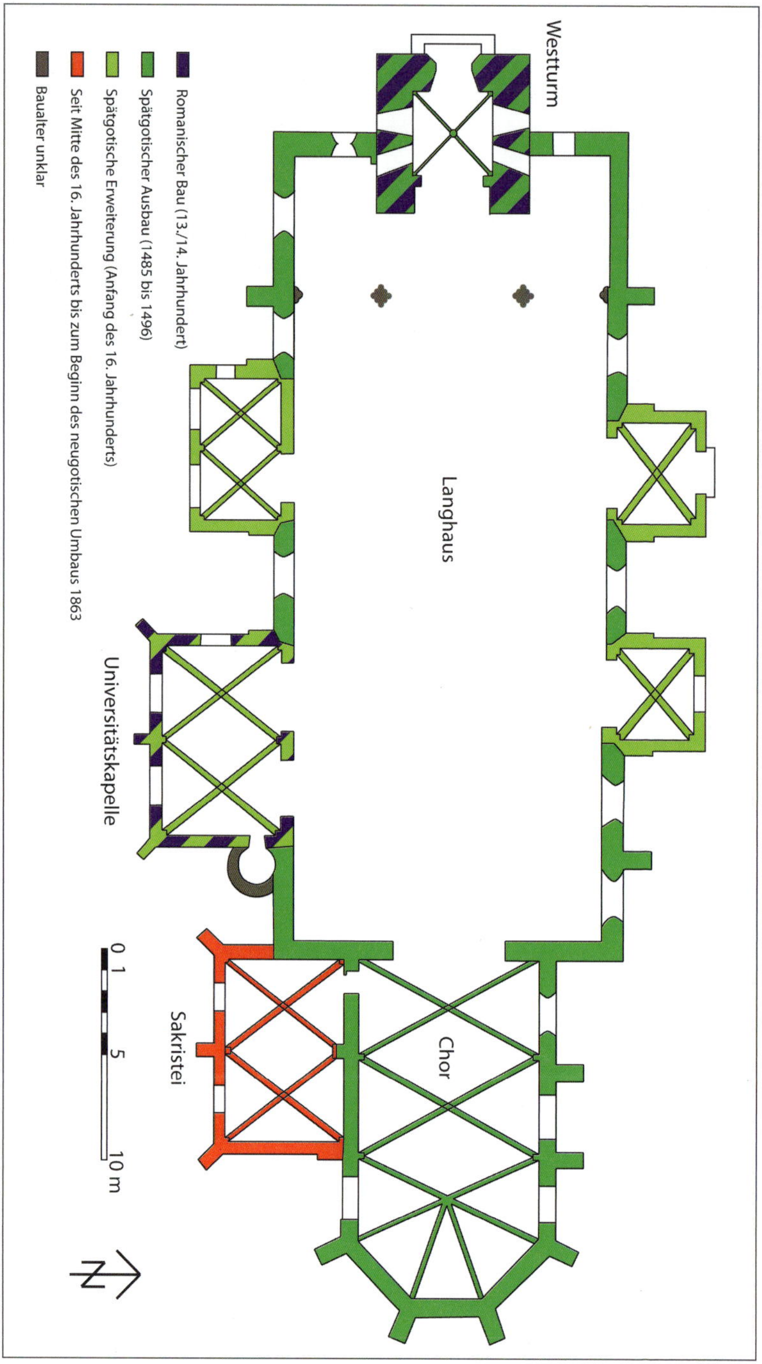

Grundriss der Peterskirche mit vereinfachter Baualterabfolge bis 1863

Auch nach dem Ausbau der Heiliggeistkirche um 1400 behielt die Peterskirche das Bestattungsrecht nicht nur für die Heidelberger Bürger der Vorstadt, sondern auch der Kernaltstadt. Das ist ungewöhnlich, da häufig das Bestattungsrecht an das Pfarrecht der Kirche gekoppelt war. Anscheinend wollte man am zentralen Platz der Kernaltstadt keinen Friedhof mehr haben, denn seit 1407 wurden auch die Bewohner des Spitals am Kornmarkt bei der Peterskirche bestattet. Daneben gab es noch weitere kleinere Friedhöfe in der Vorstadt, etwa bei der Kirche St. Anna ganz am westlichen Rand. Erst mit der Eröffnung des Bergfriedhofs 1822 in der Weststadt wurde ein gemeinsamer Zentralfriedhof für alle Heidelberger Bürger außerhalb der ummauerten Stadt geschaffen.

Mit den nächsten Stationen erkunden wir die mittelalterliche Stadtbefestigung. Dazu verlassen wir den Kirchhof und steigen links die Stufen zur Friedrich-Ebert-Anlage hinauf. Dort überqueren wir die Straße und gehen die Klingentorstraße entlang, bis wir auf der rechten Seite die Durchfahrt im **Klingentor** ❷ erreichen. Es ist das einzige Tor der Vorstadt, das die Zeitläufte überdauert hat. In seiner heutigen Form geht es allerdings auf den Wiederaufbau im 18. Jahrhundert zurück. Ältere Abbildungen zeigen es als vierstöckigen, weitgehend freistehenden Torturm mit schlichten, schmucklosen Fassaden ähnlich wie sie heute zu sehen sind. Das Innere beherbergte eine Türmer- und Wächterstube. Die beiden Brunnen am und vor dem Tor stammen aus dem 19. Jahrhundert. Doch schon im Mittelalter wurde an dieser Stelle der Klingenteich kanalisiert und durch den Stadtgraben in Richtung Neckar geleitet (siehe Rundgang 4). In der Tordurchfahrt können wir an den beiden Ausgängen noch die großen Angelsteine erkennen, in denen sich einst die hölzernen Torflügel drehten.

Das Klingentor war kein Stadttor im eigentlichen Sinne. Es sollte keine Besucher empfangen und mit seiner architektonischen Gestaltung nicht den Machtanspruch von Stadt und Stadtherrn repräsentieren. Vielmehr war es ein bewachter Durchlass durch die Stadtmauer, der den Bewohnern der Vorstadt erlaubte, ihren alltäglichen Wegen nachzugehen. Es ist vermutlich dieser untergeordneten Bedeutung zu verdanken, dass man das Tor 1692 nach Kriegszerstörungen nicht niederlegte. Auch zur Verteidigung war es ohne die später vorgelagerte Schanzenanlage bei Angriffen mit schwerem Geschütz wirkungslos. Ähnlich pragmatisch waren die beiden anderen Tore der südlichen Stadtmauer angelegt, an deren ehemaligen Standorten wir später noch vorbeikommen werden.

Wir gehen nun durch das Tor hindurch und verlassen die mittelalterli-

Klingentor an der Auffahrt zum Schloss

che Stadt. Im Bereich vor dem Klingentor konnte im Jahr 1998 bei Bauarbeiten ein Teil der Klingentorschanze ergraben werden, welche 1691 – also bereits während des Orléansschen Kriegs – zum militärischen Schutz der Vorstadt erbaut worden war. Wir gehen bis zur Ecke **Klingenteichstraße 2** hinauf, um einen Eindruck von der gewaltigen Ausdehnung dieser Bastion zu gewinnen. Hier befand sich in etwa die äußerste Spitze der Schanze. Die Ausgrabungen zeigen, dass man die gut einen Meter dicken Mauerschalen übereilt errichtete, wie die überaus schlechte Qualität des Mauerwerks beweist. Ob das der Grund war, warum Schanze und Tor 1692 so rasch erobert wurden?

Wir folgen jetzt der **Klingenteichstraße** bergabwärts und gehen damit ungefähr entlang der westlichen Schanzenmauer zurück zur Friedrich-Ebert-Anlage. Wir überqueren die Straße und folgen dem Straßenverlauf Richtung Sofienstraße. Dabei passieren wir die ehemaligen Standorte des Kuhtors und des Schießtors, der beiden bereits erwähnten Südtore. Direkt an der Bushaltestelle Peterskirche, an der links die Treppe hinabführenden Mauer, ist eine Gedenktafel für das **Kuhtor** ❸ angebracht, das als Vorgänger des Klingentores etwas südlich der erwähnten Tafel stand. Seinen Namen erhielt das Tor, da die Stadtbewohner hier ihr Vieh aus der Stadt hinaus zur Almweide auf die Berghänge trieben. Auf dem Merian-Stich von 1620 ist dieser Verkehrsweg noch zu sehen. Die Straße führte wie heute in einem leichten Anstieg rechts neben der Peterskirche vorbei und außerhalb des Tores den Berg hinauf zu den nur zum Teil bewaldeten Hängen. Auf ihnen weideten Kühe, Schafe und Geißen und im Herbst wurden die Schweine zur Eichelmast hinaufgetrieben. Damit fassen wir ein weiteres Merkmal spätmittelalterlicher Vorstädte: Ihre Areale waren stark ländlich geprägt, mit Viehhaltung und Ackerwirtschaft zwischen einer eher offenen, noch kaum verdichteten Bebauung.

Wenn wir der Friedrich-Ebert-Anlage weiter folgen, erreichen wir an der Einmündung der Schießtorstraße eine Tafel, die an das **Schießtor** 4 erinnert. Seinen Namen erhielt das Tor wegen des nach Westen hin anschließenden Schützenhauses. 1607 erbaut diente es hauptsächlich dazu, das Material aus dem Steinbruch am Gaisberg – dem später sogenannten »Riesenstein« – zu den Baustellen in der Stadt zu transportieren. Auf dem Merian-Stich ist deutlich der steile Weg vom Schießtor bergauf zu den zerklüfteten Hängen der Steingrube zu erkennen. Schriftzeugnisse berichten davon, dass das Tor besonders streng bewacht wurde. Den Torwächtern war es unter Androhung einer Gefängnisstrafe verboten, andere als Steintransporte in die Stadt zu lassen. Allem voran durfte kein Holz in die Stadt eingeführt werden, um der unerlaubten Holzentnahme aus den Wäldern, dem sogenannten »Holzfrevel«, Einhalt zu bieten. Dem Jahrhunderte währenden Raubbau, durch den die heute wieder bewaldeten Berghänge kahl geholzt worden waren, wurde bereits in der Mitte des 16. Jahrhunderts mit einer kurpfälzischen Waldordnung entgegen getreten.

Wir laufen nun weiter von der Schießtorstraße zum **Friedrich-Ebert-Platz** 5. Dieser Straßenabschnitt entspricht dem Verlauf der alten Stadtmauer. Sie wurde hier zwar erst 1601 bis 1620 erbaut, ersetzte jedoch wohl eine ältere Wall-Graben-Anlage, die zuvor die Vorstadt befestigt hatte. Die beim Bau des Parkhauses 2008 auf dem Platz unternommenen archäologischen Grabungen bestätigten das Bild, das Matthäus Merian 1620 von diesem Mauerabschnitt zeigt. Die Mauer war etwa 1,50 Meter breit und rückseitig in regelmäßigen Abständen mit Bogenarkaden versehen, die den hölzernen Wehrgang trugen. Dieser verlief auf Höhe der Mauerkrone und war von den Toren und Türmen aus zugänglich. Dies entsprach einem seit dem Mittelalter gängigen Anlageschema und war im 17. Jahrhundert zur Verteidigung eigentlich längst überholt, da diese Bauweise dem Artilleriebeschuss der Zeit nicht standhielt. Offensichtlich war den Bauherren der symbolische Ertrag als Statussymbol

Bauinschrift an der Stadtmauer, die einst entlang des heutigen Friedrich-Ebert-Platzes verlief: Sie erinnert daran, dass die Mauer im Jahr 1601 auf Befehl Pfalzgraf Friedrichs IV. durch die Bürgermeister Mathias Mais und Ezechias Fettich errichtet wurde.

des überaus aufwändigen Bauwerks wichtiger als der fortifikatorische Nutzen.

Erst durch die Ummauerung hatte die Vorstadt alle für die damalige Zeit wesentlichen Charakteristika einer Stadt erhalten und fügte sich mit der Altstadt zum Bild einer einheitlichen Metropole. Mauern und Tore waren auch noch zu dieser Zeit nicht nur ein Annäherungshindernis, sondern grenzten den gesonderten Rechtsbereich der Stadt- und Bürgerfreiheit vom Umland ab. Erst nach Ausbruch des Dreißigjährigen Krieg im 17. Jahrhundert empfand man es für nötig, die neue Stadtmauer auch mit zeitgemäßen schussfesten Schanzen zu sichern, wie wir sie schon am Klingentor gesehen haben (siehe hierzu den Stich von Merian auf S. 40). Sie schützten nicht nur Häuser und Anwesen, sondern zugleich auch die alten Mauern und Tore, die für das Selbstbewusstsein der Stadt von so großer Bedeutung waren.

Wir überqueren nun die Friedrich-Ebert-Anlage und folgen ihr bis zum **Heidelberger Stadtgarten**. Unter der Rasenfläche befinden sich noch heute Reste der Stadtmauer und des **Blauen Turms** ❻. Seine Fundamente traten bei archäologischen Sondagen 1985 an der nordwestlichen Ecke der Rasenfläche zu Tage. Wenn man sich heute an diese Ecke stellt, kann man bei gemähtem Rasen noch immer eine leichte, rundliche Vertiefung erkennen, etwa dort, wo sich einst der Turm erhob. Er wurde auch »Pulverturm« genannt, da sich in seinem Inneren lange Zeit eines der städtischen Pulverdepots befand. Dies spricht dafür, dass zumindest sein Untergeschoss mit einer starken Decke fest eingewölbt war.

Der Blaue Turm bildete den südwestlichen Eck- und Angelpunkt der Vorstadtbefestigung, an dem westliche und südliche Stadtmauer zusammenliefen. Er gehörte zusammen mit dem Roten Turm an der Nordwestecke und dem Speyerer Tor zwischen ihnen wohl zu den ältesten Teilen der Stadtbefestigung. Während die Süd-, Nord- und Ostseite der Stadt naturräumlich durch den Berg, den Fluss und den Taleinschnitt geschützt waren, öffnete sich ihre Westseite zur Rheinebene. Daher musste diese Seite zuerst geschützt werden. Auch hier kam der symbolische Charakter einer Befestigung wieder voll zum Tragen. Denn aus der Rheinebene reisten die meisten Gäste in die Stadt. Auf ihrem Weg zum Tor sollte ihnen die ganze Macht und Pracht einer mit Mauer und Türmen bewehrten Stadt entgegen treten.

Wir überqueren wieder die Friedrich-Ebert-Anlage in Richtung Norden und laufen entlang der **Sofienstraße zur Einmündung der Plöck** 7. Hier drehen wir uns um und blicken nach Süden zurück: Auf dem ansteigenden Bergkamm suchen wir knapp über der Stadt einen schwach erkennbaren Absatz. Auf diesem Plateau stand eines der wohl ungewöhnlichsten Bauwerke Heidelbergs, der heute vollständig vom Erdboden verschwundene **Trutzkaiser** mit seinen weitläufigen Wehranlagen. Pfalzgraf Friedrich I. der Siegreiche hatte den Turm 1462 errichten lassen, als er mit Kaiser Friedrich III. von Habsburg in Fehde lag. Der Turm sollte dem Kaiser trotzen, daher sein Name. Wie später die der Stadtmauer vorgelegten Schanzen war auch dieser Bau erst durch die drohende Kriegsgefahr motiviert worden. Er thronte freistehend über der Rheinebene und flankierte das gesamte westliche Vorfeld der damals noch kaum befestigten Vorstadt. Seiner hochmütigen Bezeichnung und wichtigen Funktion entsprach das eigenwillige Erscheinungsbild als überaus fester und hoher Turm mit einem Kranz von sternförmig hervortretenden Vorbauten (siehe Kupferstich auf S. 105, Turm im rechten oberen Eck). In der langen Friedensphase des 16. Jahrhunderts verfiel der mächtige Turm, so dass er zu Beginn des Dreißigjährigen Krieges erneuert werden musste. Im Zuge dessen wurde er auch durch eine hangabwärts führende Mauer mit dem Blauen Turm verbunden. Seine Festigkeit bewies er bei der Belagerung 1622, der er als Eckpfeiler der Verteidigung trotz vielfacher Eroberungsversuche standhielt. Schon deshalb machten ihn schließ-

Blick aus der Sophienstraße auf den ehemaligen Standort des Trutzkaisers

lich 1689 die Truppen des französischen Sonnenkönigs durch Sprengung dem Erdboden gleich.

Wir wenden uns wieder Richtung Neckar und gehen weiter entlang der Sofienstraße bis zum heutigen Bismarckplatz. Hier, wo heute die Fußgängerzone in die Altstadt hineinführt, stand das **Speyerer Tor** **8**. Eine Tafel an der Wand des nördlichen Eckhauses erinnert heute daran. Es war seit der Stadterweiterung 1392 der Zugang von der Rheinebene nach Heidelberg, prominent gelegen und in seiner ganzen Gestaltung herausgehoben. Seine ehemalige Erscheinung lässt sich gut aus den bekannten Abbildungen rekonstruieren. Der Stich von Matthäus Merian 1620 zeigt das Tor von seiner Ostseite, während Peter Isselburg 1622 das Speyerer Tor zusammen mit seinen Vorbefestigungen aus der ungewöhnlichen Perspektive von Westen her abbildet.

Das Speyerer Tor war ein in etwa quadratischer Turm, der an der Ecke zwischen der Hauptstraße und der Sankt-Anna-Gasse stand. Das hoch aufragende Spitzdach war mit vier Eckwarten besetzt, kleinen Erkertürmchen, die den Torwächtern als Ausblick dienten und dem Turm zugleich ein herrschaftliches Erscheinungsbild verliehen. Der eigentliche Torbogen war dem Turm seitlich angesetzt und von einem Wehrgang überspannt, der nordwärts von einem kleinen runden Treppenturm erschlossen wurde. Hoch oben an der Außenseite des Stadtturms war eine große Uhr angebracht, wie sie heute noch den Torturm des Schlosses ziert (siehe Rundgang 6). Als Herr über die Stadt und Zeit demonstrierte der Pfalzgraf damit dem Besucher die von ihm gegebene und gewährleistete Ordnung. Das Tor zur Vorstadt war vermutlich eine der nach der Gründung 1392 zuerst veranlassten Baumaßnahmen. Der Turm stand zunächst wohl noch lange ganz ohne Stadtmauer und markierte als hoch aufragender Solitär symbolisch die Rechtsgrenze der erst im Aufbau begriffenen Vorstadt. Der Verteidigung dienten damals eher noch der alte Landgraben und dahinter aufgeworfene, mit Palisaden befestigte Erdwälle, die im Lauf der Zeit durch niedrige Mauern ersetzt wurden.

Selbst nach ihrem verstärkten Ausbau in den Kriegszeiten unter Pfalzgraf Friedrich I. dem Siegreichen entsprach die Vorstadtbefestigung nicht den militärischen Erfordernissen der Zeit. Es verwundert daher nicht, dass während des Dreißigjährigen Krieges auch diese Anlage massiv mit ausgedehnten Schanzen befestigt wurde. Vergleichen wir die Stiche von Isselburg und Merian, so sehen wir die massiven Veränderungen, die mit der

Bau der Schanzenanlagen auf der Höhe des heutigen Bismarckplatzes in einem Kupferstich von Peter Isselburg 1622: in der Mitte das Speyerer Tor, rechts oben der Trutzkaiser

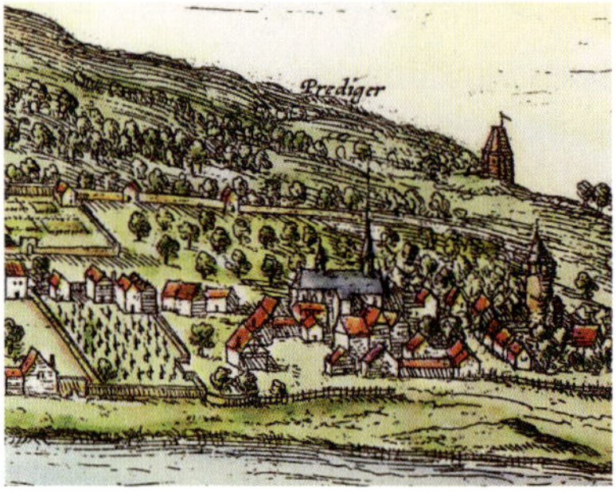

Das Dominikanerkloster auf der Stadtansicht von Georg Braun und Franz Hogenberg von 1582

Neubefestigung einhergingen. Der Seegarten im Süden, der für Truppenübungen diente, der Galgen an seiner Südwestecke und die baumbestandenen Freiflächen im Norden mussten den neuen Militäranlagen weichen. Dies entspricht einer Ausdehnung nach Westen bis etwa zum heutigen Ende des Bismarckplatzes. Der Symbolwert des von den Schanzen eingerahmten Speyerer Tores wurde noch offenbar, als der französische General Mélac den militärisch längst zwecklos gewordenen Torturm nach der Eroberung der Stadt im Orléansschen Krieg sprengen ließ und damit die Stadt symbolisch niederlegte.

Nachdem wir bisher weitgehend dem Verlauf der Stadtmauer gefolgt sind, betreten wir jetzt die alte Vorstadt und folgen der Hauptstraße bis zum heutigen **Bunsenplatz**. Die Statue von Robert Wilhelm Bunsen in der Mitte des kleinen Vorplatzes erinnert an die Zeit, als in den Gebäuden die Naturwissenschaften der Universität untergebracht waren. Heute befindet sich darin das Psychologische Institut. Im 15. Jahrhunderts war an dieser Stelle das **Dominikanerkloster** ❾ gegründet worden. Die älteste bekannte Abbildung finden wir auf dem Stich von Braun-Hogenberg. Markant erhebt sich das blaue Kirchendach mit seinen beiden Türmen über die umliegenden Fachwerkgebäude, die vermutlich zu den Wirtschaftsbauten des Klosters gehörten. Gestiftet wurde es auf Initiative Kurfürst Friedrichs I. des Siegreichen. Doch warum ein weiteres Kloster in Heidelberg, wo doch bereits die Franziskaner und die Augustiner Niederlassungen in der Kernaltstadt hatten (siehe Rundgang 7)? Warum plante Friedrich es ausgerechnet am westlichen Rand der Stadt?

Seit dem 14. Jahrhundert häuften sich die Klagen über einen zunehmenden Verfall der Sitten in den etablierten Bettelorden. Dem versuchten viele Orden entgegenzuwirken, indem sie einer rigiden Regelauslegung, der »strengen Observanz«, folgten. Friedrich I. unterstützte diese Bewegung. Er initiierte daher nicht nur den Bau des Klosters, sondern beschenkte es auch mit großzügigen Stiftungen, solange die Brüder der »strengen Observanz« folgten. Vermutlich holte der Pfalzgraf die Dominikaner in die Stadt, damit sie den alteingesessenen Klöstern als Vorbild dienten. Genügend Platz für ein ganzes Kloster mit Kirche, Klausur, Wohn- und Wirtschaftsgebäuden war aber in der Kernaltstadt nicht mehr vorhanden. Die geografische Randlage in der Vorstadt sollte dem Kloster jedoch nicht zum Nachteil gereichen. Das späte 15. und frühe 16. Jahrhundert war die Blütezeit des Dominikanerklosters in Heidelberg. Gefördert durch die Pfalzgrafen und eingebunden in das geistige Leben des Heidelberger Humanismus lockte das Kloster viele Brüder aus den umliegenden süddeutschen Konventen an. Erst während den Konfessionsstreitigkeiten des 16. Jahrhunderts verlor es an Bedeutung. 1551 scheint das Kloster fast verlassen gewesen zu sein. Nur noch ein Pater als Prior und ein Laienbruder als »peregrinus« (Pilger oder Fremder) erscheinen in den Quellen. Die Einnahmen sowie das Klostergelände wurden dem städtischen Spital überlassen, welches in die Gebäude des Klosters zog. Im Volksmund wurde nun aus dem Dominikanerkloster das »Reiche Spital«. Erst nach der Rekatholisierung der Kurpfalz kehrten die Dominikaner 1707 nochmals in das Kloster zurück, allerdings in einen weitgehenden Neubau, da die alten Gebäude 1692 zum großen Teil zerstört worden waren.

Wir folgen nun der Hauptstraße bis zur ersten Querstraße auf der linken Seite, der Ziegelgasse und gehen diese bis zu ihrem Ende an der **Unteren Neckarstraße** ⑩ entlang. Die Ziegelgasse trug ursprünglich den Namen Fahrtgasse und gehört zu den ältes-

Die Ziegelgasse

ten Wegen der Heidelberger Vorstadt. Die Bezeichnung leitet sich vom »Neckarfahr«, der Fähre über den Fluss, ab. Schon vor der Stadterweiterung befand sich am Ende der Gasse wohl eine Schiffslände, von welcher aus die Waren mit Lastkarren hinauf zur Stadt und zur Bergstraße transportiert wurden. Charakteristisch für Gassen und Straßen an Hochufern ist der markante Knick an ihrem unteren Ende. Er verläuft stets in Flussrichtung und verhindert so das übermäßig starke Einströmen von Hochwasser.

Der heutige Straßenname geht auf die Ziegeleien zurück, die sich dort spätestens im 15. Jahrhundert angesiedelt hatten. Nicht nur neu zugezogene Handwerker fanden hier Platz für ihre Gewerbe. Auch alteingesessene Betriebe, die als feuergefährlich galten wie Töpfereien, Ziegeleien oder auch Backhäuser, wurden in die Vorstadt ausgelagert. So konnte nicht nur die Brandgefahr, sondern auch die Rauchbelastung innerhalb der dicht bebauten Altstadt gesenkt werden. Außerdem finden sich geruchsintensive Gewerbe wie Gerbereien, Färbereien oder Schweinemast häufig in den mittelalterlichen Vorstädten. Die Lage flussabwärts der Kernstadt hatte zugleich den Vorteil, dass verschmutzte und übel riechende Abwässer aus den Betrieben direkt in den Fluss geleitet werden konnten, ohne das Entwässerungssystem der Stadt zu verunreinigen.

Wir gehen ein Stück weiter Richtung Neckar und biegen nach rechts in die Untere Neckarstraße ab. Vorbei am Jubiläumsplatz betreten wir hinter dem Kongresshaus den Montpellierplatz. Auf der gesamten Fläche vom Jubiläumsplatz im Westen bis zum heutigen Krahnenplatz im Osten (siehe Karte) ersteckte sich einst großräumig der **Zimmerplatz** ⓫. Heute ist das Areal weitgehend überbaut. Schauen wir uns auf dem Detail des Merian-Stichs das bunte Treiben an diesem Ort näher an (siehe Abb. auf S. 109). Mehrere Schiffe und Flöße liegen vor Anker. Gerade die Flöße sind charakteristisch für Heidelberg, denn die Stadt war einer der wichtigsten Umschlagpunkte für Floßholz. Es wurde im Schwarzwald und Odenwald geschlagen und über kleine Zuflüsse auf den Neckar gebracht, dort zu großen Flößen gebunden und über den Rhein bis in die Niederlande transportiert. Nicht zuletzt zur Belieferung der pfalzgräflichen Bauprojekte mussten die Flößer in Heidelberg anlegen und ihre Ware dort zunächst zum Verkauf anbieten.

Blicken wir auf das Ufer hinauf, so sehen wir, dass man das Holz direkt vor Ort lagerte. Aber auch für die Weiterverarbeitung bot der Zimmerplatz genügend Raum. Im Osten sehen wir Holzgerüste liegen, vielleicht für einen Dachstuhl oder die Wand eines Fachwerkhauses. Es war üblich, Holzbauten erst abschnittsweise vorzu-

Der Zimmerplatz auf der Stadtansicht auf dem Merian-Stich von 1620

montieren. Anschließend wurden die Einzelteile markiert und das vorgefertigte Element wurde wieder auseinandergenommen. An seinem Bestimmungsort konnten die Einzelteile dank der Markierung einfach wieder zusammengebaut werden. Die raumgreifenden Zimmermannsarbeiten erfolgten so schon auf dem großen Zimmerplatz und nicht erst in den engen Sträßchen. Auch der pfalzgräfliche Bauhof hatte sein Quartier seit dem 17. Jahrhundert am Zimmerplatz bezogen.

Obwohl heute eher unscheinbar, erwies sich dieser Ort bei Ausgrabungen in den Jahren 1986/87 für die Archäologie als besonders aufschlussreich. Die Untersuchungen ermöglichten sowohl Einblicke in die Lebenswelt des wohlhabenden Adels, der hier im 16. Jahrhundert Quartier bezogen hatte, als auch in die harte Arbeitswelt der Handwerker, die hier ein Jahrhundert später ihre Werkstätten unterhielten. Neben einer großen Zahl an hochwertigem Haushaltsgeschirr und medizinischen Gefäßen, die noch in die Zeit der Adelshöfe gehören, weisen Funde von zahlreichen Werkzeugen auf die Nutzung als Bauhof hin. Hier schlug unter anderem der Steinmetz Sebastian Götz die berühmten Statuen des Friedrichsbaus auf dem Schloss (siehe Rundgang 6). Neben Steinmetzwerkzeugen wurden vor allem die Prägemodel für aufwändig verzierte Ofenkacheln gefunden. Sie zeigen Wappen oder Portraits der Pfalzgrafen. So geschmückte Öfen standen nicht nur in den repräsentativen Räumen des Residenzschlosses, sondern zierten auch die Stuben der Bürger, die damit ihre Verbundenheit zur regierenden Dynastie demonstrierten. Der Zimmerplatz barg zudem eine kleine archäologische Sensation. Aus dem Trümmerschutt der Belagerung von 1622 wurde 1986/87 das Bruchstück eines Tonmodells für einen kleinen Tabakpfeifenkopf geborgen. Es ist der bis jetzt früheste Beleg

Ofenkacheln mit Porträts der Pfalzgrafen im Kurpfälzischen Museum

für die Nutzung von Rauchwaren in Süddeutschland.

Unser Weg führt uns nun wieder in die Stadt hinein. Dazu verlassen wir das erste Mal auf diesem Rundgang das Straßennetz des 17. Jahrhunderts. Wir gehen zurück Richtung Stadt und folgen der Bienenstraße bis zur Hauptstraße. Von dort laufen wir links, dann biegen wir nach wenigen Metern an der Providenzkirche rechts in die Karl-Ludwig-Straße ab. Gleichzeitig betreten wir damit das Gelände des ehemaligen **Herrengartens** ⑫. Am Ende der Straße erreichen wir die **Landfriedstraße** und gehen rechts bis zur **Hausnummer 12**, der Hochschule für Jüdische Studien. Wenn man den Hof betritt und bis zum Hintergebäude geht, sind durch die Glasfassade des Erdgeschosses noch Reste der prächtigen Turnierhalle zu betrachten, die den südlichen Abschuss des Herrengartens markierte (mehr Informationen zum kurfürstlichen Herrengarten siehe in Rundgang 8 auf S. 177–178). Die steinernen Bögen im Untergeschoss des Gebäudes finden wir genauso auf dem Stich von Merian wieder. An die ehemals so weitläufige wie prachtvolle Parkanlage erinnern noch die Gärten, die zu beiden Seiten der Landfriedstraße liegen. Diese Situation mit Privatgärten entlang eines Straßenzuges ist in der Heidelberger Altstadt einmalig.

Die Turnierhalle blieb im Kern erhalten, da sie in die spätere Nutzung des Geländes einbezogen wurde: Während nach dem Stadtbrand im Norden die Providenzkirche und das Kapuzinerkloster erbaut wurden, gehörte dieser Teil des Gartens zur Seidenspinnermanufaktur von Jean Pierre Rigal, der dort eine Baumschule für Maulbeerbäume betrieb. Später siedelte sich hier die Tabakfabrik »Landfried« an, die im ausgehenden 19. Jahrhundert in den Stadtteil Bergheim umzog. Nach ihr ist die Straße heute benannt. Das Gelände wurde daraufhin parzelliert und die bestehenden Wohnhäuser wurden errichtet. Wie damals üblich erhielten sie Keller, deren Aushub die Turnierhalle vor ihrer endgültigen Zerstörung rettete. Vergleichen wir auf dem Merian-Stich die Bodenoberfläche mit der bestehenden, so fällt auf, dass wir heute etwa auf Höhe des Obergeschosses stehen. Der Kelleraushub wurde nicht abtransportiert, sondern gleichmäßig über das Gelände verteilt. So verschwand die Turnierhalle unter der Erde.

Nicht nur in Heidelberg liegen heute Straßen und Bauoberflächen höher als in früherer Zeit. Das hat nicht immer etwas mit der Unterkellerung der Häuser im 19. Jahrhundert zu tun. Viele Meter dieses Höhenunterschiedes sind in den Jahrhunderten langsam gewachsen. Die Menschen »wohnten« sich auf Müll und Schutt nach oben. Gerade nach Stadtzerstörungen, seien sie durch Krieg oder einen Stadtbrand verursacht, wurde der Schutt selten restlos beseitigt. Es war einfacher, ihn so zu verteilen, dass eine neue bebauungsfähige Oberfläche entstand. Wir gehen heute also an vielen Stellen nicht mehr durch, sondern über das mittelalterliche Heidelberg.

Zum Abschluss unseres Rundgangs machen wir uns auf dem Weg zu einem überirdisch erhaltenen Objekt, dem sogenannten **Rodensteiner Turm** ⑬. Wir gehen dazu zurück auf die Hauptstraße und folgen ihr nach rechts bis zur Grabengasse. Die Straße hinauf sehen wir nach wenigen Metern eine Buchhandlung, auf deren linker Seite eine Toreinfahrt in einen Hinterhof führt. Etwa in der Mitte des Hofs steht der ehemalige Brunnenpavillon. Nach dem Kontaktenbuch der Stadt Heidelberg aus dem Jahre 1699 handelt es sich bei dem zierlichen Bauwerk um ein »garthenhauß und darunter befindlichen Brunnen«. Der Brunnen selbst verfügte über keine eigene Quelle, sondern wurde durch Zuleitungen vom Schlossberg gespeist.

Das genaue Baudatum des Renaissancekleinods ist nicht bekannt. Es fällt aber vermutlich mit dem Umbau des dazugehörigen, ehemals in Hauptstraße 118 und 120 gelegenen Wohngebäudes durch den Wirt Jonas Kirstner um 1600 zusammen. Kirstner ließ nur den unteren Teil als Schutz für

Rodensteiner Turm im Innenhof zwischen Universitätsplatz und Sandgasse den Brunnen errichten. Das Obergeschoss wurde in seiner jetzigen Form erst im 18. Jahrhundert aufgesetzt. Im unrestaurierten Zustand waren 1974 deutlich die unterschiedlichen Bauabschnitte zu erkennen. Während der untere Teil aus sorgfältig gearbeiteten Sandsteinquadern besteht, verbirgt sich hinter der weißen Farbe des Obergeschosses ein wenig ansehnliches Ziegel- und Bruchsteinmauerwerk.

In seiner Gestaltung zählt dieser Säulen-Arkaden-Bau zu einem beliebten Bautyp der Spätrenaissance. Zusammen mit dem ihm architektonisch nahe stehenden Friedrichsbau des Schlosses gehört er zu den wenigen noch erhaltenen Zeugnissen dieser Zeit in Heidelberg. Ähnliche Pavillons standen wohl auch in anderen Hinterhöfen von Bürgerhäusern und schmückten Teile des Hortus Palatinus auf dem Heidelberger Schloss (siehe Rundgang 6). Aber nicht nur für Heidelberg gilt der kleine Pavillon als Seltenheit, was ihm überregionale Bedeutung verleiht. Sein heutiger Name »Rodensteiner Turm« geht auf das berühmte gleichnamige Gasthaus »Zum Rodensteiner« zurück, welches im 19. Jahrhundert das Hofgrundstück besaß. Mit dem sagenumwobenen Geisterreiter aus dem bekannten Odenwälder Adelsgeschlecht hat er keine Verbindung.

Damit sind wir am Ende unseres Rundgangs durch die Heidelberger Vorstadt angelangt. Wenn wir den Hinterhof wieder verlassen, gelangen wir in die Grabengasse, wo einst die Grenze zwischen der Vorstadt und den verwinkelten Gässchen der Heidelberger Kernaltstadt verlief. Wenn wir den Blick nach Süden wenden, können wir wieder die Peterskirche erblicken, den Anfangs- und nun auch Schlusspunkt unseres Rundgangs.

Zur Autorin

Claudia Binder studierte bis 2010 Geschichte und Archäologie an der Universität Heidelberg. Seither arbeitet sie im Bereich Archäologie und Bauforschung mit einem Schwerpunkt auf Süddeutschland.

6. Das Schloss – von der Burg zur Residenz

Achim Wendt

Die malerische Ansicht Heidelbergs kulminiert im gewaltigen Mauermassiv der Schlossruine. Die Stadt verdankt den Pfalzgrafen bei Rhein damit nicht nur die bis heute wirksame Dominante des weltberühmten Ortsbildes, sondern auch den Ausgangspunkt ihrer Gestalt. Im 14. Jahrhundert wurde das Schloss zum Sitz einer der mächtigsten Dynastien des alten Reichs, die hier ihren Anspruch an Rang und Macht demonstrierte.

Das Residenzschloss bot den Fürsten und ihrem Hof den architektonischen Rahmen für einen dauerhaften Aufenthalt und die vielfältigen Aufgaben der Herrschaftsausübung, aber auch für glanzvolle Hoffeste. Mit dem Archiv und der Kanzlei waren dort zunächst auch die zentralen Einrichtungen der landesherrlichen Verwaltung untergebracht, bis man diese in die Stadt verlagerte (siehe Rundgang 8). Die Räumlichkeiten mussten über vier Jahrhunderte den Wandlungen fürstlicher Wohn- und Repräsentationsansprüche wie auch den praktischen Anforderungen des anwachsenden Hofes angepasst werden. Wer das Heidelberger Schloss heute besucht, hat den Endpunkt einer langen Baugeschichte vor Augen, die ein komplex geschichtetes Konglomerat von Wohn-, Wehr- und Wirtschaftsbauten hinterlassen hat. Es ist keine einfache Aufgabe, daraus wieder Vorstellungen vergangener Bauzustände zurückzugewinnen. Das mag illustrieren, warum bisher gerade über die Grundlagen – das Mittelalter und den monumentalen Ausbau an der Epochenschwelle zur Renaissance – vergleichsweise wenig zu erfahren ist. Hier soll es daher einmal nicht um die bekannten Renaissancepaläste gehen, stattdessen wollen wir die Stellen aufsuchen, an denen noch Reste aus den mittelalterlichen Anfängen der Schlossanlage zu entdecken sind. Vor allem soll der zukunftsweisenden Bautätigkeit des Pfalzgrafen Ludwigs V. nachgespürt werden: Er verwandelte die Burg zwischen 1520 und 1544 in eine zeitgemäße Residenz, die das Erscheinungsbild des Schlosses bis heute prägt.

Anfahrt Schloss

Zu Fuß: Das Schloss ist auf mehreren Wegen aus der Altstadt zu Fuß erreichbar.

Mit der Bergbahn: von der Station am Kornmarkt zwischen April und Oktober täglich von 9 bis etwa 20 Uhr, zwischen November und März täglich von 9 bis etwa 17 Uhr (kostenpflichtig).

Links: Blick auf das Schloss von der Scheffelterrasse

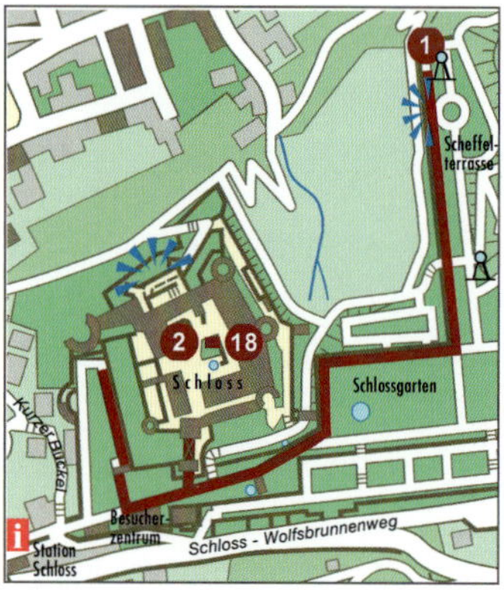

Stationen *(Rundgang: circa 1½ Stunden)*

❶ Scheffelterrasse

❷ bis ❹ Halsgraben, mittelalterliche Ringmauer und »Ostwall« (Balustrade an der Südostecke des Schlossgrabens)

❺ Hirschgraben (Balustrade an der Südwestecke des Schlossgrabens)

❻ Frauenzimmerbau (Balustrade am Nordende des Hirschgrabens)

❼ Bibliotheksbau (Balustrade in der Mitte des Hirschgrabens)

❽ Ringmauer der mittelalterlichen Burg im Ruprechtsbau (Balustrade am Südende des Hirschgrabens)

❾ Torturm (Brücke)

❿ Zwinger und alter Torturm (Hofeingang hinter dem Torturm)

⓫ Hoffassade des Ruprechtsbaus

⓬ Ruprechtsbau innen

⓭ Brunnenhalle (Nordwestecke des Soldatenbaus)

⓮ Bibliotheksbau und Frauenzimmerbau (Mitte des Schlosshofs)

⓯ Gläserner Saalbau (Nordostecke des Schlosshofs)

⓰ Ludwigsbau (Mitte Ostseite des Schlosshofs)

⓱ Ökonomietrakt (Südostecke des Schlosshofs)

⓲ Altan, ehemalige Burgkapelle im Friedrichsbau

Öffnungszeiten

Schloss: Der Besuch des Schlosshofs ist täglich von 10 bis 18 Uhr kostenpflichtig (Eintrittskarten im Servicezentrum). Inbegriffen ist der Besuch des Deutschen Apothekenmuseums im Erdgeschoss des »Ottheinrichs«- und »Ludwigsbaus«. Das Innere der anderen Schlossbauten ist zurzeit nur mit Führung zu besichtigen. Die Außenanlagen des Schlosses sind jederzeit frei zugänglich.

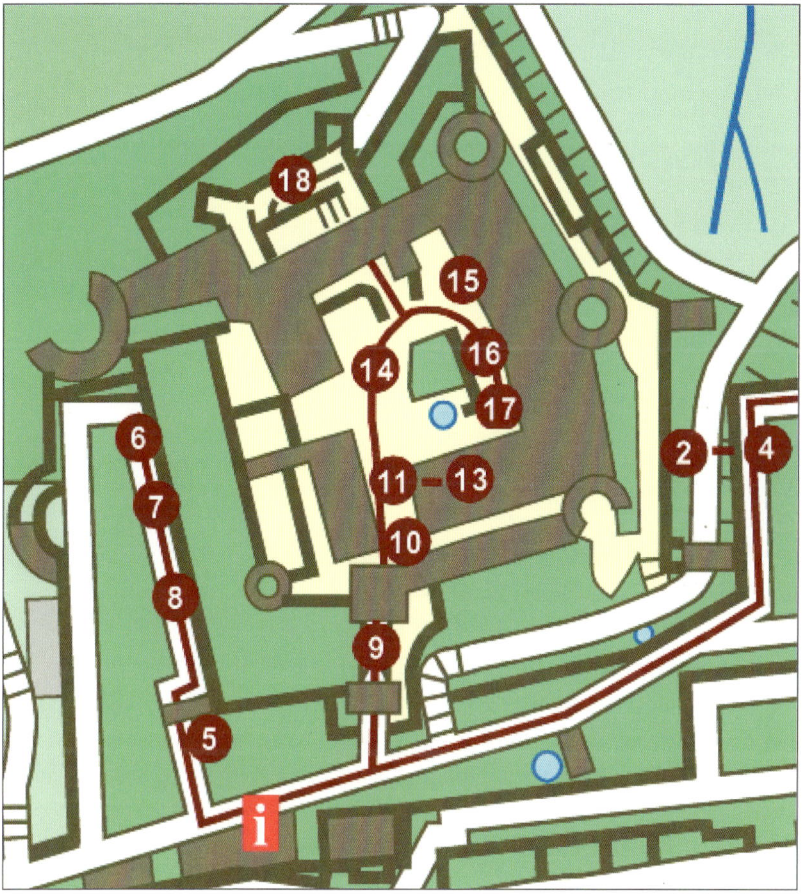

© Stadt Heidelberg, Vermessungsamt

Den geeignetsten Ausgangspunkt für einen Rundgang zur Baugeschichte des Schlosses bietet das **Ende der Scheffelterrasse** ❶. Von hier aus lassen sich die naturräumlichen Voraussetzungen für die Anlage von Burg und Stadt gemeinsam erfassen: Der Blick schweift von Norden über den dunklen Engpass des Neckartals zur lichten Weite der Rheinebene südwärts zurück zur breitgelagerten Schlossruine. Gut zu begreifen ist von hier aus der Zusammenhang mit der ihr zu Füßen auf den Randsaum des Neckarhochufers gezwängten Stadt. Die damalige Burg markierte deren zugleich beschützenden wie beherrschende Eckpfeiler. Dieser enge gegenseitige Bezug war im Talausgang nur um den Preis jeweils ungünstiger Ausgangsbedingungen umzusetzen: Zur Gewinnung großräumiger Nutzflächen musste die Talsiedlung daher in den vom Hochwasser gefährdeten Ufer-

Das pfalzgräfliche Residenzschloss in einer Federzeichnung von Jan Brueghel dem Älteren von 1590

streifen ausgreifen. Wenden wir uns nun nach links und nehmen den **Bauplatz der Burg auf dem Jettenbühl** in den Blick: Es handelt sich um einen gedrungenen Bergausläufer, der zu drei Seiten hin steil abfällt und den das Friesental vom Bergmassiv des Königstuhls trennt. Die Breite des Burghügels, den der südwärts steil ansteigende Berg gefährlich überhöht, erforderte zur Befestigung erheblichen Aufwand.

Der Jettenbühl

Die historische Verbindung des Burgberges mit dem Jetta-Heiligtum ersannen wohl erst humanistisch gebildete Gelehrte am pfalzgräflichen Hof. Die Sage erzählt von einer Seherin aus archaischer Vorzeit, die in der Waldeinsamkeit lebte und vor ihrer Wohnhöhle von Wölfen zerrissen wurde. Daher bezog auch das von Kurfürst Friedrich II. über Schlierbach erbaute Jagdhaus den Namen als »Wolfsbrunnen«. Am Ort des späteren Heidelberger Schlosses soll sich die Wahrsagerin einen Tempel errichtet haben, dessen Überreste man in einem altertümlich wirkenden Teil der Schlosskapelle zu erkennen glaubte.

Tatsächlich handelt es sich bei der Ortsbezeichnung um einen Flurnamen, der 1365 zuerst als »Geltenpogel« urkundliche Erwähnung fand: Bühl oder Kogel meint eine hügelartige Erhebung, während sich Gelten auf das Galtvieh bezieht. In der alpinen Wirtschaft bezeichnen Galtalmen heute noch Sommerwiesen zur Aufzucht von Jungrindern und Stieren.

Wir gehen die Scheffelterrasse zum Schloss zurück. Wenn wir nun auf den gesprengten Turm an der Südostecke des Schlosses zuschreiten, blicken wir über die Balustrade der Hauptterrasse in den alten **Halsgraben** ❷. Tief in den Fels geschrotet, schnitt er die Burg vom Berghang ab.

Wir bewegen uns nun wenige Schritte zurück auf die Rasenfläche und nehmen den **Ostwall** ❸ zwischen den beiden Ecktürmen – dem gesprengten Krautturm im Süden und dem Glockenturm im Norden – in den Blick: Mit dem dazwischen gestellten, später sogenannten, Apothekerturm bilden sie den am stärksten befestigten Abschnitt der Ringmauer. Allerdings täuscht das heutige Erscheinungsbild über den Zustand im späten 15. Jahrhundert: Nur der Krautturm war als hohes, gegen den Berg gerichtetes Eckbollwerk ausgebildet. An beiden Türmen markiert jeweils das Mauerwerk aus großformatigen Buntsandsteinquadern die ursprünglich niedrige Anlage. Sie ragten als Vorbauten nicht wesentlich über die Ringmauer, die mit einer schussfesten Hinterfüllung aus Erdreich für die Aufstellung schwerer Artillerie eingerichtet war. Alle anderen Bauteile sind erst später auf- oder eingesetzt worden. Eindrucksvoll abzulesen ist das an den palastartig durchfensterten oberen Abschnitten.

Wir treten nun wieder an die Balustrade und blicken auf den Abschnitt

Das Schloss im Kurpfälzischen Skizzenbuch aus dem frühen 17. Jahrhundert: links der Halsgraben mit dem unüberdachten Krautturm an der südöstlichen Ecke, rechts daneben der niedrige Apothekerturm

rechts vom Krautturm, der beispielhaft die komplexen Um- und Neubauten im Laufe der Baugeschichte verdeutlicht: Der Ostwall zwischen den beiden spätmittelalterlichen Wehrtürmen ist im unteren Abschnitt von einer im Graben vorgebauten Kasematte verdeckt. Der obere, sichtbare Teil ist in der Höhe reduziert und von großen Fensterhöhlen der Schlossküche durchbrochen, die später bis in den Bereich der ehemaligen Artillerieplattform ausgedehnt wurde. Dahinter erhebt sich die hohe Wand des Wirtschaftstraktes, an der noch ein **Rest der Ringmauer des 13. Jahrhunderts** ❹ zu sehen ist: Im unteren Abschnitt des Ökonomieflügels ist Mauerwerk zu erkennen, das sich durch eine dunklere Färbung und regelmäßigere Schichtung von den umgebenden Mauerflächen unterscheidet (siehe Abb. auf S. 140). Der Einblick in diese Stelle des Schlossgevierts macht deutlich, dass die Ringmauer der ursprünglichen Burg im 15. Jahrhundert zwiebelschalenartig mit einem weiteren Bering umgeben wurde, um damit das Schloss den Fortschritten der Belagerungsartillerie anzupassen. Schon wenig später begann man allerdings, die Hofbebauung in diese Wehranlage auszudehnen. Beispielhaft tritt darin die mit dem anwachsenden Hof einhergehende Ausdehnung von Wohn- und Nutzraum auf Kosten der Befestigungen vor Augen.

Wir begeben uns nun auf den Weg vorbei am Haupteingang zur gegenüberliegenden Ecke des Schlossgrabens ❺. Seine Mauer aus großen Quadern unterscheidet sich markant von den Befestigungen an der Ostseite. Sie kennzeichnen die von Pfalzgraf Ludwig V. errichteten Wehranlagen im Süden und Westen, durch welche er die ab 1525 an der gefährdeten Ostseite begonnene Neubefestigung der Residenz vollendete. Damit setzte man die zwiebelschalenartige Umfriedung des mittelalterlichen Burggevierts mit einem äußeren Bering fort. Dieser war aber nur als niedriges Annäherungshindernis angelegt, für den Fall, dass dem Angreifer der Einstieg in den hier sehr tiefen Graben gelang. Die Ecke besetzte ein kleinerer Turm zur Verteidigung des Grabens – der **»Seltenleer«**, so genannt, weil er auch als Gefängnis diente. Das Ausmaß der Bautätigkeit Ludwigs V. wird offenbar, wenn man den Blick von den beiden Armen des Grabens auf den **Nordwall** und über die großräumige **Bastion des »Stückgartens«** schweifen lässt. Entlang der Talseite standen weit reichende Kanonen – sogenannte »Stücke« –, die das Vorfeld der Stadt beherrschten. Der Rest der Terrassenfläche war wohl von Anfang an bepflanzt, daher die Bezeichnung als »Stückgarten«. An den von einer Mauer abgeschirmten Baum- und Ziergarten erinnert heute nur noch das Elisabethentor, das Kurfürst

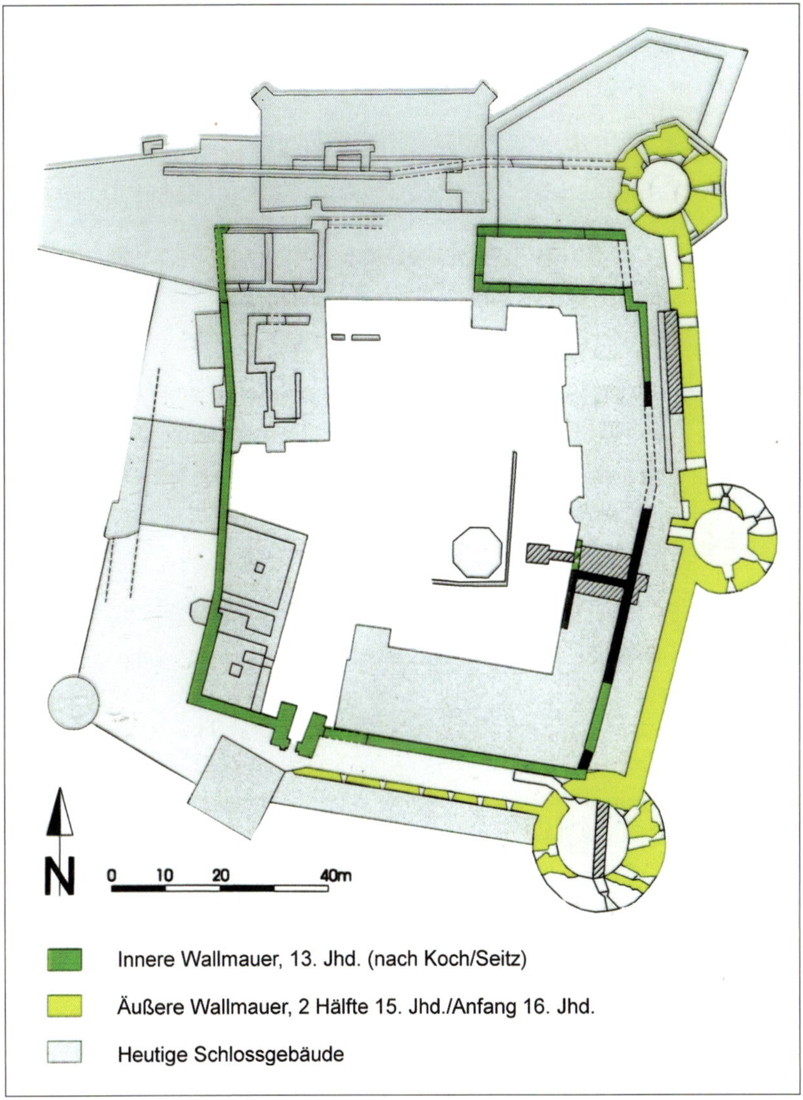

Die Schlossanlage im 13. bis 15. Jahrhundert: Grün markiert ist die älteste Ringmauer, gelb die äußere Befestigung aus dem 15. Jahrhundert

Friedrich V. seiner Gemahlin aus dem englischen Königshaus 1615 als Entrée zu ihrem privaten Parkbezirk schenkte. Die gigantische Größe der Wehranlage ist nur aus der Talansicht zu begreifen, wo sie weithin die Stadt dominierte. Die Wirkung war zur Bauzeit umso eindrucksvoller, als noch

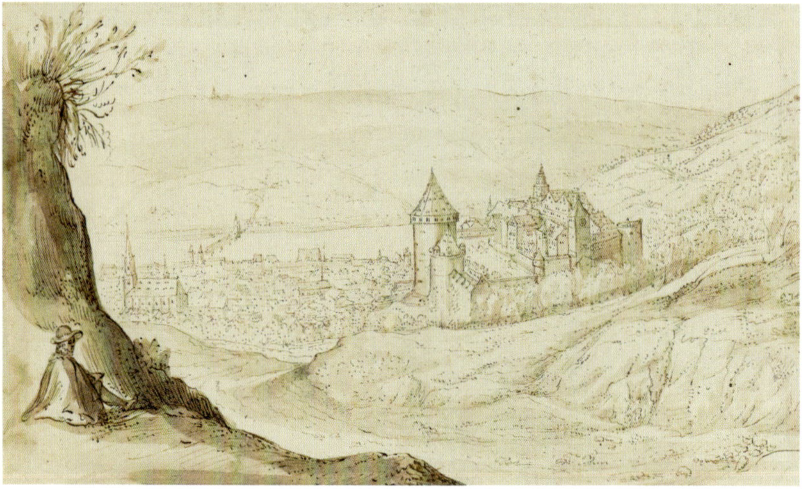

Südwestansicht des Schlosses aus dem Kurpfälzischen Skizzenbuch, entstanden am Anfang des 17. Jahrhunderts, mit dem »Stückegarten« und dem »Dicken Turm«

keine Bebauung auf dem Schlossberg den Blick einschränkte und der »Dicke Turm« im vollen Rund mit hohem Zeltdach als wuchtige Landmarke die Ansicht der Stadt beherrschte (siehe Abb. auf S. 118 und 122).

Anders als der in den Fels gearbeitete Halsgraben wurde der nördliche Arm – der **Hirschgraben** – erst durch die Errichtung der Mauern über dem Westhang des Burgberges geschaffen. Die eben aufgefüllte Sohle gleicht den natürlichen Steilabfall künstlich aus. Ein wenig beachtetes Detail sind die **Konsolen**, die in der unteren Zone der inneren Grabenwand auch um den »Seltenleer« herumgeführt sind. Sie trugen ursprünglich eine hölzerne Galerie. An der gegenüberliegenden Außenwand ist das Pendant als **Mauersockel** gebildet, von dem aus man durch ein Portal in die Kasematten des Westwalls gelangte. Es handelte sich dabei um Laufgänge, auf denen man um die mit Wasser befüllbare Grabensohle wandeln konnte. Für die Verteidigung war die Bewässerung überflüssig. Vielmehr handelt es sich um ein wohlkalkuliertes Repräsentationselement, das den Besucher in Erstaunen versetzten sollte: Man darf sich einen derartigen »Schlossteich« zur Lustbarkeit mit Fischen und Schwänen besetzt und mit Booten befahrbar vorstellen. Trocken gelegt diente er in späterer Zeit auch als Gehege für Jagdwild – daher die Bezeichnung als Hirschgraben – und exotische Tiere. Auch Löwen, die pfalzgräflichen Wappentiere, sollen hier gehalten worden sein. Die Anlage verfehlte ihre Wirkung auf die Zeit-

Blick in den Hirschgraben und auf den Seltenleer

Der »Bibliotheksbau« aus dem 16. Jahrhundert

genossen nicht: So hob der Humanist Peter Harer in seiner Schilderung der 1534 gefeierten Fürstenhochzeit eigens hervor, dass »dergleichen auf einem Bergschloss selten zu sehen« sei.

Wir begeben uns am Graben entlang zum **Nordwall**, der die Verbindung zwischen der Kernburg und dem zum Tal vorgeschobenen »Dicken Turm« herstellte. In seinem Inneren verliefen schusssichere Laufgänge, während auf der Oberfläche einst ein Wehrgang mit Geschützständen bestand. Der darauf gesetzte **Englische Bau** wurde erst ab 1613 errichtet, als im inneren Schlossgeviert kein Platz mehr für einen anspruchsvollen Palast zur Verfügung stand. Wenn man in den Graben schaut, fällt der Blick über die Zwingermauer auf die Außenwand des **Frauenzimmerbaus** ❻. Er war das erste Bauwerk, das Ludwig V. wohl um 1515 begann. Das Gebäude wurde auf die damals noch frei über der Stadt aufragende Nordostecke des alten Burgberings gesetzt. Der schwere Aufbau des Palastes erforderte starke Stützpfeiler, von denen einer im Winkel zum später angefügten Nordwall noch gut zu erkennen ist. Über dem allein erhaltenen Erdgeschoss bestand ursprünglich ein zweites gemauertes Stockwerk sowie ein Obergeschoss aus Zierfachwerk mit darüber hoch aufragendem Walmdach. Der Außenbau war von turmartigen Vorbauten umgeben, die den Blick zu drei Seiten über Stadt und Tal öffneten. Der Rest eines solchen Standerkers ist noch vor der Fassade zu sehen.

Dem Frauenzimmerbau benachbart hebt sich der **Bibliotheksbau** ❼ aus dem Graben empor. Die Bezeichnung ist erst im 17. Jahrhundert überliefert und wird gewöhnlich auch aus den großen, dreigeteilten Fenstern abgeleitet. Tatsächlich handelt es sich bei dem stark ruinierten Gebäude um den vielleicht meist unterschätzten Palast des Schlossensembles: Der Baukörper wurde um 1520 auf einem von mächtigen Pfeilern getragenen Sockel errichtet, der außen vor der mittelalterlichen Ringmauer stand. Der heutige Eindruck täuscht also darüber hinweg, dass die Planung einen Palast vorsah, der turmartig aufragend frei vor der Kernburg stand. Es ist deutlich zu sehen, wie die Wehrmauern im Graben erst nachträglich von beiden Seiten angesetzt wurden. Man muss sich vergegenwärtigen, dass der »Stückgarten« zur Bauzeit noch nicht vorgesehen, der Blick zur Stadt also noch frei war. So wird klar, dass der hoch aufragende Palast damals den Hauptakzent in der Westansicht des Schlosses bildete. Das erklärt auch die großen Fenster, die dem Fürsten weiträumige Fernsicht bis in die »Pfalz« öffneten. Seit der Zerstörung blickt man in das Innere: Über dem Keller im Turmsockel lag das kreuzförmig in vier Räume geteilte Erdgeschoss. Darüber befand sich der von großen Fenstern geöffnete Saal. Er war von einem prachtvollen **Sterngewölbe** überspannt, von dem noch der Abdruck im Wandputz der hofseitigen Wand und die Mittelsäule zeugen. Hier befand sich die **Herren-**

Das »Frauenzimmer«

Mit der Ortsbindung des Hofes an ein Residenzschloss etablierten sich auch Räumlichkeiten für das weibliche Gefolge. Sie entsprachen der damals üblichen Forderung nach Absonderung vom Getriebe des Hofes und wurden gewöhnlich im obersten Geschoss des fürstlichen Palastes angeordnet. Im 15. Jahrhundert kam dafür die Bezeichnung des »Frauenzimmers« auf, gleichwohl es sich um ganze Raumfolgen handelte. Das hier untergebrachte weibliche Gefolge dürfte am großen Heidelberger Hof nicht unter 40 Personen gezählt haben. Neben fürstlichen Familienangehörigen und deren Nachwuchs zählte ein der Hofmeisterin unterstellter Dienerkreis dazu, dem auch Männer – etwa ein eigener Kaplan, Weinschenk, Marschall, Edelknaben, Ofenheizer, eigene Köche und Narren – angehören konnten. Das »Frauenzimmer« war auch ein Ort der Geselligkeit, der zu fest geregelten Zeiten männlichen Besuchern offen stand. Nicht zuletzt bahnte man hier auch Liebesbeziehungen an.

Blick über den Halsgraben auf Brücke und Torturm

Fürstliche Privat- und Rückzugsräume

Wenngleich Fürsten des Spätmittelalters keine Privatsphäre im modernen Sinn kannten, entwickelte sich ein zunehmender Wunsch nach Absonderung vom geregelten Zeremoniell. Dies beginnt mit der Herausbildung eines abgeschlossenen Wohnbereichs – dem erst im 17. Jahrhundert sogenannten Appartement –, der aus der ofenbeheizten Stube und einer benachbarten Schlafkammer mit separiertem Abort bestand. Hinzu konnte auch ein Privatoratorium zum Gebet in Form einer schrankartig verschließbaren Altarnische treten. Mit Anbruch der humanistischen Epoche trug gerade auch das Bestreben nach Bildung zum Wunsch nach privater Ruhe bei. Nach Vorbild französischer Schlösser finden sich in deutschen Fürstenresidenzen ab dem späten 15. Jahrhundert zunächst eigene Schreibstuben, später auch persönliche Archive, Bibliotheken und Kunstkammern. Sie wurden gern hoch oben als reich ausgestattete Turmstuben eingerichtet. Auf einen solchen Raum könnte die Bezeichnung des Heidelberger Bibliotheksbaus zurückgehen.

tafelstube des Kurfürsten (siehe Kasten oben). Das Obergeschoss diente als wohnlicher Rückzugsraum und verfügte über eine **Kapelle**, deren Erker durch den noch sichtbaren – im unteren Teil vermauerten – Rundbogen betreten wurde. Eine Besonderheit dieses fürstlichen Privatgemachs war ein außen umlaufender **Aussichtsbalkon**, von dem an der Nordwestecke noch eine mächtige Konsole aus dem erhaltenen Mauerzahn hervorragt: ein »**Belvedere**«, das freien Blick über die Residenzstadt gewährte. Umso erstaunlicher mutet es an, dass man diesem innovativen Palast durch die Errichtung des Westwalls schon bald sowohl die monumentale Außenwirkung als auch die Sicht nahm. Aktuelle Ereignisse drängten offenbar zum Planwechsel: 1523 hatte der Pfalzgraf bei der Belagerung von Burg Nanstein die verheerende Wirkung seiner Artillerie miterlebt, der die neuen Befestigungen des kriegsbegabten Heerführers Hans von Sickingen keine drei Tage standhielten. Zwei Jahre später bahnte sich dann die Bedrohung der Fürstenschlösser im »Bauernkrieg« an, so dass man nun abschreckenden Befestigungen wieder den Vorrang gab.

Rechts vom Bibliotheksbau kommt der breit gelagerte **Ruprechtsbau** ❽ in das Blickfeld. Von dem ursprünglichen Gebäude sehen wir allerdings von außen kaum etwas (siehe ⓫), da das Erdgeschoss in den südwestlichen Winkel der mittelalterlichen Ringmauer eingepasst wurde und darüber Pfalzgraf Ludwig V. das Obergeschoss erneuerte. Hinzuweisen ist an dieser Stelle aber wieder auf die **Ringmauer der mittelalterlichen Burg**, die hier mit einem größeren Abschnitt ablesbar blieb (siehe ❿): Der romanische Bestand ist unterhalb des vorkragenden Oberstocks im Bereich um das

Südostecke des Ruprechtbaus

Vordach bis zu der aus größeren Quadern gebildeten Südwestecke noch gut zu erkennen.

Wir begeben uns nun durch das Elisabethentor zurück zum Torhaus, um von dort aus in den Schlosshof zu gelangen. Der hoch aufragende **Torturm** 9 empfängt uns heute noch ebenso imponierend wie einst den Gast der kurpfälzischen Residenz. Der heutige Abschluss mit der gefälligen »welschen Haube« entspringt aber erst der barocken Wiederherstellung von 1718. Ursprünglich bedeckte ihn ein hoch aufgespitztes Zeltdach. Der Torturm sollte nach seiner Vollendung um 1542 einen Hauptakzent der Schlossanlage bilden. Hier strebte man kein gewöhnliches Burgtor, sondern das Anspruchsniveau mächtiger Stadttore an wie etwa zu Speyer, wo man kurz zuvor das Altpörtel – als Hauptzugang der Reichsstadt – etwa auf dieselbe Höhe aufgestockt hatte. Wie dort war oben eine **Uhrenstube** untergebracht, deren riesige, einst vergoldete Ziffernblätter sowohl dem Schlosshof als auch – scheinbar zwecklos – nach außen dem Berghang zugewendet sind: Sie war Sinnbild für den Fürsten als Herr über die Zeit, deren geregelte Ordnung er an seinem Hof garantierte.

Über dem Tor war in einer aufwändigen Rahmung unter einer durchbrochen gearbeiteten Rosette – ein Kleinod früher Renaissanceformen – das **Wappen** angebracht. Heute erkennt man nur noch den in den Stein eingearbeiteten Abdruck der von Löwen mit den Insignien der pfalzgräflichen Kurwürde – Reichsapfel und Richtschwert – gehaltenen drei Schilde. Das aufwändig aus Edelmetall gegossene Original war im Orléansschen Krieg ausgebrochen und eingeschmolzen worden. Flankiert wird das Wappen von überlebensgroßen Wächterfiguren, zwei geharnischten Rittern mit Helmbusch, Schwert und Lanze – den sogenannten **»Torriesen«.** Am Zugang in die Residenz versinnbildlichen sie wachsame Wehrhaftigkeit sowie symbolisieren den Schutz von Recht und Ordnung durch die militärische Gewalt des Fürsten. In der monumentalen Ausformung sind diese Figuren einzigartig. Inspirationsquelle waren hierbei die auf Stadttoren häufiger aufgemalten Wächterfiguren, wie sie auch den Zugang zur Hofburg Kaiser Maximilians in Innsbruck zierten. Darin begegnet wohl eine Anlehnung an Vorbilder, die einer mit der Renaissance aufkommenden Auffassung des fürstlichen Hofes als »Stadt des Fürsten« folgt. Für Verteidigungszwecke hätte es damals keines derart himmelstürmenden Bauwerks mehr bedurft. Der primäre Zweck des Torturmes bestand in der Inszenierung von imponierender Stärke und Herrschaft, für die man sich der altehrwürdig vertrauten und von daher einfach verständlichen Bildsprache des »Rittertums« bediente.

Das kurpfälzische Wappen mit den sogenannten »Torriesen« am Torturm des Schlosses

Am Tor hat man auch die beste Gelegenheit, jene für die Wehrbauten Ludwigs V. so typische **Quaderbauweise** genauer anzuschauen. Die Frontseite erhielt außen einen breiten Saum – den Randschlag. Für ein effektvolles Feinrelief wurde der »Spiegel« – die Fläche im Inneren – mit dem »Spitzeisen« fein »gepickt« (punktiert). Mitunter hinterließen die Steinmetzen darauf ihre Zeichen. Um den Torbogen sind diese Zeichen besonders groß und teils phantasievoll ausgearbeitet, da man dem Besucher hier das Werk augenfällig präsentieren konnte. Zum Versatz der schweren Quader benötigte man eigens hergestellte Kräne, deren Hebezange in beidseitig eingearbeitete Löcher eingriff, die allenthalben auf den Quaderspiegeln zu sehen sind. Auch hier verfehlte der Aufwand die beabsichtigte Wirkung nicht, denn Peter Harer bemerkte in seiner Beschreibung des Schlosses 1534 gerade auch die ungewöhnliche Qualität der »gehauenen Quader[n] … allseits kunstvoll glatt besetzt«. Wir wissen heute, dass sich auch darin eine subtile Ebene der Architekturkenntnis Bahn bricht: Humanistisch gebildete Zeitgenossen forschten damals nach den Charakteristika römischer Bauweisen, die man gerade in den die Wandflächen schlicht, aber kraftvoll betonenden Quaderbauweisen eingelöst sah. Dergleichen stand in den Domen zu Speyer und Worms vermeintlich noch vor Augen. Diese Bauwerke empfahl man den Baumeistern schon deshalb zur Anschauung, weil ihr archaisches »Herkommen« sowohl durch die Grablegen der Könige und Kaiser des Heiligen Römischen Reiches als auch im Detail durch Ähnlichkeiten zur Formenwelt der Antike verbürgt schien.

Wir durchschreiten nun die Toreinfahrt und verweilen am Eingang in den Schlosshof. Rechter Hand öffnet sich eine zum Krautturm ansteigende **Zwingergasse** ⑩, die von der Rückwand des Ökonomiebaus und der am Torturm anschließenden äußeren Ringmauer gebildet wird. An Letzterer ist die nachträgliche Aufhöhung durch Ludwig V. anhand der charakteristischen Quaderbauweise gut zu erkennen. Das kleinteilige Bruchsteinmauerwerk darunter kennzeichnet einen älteren, gemeinsam mit dem »Krautturm« errichteten Bestand. Die zunächst niedrigere Anlage erklärt sich daraus, dass es sich um den sogenannten »Zwinger« der älteren Burg handelt. Seine Funktion bestand darin, einen aus dem Graben heraufgestiegenen Angreifer in eine von zwei Mauern flankierte Gasse zu »zwingen«, wo er dann aus dem Wehrgang der dahinter höher aufragenden eigentlichen Ringmauer bekämpft wurde. Gut zu sehen ist der **mittelalterliche Bering** noch linker Hand am Ruprechtsbau. Wenn wir die uns zugewandte Ecke betrachten, wird der Mauerquerschnitt sichtbar, der durch den Abbruch für die Torgasse entstand. In der entstandenen Lücke zum Ökonomiebau stand einst der Torturm der mittelalterlichen Burg, dessen Fundament noch unter dem Pflaster liegt.

Im Schlosshof wenden wir uns der Fassade des **Ruprechtsbaus** ⑪ zu, der wohl um 1420 von Pfalzgraf Ludwig III. vollendet wurde. Erhalten ist davon nur noch das Erdgeschoss. Die Obergeschosse entstanden wiederum erst unter Ludwig V. Auf König Ruprecht verweist das prächtige **Relief des Reichsadlers**, der Wappenschilde mit dem pfalzgräflichen Löwen und den Wittelsbacher Rauten in den Fängen hält. Der ursprüngliche Anbringungsort ist unbekannt. Den Nachkommen war die Tafel so wichtig, dass man sie zuletzt bei Umbauten des Gebäudes 1545 weiterhin am Eintritt in den Schlosshof stolz präsentierte, da der Reichsadler doch das alte königliche »Herkommen« der Dynastie symbolisierte. Es wird vermutet, dass der König für die hochwertigen Bau- und Bildwerke in seiner Residenz die Werkstatt des angesehenen Frankfurter Baumeisters Madern Gerthener beauftragt hatte. Seiner Hand wird auch das anmutige **Relief mit den beiden Engeln** im Schlussstein des Hauptportals zugeschrieben. An den Rosenkranz mit Zirkel in ihren Händen knüpft die bekannte Legende von den zwei Söhnen des Baumeisters an, die beim Bau des Gebäudes zu Tode gekommen sein sollen. Die wirkliche Deutung ist nach wie vor das Geheimnis von Bauherr und Baumeister.

Der Ruprechtsbau, wohl um 1420 vollendet

Durch das Portal betreten wir das Innere des **Ruprechtbaus** ⓬. Im **Rittersaal** links des Korridors ist noch das originale Sterngewölbe erhalten. Es wächst mit filigran gearbeiteten Rippen aus einer zentralen Säule empor. Nach dieser Vorlage hat man 1960 auch das zerstörte Gewölbe im nördlichen Saal wiederhergestellt. Den Rittersaal zeichnen zudem hohe Fenster aus, deren Rundbogenfelder einst gotische Maßwerkrippen zierten. Die abgebrochenen Ansätze sind an den Innenseiten der Rahmungen noch erkennbar. Fraglich ist, ob der König dieses Gebäude für sich selbst erbaut hat. Die wenig präsentable Lage in der Ringmauerecke am Tor in Nähe der Wirtschaftsbauten deutet vielmehr auf eine dienende Funktion für das Gefolge und Gäste. Bei den Sälen im Erdgeschoss handelt es sich wahrscheinlich um Hofstuben (siehe Kasten auf S. 133).

Der hochrangige Anspruch an die Architektur macht sich auf subtilerer Ebene in den für uns leicht zu übersehenden, aber in der mittelalterlichen Wahrnehmung hochbedeutenden **Wappendarstellungen auf den**

Gewölbeschlusssteinen bemerkbar. Als Vollender des Bauwerks ließ Ludwig III. das mit dem Reichsadler gezierte Allianzwappen seiner königlichen Eltern (Ostseite) und das seiner dem Königshaus Sizilien-Aragon entstammenden Großmutter (Westseite) anbringen. Beim Eintritt in den »Rittersaal« findet sich in den zwei östlichen Gewölbejochen sein eigenes Wappen neben dem seiner ersten Gemahlin Blanca von England, der Tochter König Heinrichs IV. aus dem Hause Lancaster. In den beiden westlichen Jochen verwies er mit dem Wappen der Burggrafen von Nürnberg auf seine mütterlichen Vorfahren und mit dem Stammwappen der Grafen von Scheyern auf die Ursprünge des Hauses Wittelsbach. Mit dieser eigenwilligen Auswahl rückte er seine königlichen Eltern und die mit seiner direkten Erblinie durch Heirat verbundenen Frauen von königlichem Geblüt in den Vordergrund. Unmissverständlich wurde dem Betrachter damit das »königliche Herkommen« des eigenen Familienzweigs vor Augen geführt. Wir begegnen darin erstmals einer historisch begründeten Konstruktion zum Nachweis höchster, auf europäischer Ebene wirksamer Ransprüche der rheinischen Wittelsbacher – das sollte späterhin weitere künstlerische Folgen zeitigen und den Höhepunkt in der Figurenfassade des »Friedrichsbaus« erreichen.

Im Schlosshof gegenüber des Ruprechtsbaus fällt der Blick auf die unter Ludwig V. geschaffene **Brunnenhalle** ⓭: Am Ende der Torgasse überwölbt sie einem Baldachin gleich den aus der mittelalterlichen Burg übernommenen Tiefbrunnen. Reizvoll wird die Wirkung von Säulen gesteigert, deren graue Färbung mit dem

Alltägliche Speiserituale: Hof- und Tafelstuben

Die Hofstube war der Speiseraum in deutschen Schlössern. Dort speiste der Fürst als »Hausvater« alltäglich zweimal gemeinsam mit dem »ganzen Haus«. Eine 1526 vom späteren Kurfürsten Ottheinrich erlassene Hofordnung gibt Einblick in den streng hierarchisch gegliederten Ablauf der Mahlzeiten: »… unsere Meinung ist, daß sich fortan keiner selbst setzt, sondern erst wenn unser Tisch besetzet wird, alsdann die, die Räte sind, durch den Hausvogt nachfolgend die Edelleute, Kanzleischreiber und Soldaten, weiters unsere Knechte, alsdann die des Hofmeisters, der Räte, danach der Rest und aufs letzte andere Knechte und Hofgesinde, je zu acht an einen Tisch gesetzt werden.« Gewöhnlich handelt es sich um einen aufwändig gewölbten und beheizten Saal mit Zugang vom Hof. Im Laufe der Zeit nahm der Fürst seine Mahlzeiten öfter auch mit einem engen Beraterkreis ein. Der dafür aufkommende Rückzugsraum der Herrentafelstube lag in Nachbarschaft seiner Wohnung. In Deutschland beherbergt der Heidelberger Bibliotheksbau das dafür bisher älteste erhaltene Beispiel.

sonst verwendeten Rotsandstein kontrastiert. Es handelt sich um ein Granitgestein aus dem Odenwald, das dort schon in römischer Zeit verarbeitet wurde. Sebastian Münster berichtet dagegen, dass man diese Säulen aus der Pfalz Karls des Großen zu Ingelheim nach Heidelberg hatte bringen lassen: In Blickbeziehung zum gegenüber angebrachten Reichsadler spielte man so auf die Nähe des Pfalzgrafenamtes zum Königtum an, das in der Zuständigkeit über die Pfalz des legendären Ahnherren des Reichs gründete.

Wir gehen nun einige Schritte weiter und betrachten linker Hand den **Bibliotheksbau** ⓮, dessen monumentales Äußeres wir schon kennengelernt haben. Die Positionierung vor der alten Ringmauer ermöglichte die Bildung des kleinen Vorhofs, der so auch die Giebelwand des Frauenzimmerbaus zu Geltung brachte. Die Verbindung zwischen beiden Bauten stellte das im Winkel dazwischen eingefügte Treppentürmchen her. Sowohl die überaus schmale, nicht für öffentliche Zwecke gedachte Wendeltreppe darin wie der unauffällig in den Keller geführte Zugang in den Bibliotheksbau kennzeichnen das Türmchen als privaten Rückzugsort des Fürsten, dessen Pracht sich erst im Inneren entfaltete. Zum Schlosshof kommt diese nur durch den hervorragend gearbeiteten Erker zur Geltung, der aus dem Privatgemach des Fürsten in den Hof vorkragt. Davon abgesehen erscheint die Hoffassade eigenartig schmucklos. Das freilich täuscht, denn ihr waren ursprünglich Galerien vorgehängt. Ablesbar bleiben sie an den mächtigen Sandsteinkonsolen über dem Erdgeschoss, die einst hölzerne Laufgänge trugen. Die auffälligen Löcher im Wandabschnitt darüber dienten zur Befestigung einer weiteren, oben überdachten Galerie. Es handelt sich dabei keineswegs nur um einfache Wandelgänge, sondern um einen wichtigen Handlungsort, an dem sich der Fürst seinem Hof und der Öffentlichkeit präsentierte. In der warmen Jahreszeit dienten die Galerien auch zum Aufspielen der Hofkapelle sowie als Logen für hochgestellte Gefolgsleute und Gäste, die dort Turnieren und anderen im Schlosshof abgehaltenen »Lustbarkeiten« beiwohnten. Angeregt durch die hölzernen Galerien in den Schlössern Ludwigs V. zu Heidelberg und Schwetzingen hat dann zuerst der spätere Kurfürst Ottheinrich in seiner damaligen Residenz zu Neuburg um 1530 regelrechte Arkaden nach italienischem Vorbild angelegt. Ihre Nachfolge treten dann die 1549 errichteten Arkaden des Gläsernen Saalbaus an, die wir in der Nordwestecke des Hofes sehen.

Zuvor betrachten wir den **Frauenzimmerbau**, der als Hauptgebäude des von Ludwig V. neu erbauten Schlosses einst so hoch wie der benachbarte Friedrichsbau aufragte. Das

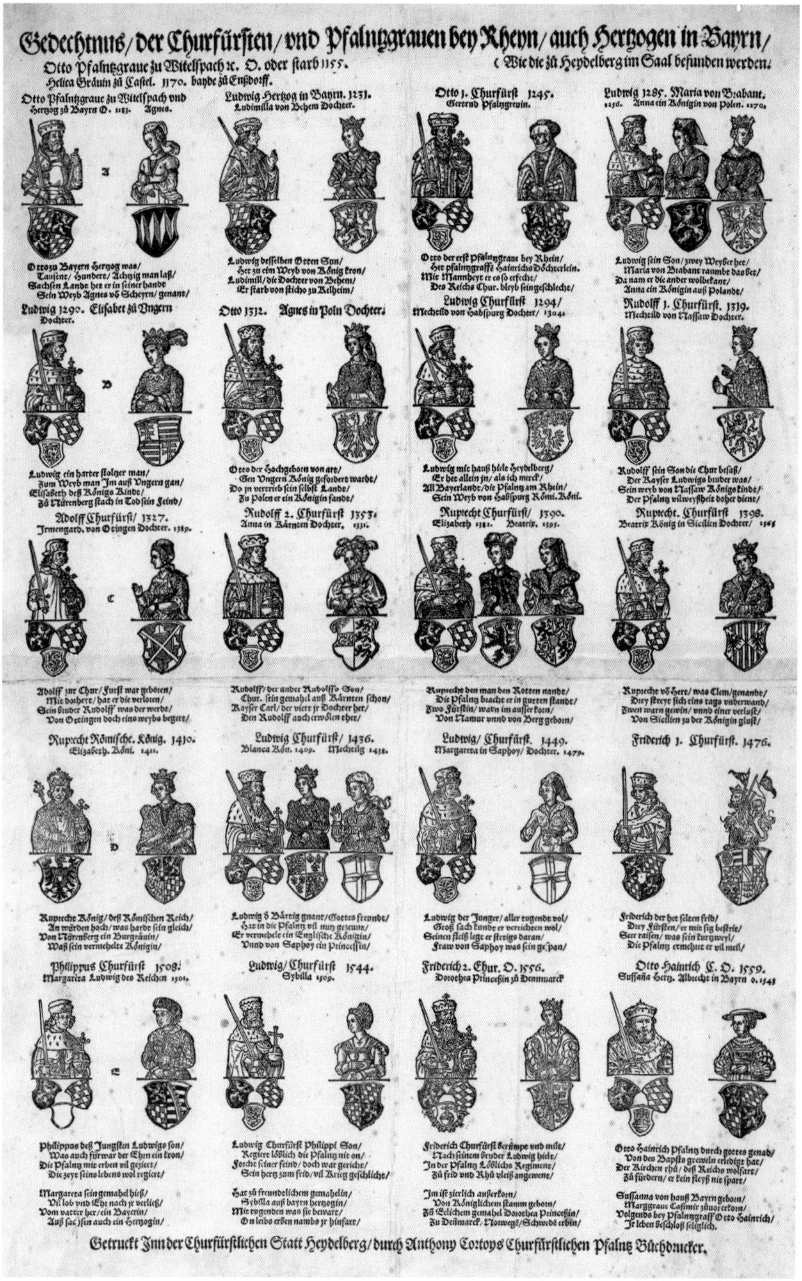

Die Galerie von Ahnenbilder im Frauenzimmerbau des Heidelberger Schlosses dargestellt in einem Werk des kurfürstlichen Buchdruckers Anthony Cortoys barocke Walmdach wurde erst nach der Zerstörung 1689 als Behelf über dem Torso aufgeschlagen. Ebenso brach man damals das zentrale »Scheunentor« für das Bandhaus – eine Werkstatt zur Herstellung von Weinfässern – in die Hoffassade. Aus der Bauzeit sind noch die großen, dreigeteilten Fenster erhalten. Heute belichten sie den 1935 wiederhergestellten **Königssaal**, der aufwändig renoviert wieder als Festsaal dient. Seine Bezeichnung leitet sich aus dem schon 1458 gerühmten »königlichen Saal« her. Den erhaltenen Raum hat tatsächlich aber erst Pfalzgraf Ludwig V. um 1515 als Hofstube anlegen lassen. An ihrem talseitigen Ende zog ein prachtvoller Erker mit weit geöffneter Aussicht den Blick auf sich: In ihm stand die Fürstentafel wie von einem Baldachin »zierlich gehimmelt« unter einem Sterngewölbe, »an dem kein Fleiß gespart«, so die Beschreibung der 1534 hier abgehaltenen Fürstenhochzeit. Wie damals üblich ist der eigentliche Festsaal aber in einem Geschoss darüber anzunehmen.

Den bereits 1458 in einem »magnificium palacium« erwähnten historischen Königssaal kann der Frauenzimmerbau also nicht beherbergt haben. Dort wurde allerdings das für das Selbstverständnis der rheinischen Wittelsbacher lange Zeit bedeutendste Kunstwerk präsentiert: Eine Galerie von Ahnenbildern der Fürstenpaare. Mit Otto von Wittelsbach und seiner Gemahlin aus dem Hause Scheyern wurde, wie schon im Ruprechtsbau, der Verweis auf die Abkunft der pfalzgräflichen Linie von den Bayernherzögen an den Anfang gestellt. Von Generation zu Generation fortgeschrieben, befand man dieses »Gedächtnis der Kurfürsten und Pfalzgrafen bei Rhein« als so bedeutend, dass es Kurfürst Ottheinrich noch um 1557 auf einem Propagandaflugblatt so verbreiten ließ, »wie es im Saal zu Heidelberg befunden«.

Das Gebäude, das diese Ahnengalerie beherbergte, ist wohl mit dem ursprünglichen »Palas« der Burg gleichzusetzen, den der Pfalzgraf und Bayernherzog Ludwig II. in einer Urkunde des Jahres 1260 stellvertretend für die ganze Burganlage als »palacium nostrum« – unseren Palast – zu Heidelberg bezeichnete. Beachtliche Überreste aus dieser Zeit blieben im **Gläsernen Saalbau** ⑮ erhalten. Kurfürst Friedrich II. – der jüngere Bruder Ludwigs V. – ließ das Gebäude ab 1549 erneuern, indem er es nach Osten verlängerte und gemeinsam mit dem Glockenturm erhöhte. Seine architekturhistorische Bedeutung bezieht der Gläserne Saalbau aus der erstmals im Schloss im Stil der klassischen Renaissance durchgebildeten Hoffassade mit ihren zwischen dem hohen Standerker links und Treppenturm rechts eingespannten Arkaden. Die erst seitdem aufkommende Bezeichnung als »gespiegelter Saal« ist

Der 1549 errichtete Gläserne Saalbau mit den Arkaden der vorgelagerten Galerien, im Inneren blieben Reste des »Palas« aus der Mitte des 13. Jahrhunderts erhalten wohl von einer damals ungewöhnlichen Spiegelgalerie im neu errichteten Ostteil abgeleitet. Für den Besucher leider unzugänglich befinden sich im Obergeschoss der Trennwand zum Friedrichsbau noch zwei große frühgotische Fensterarkaden eines bedeutenden Saales aus der Zeit um 1250. Wie im Erdgeschoss erhaltene, ebenfalls unzugängliche Fenster beweisen, stand der »Palas« einst zu allen Seiten frei über der Nordostecke der Kernburg.

Auf Spurensuche nach dem Schloss Ludwigs V. lassen wir nun den berühmten Ottheinrichbau ausnahmsweise »links liegen« und begeben uns zum **Ludwigsbau** ⓰ – dem einzigen Gebäude, an dem der Name des baulustigen Pfalzgrafen bis heute haften blieb. Allerdings reicht der Kern des Baus weiter zurück. An der Hoffassade sind die vermauerten Fenster eines älteren Zustandes auszumachen, von dem noch die Eckquaderung stammt. Im 17. Jahrhundert war der Bau als Gäste- und Personalwohnung in den benachbarten Ökonomietrakt einbezogen. Die einzige architektonisch wirkungsvolle Auszeichnung war der ganz erhaltene Treppenturm, den Ludwig V. bei seiner Erneuerung des Gebäudes anfügen ließ. Das Baudatum 1524 geht aus der **Wappentafel** über dem Eingang hervor. Ihren unteren Rand bildet eine merkwürdige, bisher in ihrer Bildsprache nie gedeutete Figurengruppe: Auf allen Vieren stehen sich zwei Affen mit einem Strick im Nacken gegenüber, den Beißhölzer in ihren Mäulern herunter drücken. Es handelt sich um die sogenante »Strebkatz«, ein beliebtes Kraftspiel nach Art des Tauziehens. Im zeitlichen Kontext erscheint der gewählte Bezug zum persönlichen Wappen des Heidelberger Kurfürsten spannend, denn in der zeitgenössischen Bildsprache wurde das Motiv zu einem Symbol für die Auseinandersetzungen der Reformation. 1512 hatte es der Franziskaner Thomas Murner auf den Titel seiner vielgelesenen »Narrenbeschwörung« drucken lassen. Die ungewöhnliche Darstellung der Kontrahenten als Affen spielt wohl einerseits auf das bekannte Heidelberger Wahrzeichen an (siehe Rundgang 4) und ironisiert womöglich andererseits den kraftraubenden Kampf um die Reform der Kirche als vergebliche »Narretei«: eine Position, die dem um Ausgleich bedachten Heidelberger Kurfürsten durchaus entsprach.

Um 1520 erneuerte man auch den Ökonomietrakt ⓱ der alten Burg. Der Neubau nutzte wieder die älteste Ringmauer als Rückwand und bildet seitdem die Südostseite des Schlosshofgevierts. Man ist gewohnt, nur den großartigen Palastbauten Aufmerksamkeit zu schenken und darüber den umfangreichen Wirtschaftsbereich zu vergessen, der das Hofleben überhaupt erst ermöglichte. Die Infrastruktur hatte nicht nur den höchsten

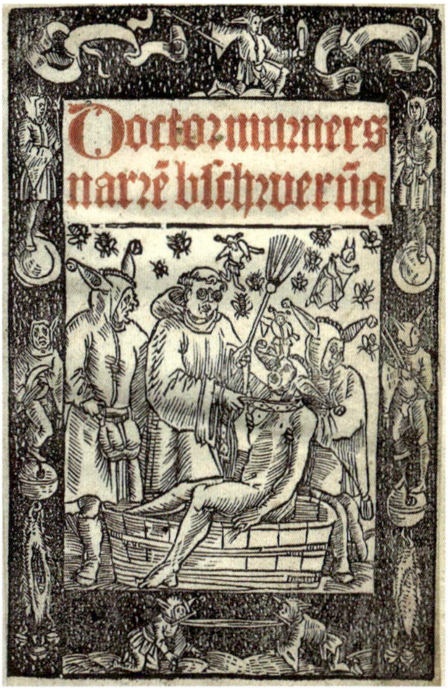

Das pfalzgräfliche Wappen am Treppenturm des Ludwigsbaus, darunter zwei tauziehende Affen, wie sie als Symbol vergeblichen Kraftaufwands auch in Thomas Murners »Narrenbeschwörung« von 1512 dargestellt sind (Detail)

Ansprüchen der je eigenen Gefolge von Fürst und Fürstin zu genügen, sondern auch das vielfältige Dienstpersonal von Hofmarschall über die Dienerschaft bis zur Küchenmagd täglich zu versorgen. Bei großen Hoffesten mussten die Küchen in der Lage sein, sowohl die Tafeln für höchstrangige Gäste aufs reichste zu bestücken, als auch ein mitunter mehrere Tausend Personen zählendes Publikum zu verköstigen. Das stetige Anwachsen des Hofes führte im Laufe des 17. Jahrhunderts dann zur Überbauung des ganzen Bereichs zwischen Kraut- und Apothekerturm mit den Hofküchen und Personalunterkünften. Heute bietet der Heidelberger Ökonomietrakt ein herausragendes Anschauungsbeispiel für den enormen Aufwand, den die angemessene Versorgung eines Fürstenhofes verlangte. Seine Position ist absichtsvoll gewählt, denn die Nähe zum Tor hielt die Paläste frei von den Zumutungen des täglichen Lieferverkehrs und bot den einfachsten Zugang zu den Tief- und Fließwasserbrunnen im Hof. Zugleich gewährleistete der Abstand den bestmöglichen Brandschutz vor den zahlreichen Feuerstellen. Für die Belieferung mit Vieh, Lebensmitteln und Brennmaterial vermittelten zwei Wegrampen Zufahrtmöglichkeiten durch die beiden Tore direkt in die Küchen, das Schlachthaus und die Lagerräume. Entsprechend der streng hierarchisch geschichteten Ordnung der Hofgesellschaft war auch der Küchentrakt in eine sogenannte »Herren-« und »Ritterküche« gegliedert. Leider sind die ehemaligen Küchen nicht öffentlich zugänglich. Wir können aber durch das Holzgitter des großen linken Torbogens einen Blick in die »Herrenküche« werfen. Zu sehen sind hier noch die kräftigen Bandrippen, die einst das Gewölbe des riesigen Kaminabzugs trugen. Auf zentral darunter angeordneten Herdsockeln brannten die Küchenfeuer. Auch die Wirtschaftsräume hat man in die Selbstdarstellung des kurpfälzischen Hofes einbezogen und Gästen die Aufsehen erregende technische Ausstattung vorgeführt. Als besonders raffiniert beschrieb man etwa zwölf Bratspieße, die gleichzeitig von einem Mühlrad angetrieben wurden. Der Bewässerungskanal versorgte die Küchen zugleich mit frischem Fließwasser, das durch Druckleitungen aus dem Berghang durch den Graben in den Krautturm gepumpt wurde. Eine weitere in-

Der Ökonomietrakt mit »Herren«- und »Ritterküche«

teressante Beobachtung kann man an der östlichen Hofwand zwischen Torbogen und Ludwigsbau machen. Von später eingesetzten Türen und Fenstern durchbrochen sind im Erdgeschoss die vermauerten Gewände abgewinkelter Ladenfenster zu erkennen. Es handelt sich um die **Theken der Schlossküche**, über welche die täglichen Mahlzeiten ausgegeben wurden.

Auf dem Rückweg zur Stadt begeben wir uns durch den »Friedrichsbau« auf den **Altan** ⑱, genießen die Aussicht über das Neckartal und betrachten dann die Rückseite des gerade durchschrittenen Baus. An den hohen Fenstern des Erdgeschosses ist die dahinter liegende **Schlosskirche** zu erkennen. 1603 ersetzte sie die alte Burgkapelle, die schriftlich zuerst 1343 bezeugt ist. Pfalzgraf Ruprecht I. stiftete dem der Mutter Gottes und Schutzpatronin der Wittelsbacher geweihten Gotteshaus bedeutende Zuwendungen. Ob die Kapelle schon in die Zeit der Anfänge der Burg zurückreicht, ist nicht mehr zu erweisen. Es scheint sich aber um ein selbständiges Bauwerk gehandelt zu haben, das mit dem stadtseitigen Torbau direkt verbunden war. Dieser Lagebezug entspricht der in hochherrschaftlichen Burgen gängigen Anlage als Torkapelle, wie sie dem Anspruch der Pfalzgrafen angemessen war. Ähnlich einer Sakristei dürfte mit der Kapelle auch die Schatzkammer und das 1388 zuerst erwähnte »Briefgewölbe« – also das Archiv – verbunden gewesen sein, in dem das Unterpfand der pfalzgräflichen Herrschaft, ihre urkundlich verbrieften Rechte, vor Feuer und fremdem Zugriff verwahrt lagen. 1436 werden dann auch »gewelb und canzlien« gemeinsam, also räumlich in zweckmäßiger Verbindung, erwähnt. Kanzlei und Archiv bildeten den Kern der landesherrlichen Administration. Das rapide Anwachsen der Verwaltung zwang jedoch zur Auslagerung in die Stadt, so dass die Kanzlei schließlich 1473 ein prächtiges Gebäude am Aufgang zum Burgweg erhielt – der Schnittstelle zur Bürgergemeinde. Ihren Standort passieren wir, wenn wir uns nun bergab wieder in die einstige »Haupt- und Residenzstadt« begeben (siehe Rundgang 8).

Zum Autor

Achim Wendt ist seit 15 Jahren als Leiter eines selbständigen Büros für Bauforschung, Dokumentation & Konzeption (BDK) bundesweit engagiert mit Schwerpunkten in der Sanierungsbetreuung staatlicher und kommunaler Baudenkmäler. Langjährig für die Stadtkernarchäologie in Heidelberg tätig, ist er durch zahlreiche Veröffentlichungen zur Stadt- und Baugeschichte in Heidelberg hervorgetreten.

7. Das Heiliggeiststift und die ehemaligen Klöster in der Altstadt

Thorsten Huthwelker

Die Bauten der geistlichen Orden sind aus dem heutigen Heidelberger Stadtbild verschwunden. Im Mittelalter dagegen prägten die Gebäude von Mönchen, Nonnen und Stiftsklerikern geradezu das Erscheinungsbild der Stadt – und das bereits seit der Anfangszeit. Bald nach der Stadtgründung um 1200 fanden sich hier die ersten Bettelordensklöster ein. Heidelberg war diesbezüglich keine Ausnahme. Ganz Europa erlebte im 13. Jahrhundert die Ausbreitung der Bettelorden. Anders als bei den alten Orden der Benediktiner oder Zisterzienser, die ihre Klöster in der Regel auf dem Land hatten (siehe Rundgang 2), lagen die Konvente der Bettelorden in der Stadt. Dies hing vor allem mit ihren Aufgaben zusammen. Neben der Ausrichtung der Messen und der Seelsorge legten sie großen Wert auf das Predigen, womit sie in einem engen Kontakt zur Bevölkerung standen. Denn erst deren Almosen und Schenkungen ermöglichten überhaupt die Existenz der Konvente, da sich die Bettelorden ganz dem Armutsideal verschrieben hatten. Dementsprechend durften sie im Idealfall über keinen eigenen Besitz verfügen. So lebten Bürger und Bettelmönche in einer engen wechselseitigen Beziehung. Das wird auch der Grund gewesen sein, weshalb sich reiche Bürger gerne in den Bettelordenskirchen beisetzen ließen. Schließlich garantierten die Mönche auch das für den mittelalterlichen Menschen so wichtige Gebetsgedenken. All diese engen Verbindungen finden wir auch in Heidelberg, wo sich die Klöster der Franziskaner, Augustiner und Dominikaner gleichmäßig über die Stadt verteilten.

Waren die Bettelordensklöster vor allem auf die Bedürfnisse der Bürger ausgerichtet, so war das Heiliggeiststift in erster Linie die Kirche der Universität und der Wittelsbacher Pfalzgrafen bei Rhein. Die mittelalterlichen Stifte waren von Kanonikern besetzt, die anders als die Mönche kein Ordensgelübde abgelegt hatten. Vielmehr lebten sie nach der Kanonikerregel. Diese erlaubte ihnen im Vergleich zu den Orden eine größere Freiheit wie zum Beispiel persönliches Eigentum, eigene Einnahmen und Ortsungebundenheit. Die Kanoniker verpflichteten sich zum Dienst in ihrer Stiftskirche, wobei ihre Aufgaben vor allem auf die Ausrichtung der Gottesdienste und der Stundengebete abzielten. In unserem Heidelberger Fall war das Stift zudem mit der Universität verbunden. So mussten die Stiftskanoniker beispielsweise an der Universität unterrichten (siehe Rundgang 9). Das Heiliggeiststift beherbergte aber auch die Grablege der kur-

Links: Die Heiliggeistkirche

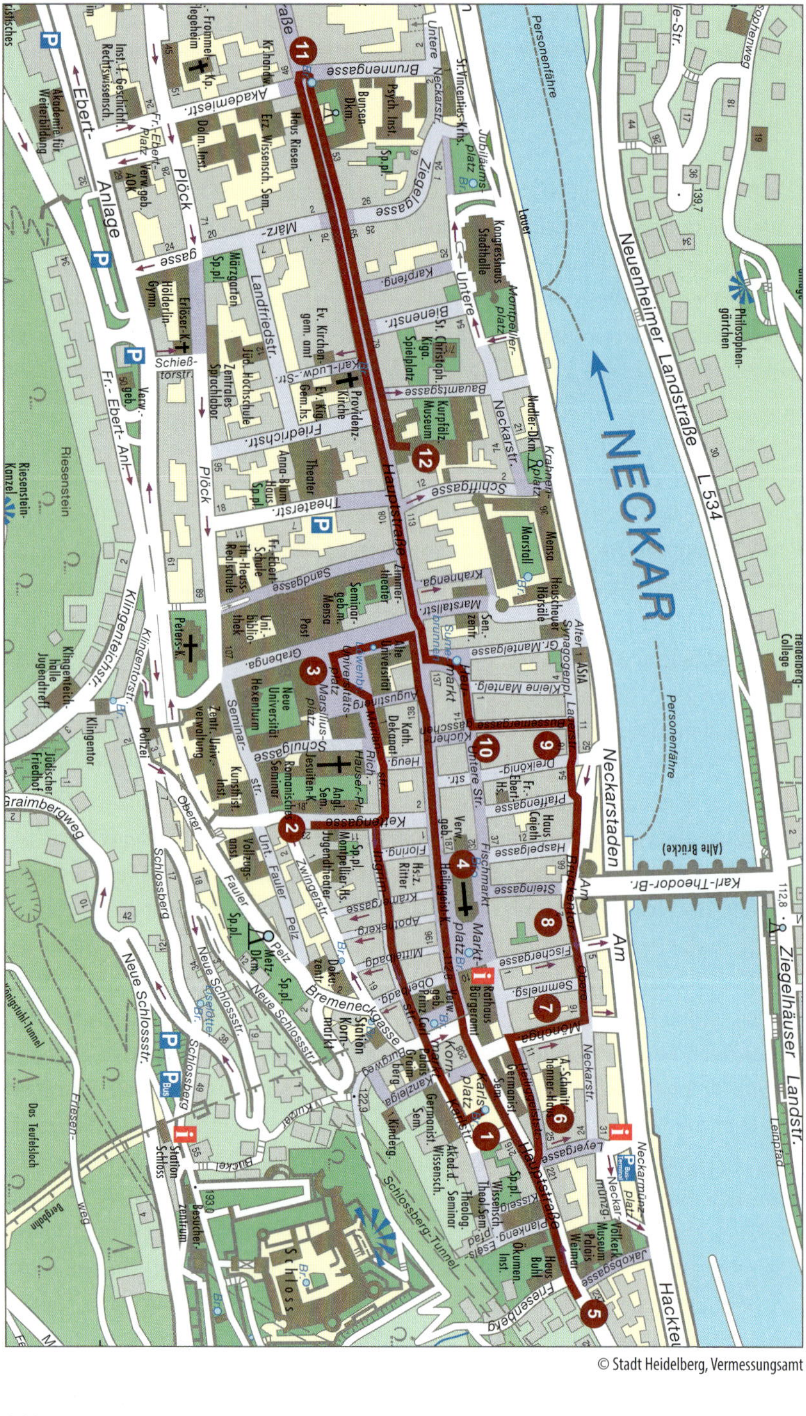

© Stadt Heidelberg, Vermessungsamt

Stationen *(Rundgang: circa 2 Stunden)*

1. Franziskanerkloster (Karlsplatz)
2. Deutschordenshaus (Kettengasse 21–23)
3. Augustinerkloster (Universitätsplatz)
4. Heiliggeistkirche (Marktplatz)
5. Studienkolleg der Zisterzienser (Hauptstraße 238–248)
6. Hof des Klosters Schönau (Heiliggeiststraße 17)
7. Hof des Klosters Maulbronn (Mönchgasse 4)
8. Hof des Klosters Lorsch (Obere Neckarstraße 2)
9. Hof des Klosters Neuburg (Lauerstraße 16)
10. Hof des Klosters Sinsheim (Untere Straße 11–13)
11. Dominikanerkloster (Hauptstraße 47–51)
12. Kurpfälzisches Museum (Hauptstraße 97)

Öffnungszeiten

Heiliggeistkirche: Montag bis Samstag von 11 bis 17 Uhr, Sonntag und an Feiertagen von 12.30 bis 17 Uhr. Die Besteigung der Emporen und des Turms ist kostenpflichtig.

Kurpfälzisches Museum: Dienstag bis Sonntag 10 bis 18 Uhr. Geschlossen am 24., 25. und 31. Dezember, 1. Januar, Fastnachtsdienstag und 1. Mai.

fürstlichen Familie. Damit ging die Sorge der Kanoniker um die Memoria für das Herrscherhaus einher, was sich vor allem im Lesen von Messen für die Verstorbenen ausdrückte.

Auch die Orden der Benediktiner oder Zisterzienser finden wir in Heidelberg. Ihre auf dem Land befindlichen Konvente waren hier durch Stadthöfe vertreten. Es handelt sich dabei vor allem um Niederlassungen wirtschaftlicher Natur. Von dieser Stelle aus konnten die im Kloster produzierten Waren in den städtischen Handel eingebracht werden. Besaß ein Kloster darüber hinaus auch Güter in der Stadt, wurden diese normalerweise vom Klosterhof aus verwaltet. Schließlich dienten die Höfe für die Klosterangehörigen aber auch als Herbergen und Zufluchtsorte im Kriegsfall. Die Vorstehenden eines Klosters, die Priore oder Äbte, nutzten sie auch als Wohnort, wenn sie Geschäfte in der Stadt oder am Hof zu erledigen hatten.

Das Franziskanerkloster auf dem Merian-Stich

Unser Rundgang beginnt auf dem **Karlsplatz** ❶. Hier stand das älteste Kloster in Heidelberg: das **Franziskanerkloster**, allerdings nicht von Anfang an. In der Mitte des 13. Jahrhunderts, also nicht sehr lange nach der Stadtgründung, hatten die Franziskaner ein Kloster außerhalb der Stadtmauern errichtet. Womöglich lag es auf dem heutigen Akademieplatz, auf dem später das Dominikanerkloster errichtet werden sollte. Der noch junge Konvent der Franziskaner wurde aber bald nach 1300 in Kriegswirren zerstört, so dass man ihn hier innerhalb der Stadtmauern wieder neu baute. Dabei befand sich auf der dem Schloss zugewandten Seite des Platzes der Klausurbereich, das heißt in erster Linie die Wohn- und Arbeitsräume der Mönche. Die Kirche stand auf der dem Schloss abgewandten Seite an der Hauptstraße.

Die Familie der Wittelsbacher scheint sich bei der Neugründung bereits eingebracht zu haben. Deutlicher wird ihr Einfluss in den 1370er Jahren: Elisabeth von Namur ließ mit Unterstützung ihres Gatten Kurfürst Ruprecht I. das Areal vergrößern, ebenso die Gebäude und die Kirche. Im Chor der neuen Kirche fand sie ihre letzte Ruhestätte. Dies blieb allerdings nicht die einzige pfalzgräfliche Bestattung in der Franziskanerkirche. Friedrich der Siegreiche, der Triumphator in der Schlacht von Seckenheim 1462, hatte sich bereits zu Lebzeiten eine eigene Grabkapelle samt prächtigem Grabmal errichten lassen. Zusammen mit seiner Gemahlin, der Bürgerlichen Klara Tott, wurde er dort beigesetzt. Auch viele Adelige des Heidelberger Hofs wählten in der Franziskanerkirche ihre Grablege. Das änderte sich durch die Reformation: Das Kloster wurde aufgehoben und in seinen Gebäuden ab 1565 das Pädagogium, eine Lateinschule, untergebracht. Erst 1693, nach dem Konfessionswechsel des Kurfürsten vom reformierten zum katholischen Glauben konnten die Franziskaner zurückkehren. 1802 wurde das Kloster schließlich erneut säkularisiert und daraufhin abgebrochen, da die Heidelberger Bürger sich hier einen Platz wünschten.

Auf der südlichen, das heißt der dem Schloss zugewandten Seite des Platzes gehen wir nach rechts stadteinwärts in die Karlstraße, geradeaus

Grundmauern des Augustinerklosters unter dem Universitätsplatz bei den Ausgrabungen 1912

über den Kornmarkt in die Ingrimstraße und folgen ihr, bis die Kettengasse kreuzt. Hier schwenken wir nach links und laufen bis zur **Kettengasse 21–23** ❷ Ecke Zwingerstraße, wo wir kurz verweilen. Hier stand einst das **Deutschordenshaus**, über das wir weit weniger wissen als über das Franziskanerkloster. Sicher ist, dass der Orden bereits im 13. Jahrhundert eine Niederlassung in Heidelberg besaß. Obwohl es sich hier um ein stattliches Anwesen handelte, war das Heidelberger Haus keine eigenständige Kommende, das heißt Verwaltungseinheit. Vielmehr gehörte es zur Weinheimer, später zur Frankfurter Kommende. Im 18. Jahrhundert durch einen Neubau ersetzt, wurde das Haus 1809 versteigert.

Wir gehen nun wieder zur Kreuzung zurück, an der wir die Ingrimstraße verlassen haben, und wenden uns nach links in die Merianstraße. Ihr folgend erreichen wir den **Universitätsplatz** ❸. Wie auf dem Karls-

Deutscher Orden

Der Deutsche Orden wurde Ende des 12. Jahrhunderts im Zeitalter der Kreuzzüge in Palästina gegründet. Er verband, wie die anderen Ritterorden der Templer oder Johanniter, die weltlich-ritterlichen mit den mönchischen Idealen. Anfänglich standen militärische Aufgaben und die Krankenpflege im Vordergrund. Mit dem Untergang der Kreuzfahrerreiche Ende des 13. Jahrhunderts gingen auch die Besitzungen in Palästina verloren. Doch bereits zuvor hatte der Orden ein eigenes Territorium an der Ostsee errichten können. Darüber hinaus war der Deutsche Orden in ganz Europa begütert, vor allem im Heiligen Römischen Reich.

Das Augustinerkloster auf dem Merian-Stich

platz stand einst auch auf dem Universitätsplatz ein Kloster, nämlich das der **Augustiner**. Wir stellen uns auf die westliche Seite des Platzes, wo die **Grabengasse** verläuft. Blicken wir nun Richtung Universitätsplatz, dann sehen wir deutlich, wie sich das Bodenniveau hebt. Das liegt daran, dass unter dem Pflaster noch die Grundmauern des Klosters erhalten sind. Deutlich kann man dies auf dem Foto sehen, das während der Ausgrabungen von 1912 entstand. Nachdem das Kloster 1693 dem großen Brand zum Opfer gefallen war, wurden die übrig gebliebenen Ruinen teils eingeebnet, teils aufgefüllt und darüber wurde das Pflaster gelegt. Anhand des erhobenen Bodenniveaus kann man daher die Größe des Gebäudekomplexes noch recht gut erahnen. Am Ausgang der Augustinergasse im Norden des Universitätsplatzes stand die Klosterkirche mit einem im Vergleich zum Chor recht kurzen Langhaus. Nach Süden in Richtung der Neuen Universität schloss sich der vierflügelige Konventbau mit Kreuzgang an.

1279 wird das Augustinerkloster erstmals erwähnt, es dürfte allerdings einige Jahre zuvor gegründet worden sein. Bereits in der Anfangsphase unterstützte Pfalzgraf Ludwig II. den Konvent nach Kräften. Nach seinem Tod, der in jener Kammer des Heidelberger Schlosses eingetreten sein soll, in der er auch geboren wurde, wollte er im oberbayerischen Kloster Fürstenfeld beigesetzt werden. Um eine Überführung zu ermöglichen, wurden – wie in solchen Fällen üblich – die fleischlichen Überreste von den Knochen abgekocht und im Chor der Augustinerkirche beigesetzt. Die Reste des wohl dafür geschaffenen Grabmals sind im Lapidarium des Kurpfälzischen Museums zu betrachten. Ebenso finden sich dort noch weitere Grabmäler aus dem Augustinerkloster wie auch verschiedene Architekturfragmente (zur Geschichte des Klosters siehe Rundgang 9, S. 197).

Vom Universitätsplatz gehen wir nach Norden auf die Hauptstraße. Nach rechts abbiegend folgen wir ihrem Verlauf bis zum **Marktplatz** ❹. Hier verweilen wir vor dem Eingang der **Heiliggeistkirche**. Diese entstand wahrscheinlich im Zuge der Stadtgründung um 1200, freilich in wesentlich kleineren Dimensionen, als sie heute zu sehen ist. Denn die eigentliche Pfarrkirche war die an der Plöck

Der Universitätsplatz heute

gelegene Peterskirche. Erst unter Ruprecht I., während dessen Regierungszeit Heidelberg im 14. Jahrhundert zur Hauptstadt der Kurpfalz aufstieg, erlangte die zentraler in der Stadt gelegene Heiliggeistkirche eine größere Bedeutung. Als er 1385/86 die Universität gründete, wurde sie zur Kirche der neuen Hochschule. Zukünftig fanden hier deren Feiern statt und auch Verordnungen für Studenten sowie die Bürgerschaft schlug man an den Kirchentüren an.

Kurfürst Ruprecht III. schließlich sollte die Kirche nachhaltig verändern. Gleich nach seinem Herrschaftsantritt 1398 hatte er vom Papst das Privileg erlangt, dass die Heiliggeistkirche aus der Zugehörigkeit zur Peterskirche gelöst und zur Stiftskirche erhoben werden sollte. Offenbar stand diese Statuserhöhung der Kirche im Zusammenhang mit der gewünschten Statuserhöhung ihres Bauherrn: Ruprecht III. strebte nach dem Königsthron. Vor seiner Königserhebung im Jahr 1400 brachte er als Argument für seine Person ins Spiel, dass er in Heidelberg eine königliche Kapelle errichten wolle. Demnach hatte er bereits 1398 den Chor der alten Kirche niederlegen lassen und mit dem Bau eines neuen begonnen.

Seine neue Kirche erwählte König Ruprecht auch zu seiner letzten Ruhestätte. Damit sollte er eine Tradition begründen, denn bis 1686 wurden fast alle Mitglieder der kurfürstlichen

Der Chor der Heiliggeistkirche aus dem frühen 15. Jahrhundert

Familie in der Heiliggeistkirche beigesetzt. Erst die französischen Truppen des Sonnenkönigs Ludwig XIV. beendeten diese dynastische Grablegetradition. Als sie im Jahr 1693 die Kirche plünderten, interessierten sich die Soldaten vor allem für die Zinnsärge – wegen deren hohen Materialwerts. Sie räumten die Gräber aus und zerstörten dabei die vielen Grabmäler, die bis zu diesem Zeitpunkt den ganzen Chor der Kirche ausgefüllt hatten. Einzig die Grabplatte vom Grabmal König Ruprechts und seiner Gattin Elisabeth von Zollern blieb erhalten.

Um zu ihr zu gelangen, treten wir in die Kirche ein, durchqueren das Langhaus, welches von den beiden Nachfolgern Ruprechts errichtet und 1441 vollendet wurde, und wenden uns nach links in das **nördliche Seitenschiff**. Vor uns liegt nun die **Grabplatte für König Ruprecht und seine Gemahlin Elisabeth**. Beide sind als gekrönte Häupter zu erkennen. Ruprecht führt zudem noch die königlichen Insignien: neben der Krone das Zepter und den Reichsapfel. Das Grabmal, ein Meisterwerk des so genannten Schönen Stils, wurde wohl direkt nach dem Tod des Königs am 18. Mai 1410 und noch vor dem Tod Elisabeths am 14. Juli 1411 angefertigt. Die Platte lag ursprünglich auf einer Tumba – einem kastenartigen Unterbau in Form eines Sarkophags –, die in der Mitte des Chors stand. Wieviel man im späten Mittelalter als gewöhnlicher

Grabplatte König Ruprechts und seiner Frau Elisabeth in der Heiliggeistkirche

Laie davon sehen konnte, ist ungewiss. Denn zu dieser Zeit trennte ein Lettner den Chor vom Langhaus. Der Lettner war eine steinerne Architektur, die mehr oder weniger blickdurchlässig war. Sie teilte den Bereich der Stiftskleriker von dem der Laien, also dem Langhaus, ab. Damit hatten die Stiftskanoniker in der Kirche den wichtigsten Teil um den Hochaltar für sich. Vor diesem lag das Grabmal König Ruprechts, rechts und links von diesem, noch vor den Säulen, stand wahrscheinlich das Chorgestühl. Hier verrichteten die Kanoniker ihre Gebete. Über die Sakristei hatten die Stiftsherren aller Wahrscheinlichkeit nach Zugang zum Kapitelsaal, in dem sie ihre Versammlungen abhalten konnten. Erst als im Zuge der Reformation das Heiliggeiststift aufgehoben wurde, verschwanden nicht nur die Stiftskanoniker, sondern auch der Lettner. Der Chor diente jetzt alleine als Mausoleum für die kurfürstliche Familie.

Wir verlassen die Heiliggeistkirche und begeben uns wieder auf die Hauptstraße, gehen nach links und folgen ihrem Verlauf, bis rechts der Friesenberg abzweigt. Wir stellen uns vor die Häuser **Hauptstraße 238–248** ❺, einst ein Komplex, der sich bis in den Friesenberg 1 und 1a erstreckte. Die Universität Heidelberg war gerade erst gegründet worden, da ging Ruprecht I. 1387 daran, an dieser Stelle ein **Studienkolleg für die Zisterzienser** zu errichten. In einem solchen Kolleg konnten die an der Universität eingeschriebenen Mönche wohnen

Tagesordnung der Zisterzienser

Von anderen Studienkollegien der Zisterzienser kennen wir die Tagesordnung, die so in etwa auch für das Heidelberger Kolleg gegolten haben dürfte:

3 Uhr in der Früh: Aufstehen, darauf Gottesdienst in der Kirche

5 Uhr: Studium in den Zellen

7 Uhr: Vorlesungen

9 Uhr: Gottesdienst

10 Uhr 30: Hauptmahlzeit, darauf Erholung, Konferenz, geistliche Lesung und Studium

14 Uhr 30: Vorlesungen

16 Uhr 30: Gottesdienst

17 Uhr: Abendessen und Erholung

18 Uhr 30: Gottesdienst und Gewissensprüfung

20 Uhr: Nachtruhe auf dem Strohsack

sowie ihr Studium mit ihren religiösen Übungen verbinden. Vielleicht wollte der Kurfürst auf diese Weise mehr Studenten an seine bisher noch recht kleine Hochschule ziehen. Denn alle Zisterzienserklöster der Kurpfalz sollten mindestens einen Scholaren an das Kollegium schicken. Aber auch Klöster aus Schwaben, Franken, Bayern, Schweiz, dem Elsass und dem Rheinland sandten ihre Mitglieder. Die Aufsicht unterstand dem Abt des nur wenige Kilometer von Heidelberg entfernt gelegenen Klosters Schönau, dessen Stadthof sich – wie wir noch sehen werden – nicht weit von hier befand. Die zweite Hälfte des 15. Jahrhunderts sah das Studienkolleg vor allem wegen Streitigkeiten innerhalb der Universität und eines großen Mitgliederschwunds im Niedergang begriffen. Während der Reformation wurde es schließlich geschlossen. Über die Gebäude wissen wir nur wenig. Offenbar wurden sie dem Verfall überlassen und schließlich abgerissen. Die zuvor entstandene Stadtansicht von Merian zeigt am Ostende der Stadt die wahrscheinlich noch aus dem Mittelalter stammende dazugehörige Kapelle. 1685 wurde an dieser Stelle die St. Jakobs-Kirche erbaut, die 1693 niederbrannte. Ab 1701 errichteten die Karmeliten hier ihr Kloster, das jedoch 1801 nach seiner Säkularisation ebenfalls abgebrochen wurde.

Wir gehen nun auf der Hauptstraße wieder zurück in Richtung Stadtzentrum. Bei der ersten Möglichkeit biegen wir schräg rechts in die **Heiliggeiststraße** ein. Vor der **Hausnummer 17**, dem **Schmitthennerhaus** ❻, verweilen wir. Heute beheimatet das zwischen 1790 und 1797 von Nicolas de Pigage errichtete Gebäude das Altstadt-Gemeindehaus. Zuvor befand sich an dieser Stelle die Pflege Schönau. Sie verwaltete die Besitzungen der Stifte und Klöster, die in der Kurpfalz während der Reformationszeit allesamt aufgehoben worden waren. Dass die Pflege gerade an diesem Ort untergebracht war, ist kein Zufall. Sie zog in die Räumlichkeiten des **Schönauer Klosterhofs** ein, des größten städtischen Hofs eines Klosters in Heidelberg, der sich zwischen Heiliggeiststraße, Mönchgasse und Oberer Neckarstraße erstreckte. Auch dessen Standort wiederum war nicht zufällig gewählt. Im nördlichen Teil der Altstadt, wo wir uns jetzt befinden, waren die Klosterhöfe zentriert. Ihre Lage in direkter Nähe zueinander erklärt sich unter anderem aus der Klausur, in der die Bewohner desselben lebten. Die Klausur war ein klar umgrenzter Teil eines Ordensgebäudes, den ein Laie nur mit einer speziellen Erlaubnis betreten und ein Mönch nur mit der Zustimmung seines Oberen verlassen durfte. Es handelt sich dabei in gewisser Weise um den inneren, nur den Geistlichen vorbehaltenen Lebensbereich. In diesem sollte eine gewisse Ruhe herrschen. Die konnte

Der Mönchshof mit der zugehörigen Mühle auf dem Stich von Sebastian Münster von 1550

man in einer Stadt vor allem erreichen, indem die Klosterhöfe in direkter Nachbarschaft zueinander angesiedelt wurden. Darüber hinaus sollten sie verkehrsgünstig liegen, erfüllten sie doch in erster Linie wirtschaftliche Bedürfnisse. Daher verfügten die Klosterhöfe über Lagerräume, repräsentative Wohnbauten und eine Kapelle komplettierten das Ensemble.

Doch kommen wir zum Schönauer Klosterhof zurück. Schon früh hatte die Zisterzienserabtei Schönau Besitz in Heidelberg erworben. Gerade die Pfalzgrafen hatten das Kloster reich ausgestattet. Mehrere Pfalzgrafen und Pfalzgräfinnen hatten sich außerdem in Schönau beisetzen lassen. Im Gegenzug betete der Konvent für die fürstliche Familie, die gerne die hohen kirchlichen Feiertage im Kloster beging. In diesem engen Verbund, auch unterstützt durch bürgerliche Stiftungen, wuchs der Schönauer Klosterhof – oder Mönchhof, wie er genannt wurde – zu ansehnlicher Größe. Dazu gehörte auch die am Neckar gelegene Mönchsmühle (auf dem Gelände der

Klostervogtei

Gemäß christlicher Vorstellung sollten sich kirchliche Institutionen nicht mit weltlichen Dingen beschäftigen, vor allem nicht mit militärischen Aspekten oder weltlicher Rechtsprechung.
Aber da beispielsweise auch Klöster Herrschaft ausüben konnten, mussten sie von einem Laien in den weltlichen Angelegenheiten vertreten werden. Dieses Amt führte der Vogt (lateinisch ›advocatus‹) für das Kloster aus. Für die Adligen stellte die Vogtei eine Möglichkeit dar, das Kloster allmählich in den eigenen Herrschaftsbereich einzugliedern.

Die Statue von Robert Wilhelm Bunsen an der Hauptstraße – hier erstreckten sich einst die Gebäude des Dominikanerklosters

heutigen Oberen Neckarstraße 19–25) und eine Kapelle. Beide Gebäude sind auf der Stadtansicht von Sebastian Münster gut zu erkennen. War der Schönauer Abt in Heidelberg, dann residierte er hier. Auch wichtige Dokumente der Abtei wurden im Klosterhof unter dem Schutz der Stadtmauern aufbewahrt.

Wir gehen nun weiter auf der Heiliggeiststraße und biegen bei der ersten Möglichkeit rechts in die Mönchgasse ab, um an der nächsten Kreuzung anzuhalten. An der Ecke **Mönchgasse 4**/Obere Neckarstraße 14 und 16 befand sich zur Linken im Mittelalter der **Hof des Klosters Maulbronn** 7. 1372 wurde den Pfalzgrafen von Kaiser Karl IV. die Vogtei über dieses Zisterzienserkloster verliehen. Damit waren sie gewissermaßen die weltlichen Herren von Maulbronn geworden. Und das sollte sich lohnen. Besonders im 15. Jahrhundert war der Konvent sehr wohlhabend, so dass die Zahl der Mitglieder zeitweise 100 Mönche überstieg. Im Kriegsfall musste das Kloster beispielsweise der

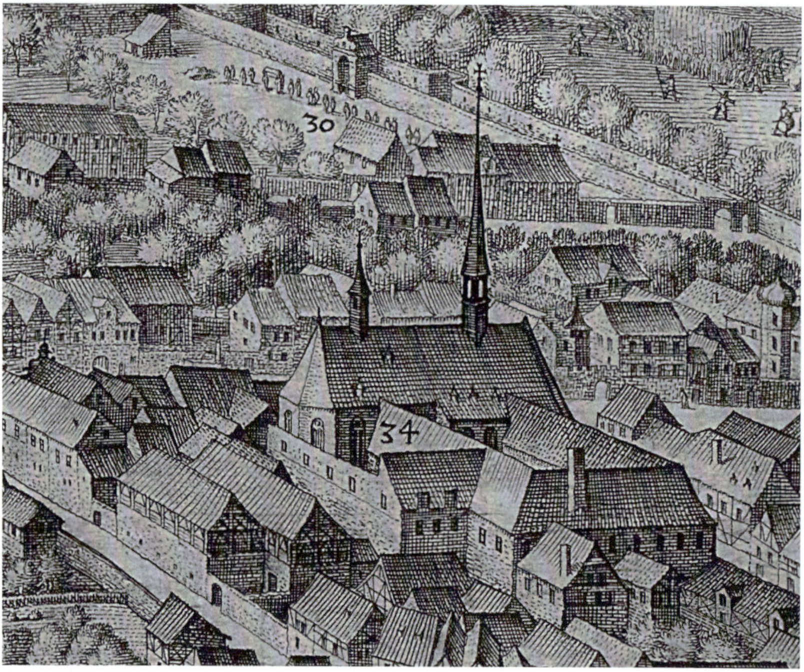

Das Dominikanerkloster auf dem Merian-Stich von 1620

Kurpfalz sieben Wagen mit Bewaffneten stellen, während die anderen Klöster in der Regel nur ein bis zwei Wagen zu stellen hatten. 1504 fiel die Klostervogtei an die Herzöge von Württemberg. Nach der Säkularisation des Klosters nutzten sie fortan dessen Heidelberger Hof als Quartier für ihre Aufenthalte in der kurpfälzischen Hauptstadt.

Wir folgen nun der Oberen Neckarstraße bis zur **Hausnummer 2**, dem Ort, der wahrscheinlich den **Hof des Klosters Lorsch** 8 beherbergte. Hier, an der Auffahrt zur Neckarbrücke, ist die verkehrsgünstige Lage des Klosterhofs offensichtlich (mehr zu Kloster Lorsch findet sich in Rundgang 1, siehe S. 22–24). Wir folgen nun dem Straßenverlauf, lassen die Alte Brücke zur Rechten liegen und gehen auf den Neckarstaden in die Lauerstraße, bis zur Linken die Bussemergasse einmündet. Hier befand sich in der **Lauerstraße 16** / Ecke Bussemergasse 1 der **Neuburger Klosterhof** 9. Kloster Neuburg selbst war eine Tochtergründung des Klosters Lorsch. Es befindet sich jenseits der östlich von Heidelberg liegenden Neckarschleife (mehr dazu findet sich im Rundgang 2, siehe S. 42). Die räumliche Nähe zum machtpolitischen Zentrum der Kurpfalz musste den Konvent unter den

Einfluss des Pfalzgrafen bringen. Daraus ergaben sich enge Verbindungen: Beispielsweise trat Katharina, die jüngste Tochter Kurfürst Philipps, im Jahr 1515 in das Benediktinerinnenkloster ein. Bald darauf stieg sie sogar zur Äbtissin auf.

Wir folgen nun der Bussemergasse. Hier befand sich der Liebenauer Klosterhof, dessen genaue Lage jedoch nicht bekannt ist. Am Ende der Gasse stoßen wir auf die Untere Straße. Auf den Grundstücken der Häuser **Untere Straße 11–13** lag der **Hof des Klosters Sinsheim** ⑩. Wir gehen nun die Untere Straße in Richtung Westen entlang, über den Heumarkt auf die Hauptstraße, wo wir nach rechts Richtung Westen abbiegen und bis zum Akademieplatz gehen, auf dem das Denkmal für Robert Wilhelm Bunsen steht. Damit wären wir am letzten Kloster unseres Rundgangs angekommen, dem **Dominikanerkloster**, dessen Komplex sich nicht nur entlang der **Hauptstraße 47–51** ⑪, sondern bis zur Brunnengasse, der Unteren Neckarstraße und der Ziegelgasse erstreckte. Seine Kirche lag neben der Hauptstraße, auf dem hinteren Teil des Platzes, wie man auf Merians Stadtansicht unschwer erkennen kann. Die Positionierung direkt an der Straße sollte die Bevölkerung zum Gang in die Kirche bewegen. Die Klausurgebäude des Klosters befanden sich auf dem Gelände des jetzigen Psychologischen Instituts. Geht man durch das vom Platz aus zu sehende Gebäude des Instituts hindurch oder

Der Brunnen des Dominikanerklosters im Hinterhof des Psychologischen Instituts

Ein Blick ins Lapidarium des Kurpfälzischen Museums

Kurpfälzisches Museum

Die Bestände des Kurpfälzischen Museums gehen in ihren Ursprüngen auf die Sammlertätigkeit des Charles de Graimberg zurück. Der französische Emigrant begeisterte sich für die Geschichte des Heidelberger Schlosses und der Pfalzgrafen. Ab 1810 begann er in einem breiten Querschnitt kulturelle Artefakte zur kurpfälzischen Geschichte zu sammeln. 1879 erwarb die Stadt Heidelberg diese Sammlung. Erweitert durch eine Stiftung niederländischer Gemälde des Industriellen Ernst Posselt und die archäologischen Funde von Karl Pfaff, eröffnete sie 1908 die »Städtische Kunst- und Alterthümersammlung« im barocken Palais Morass in der Hauptstraße. 1927 wurde die Sammlung in Kurpfälzisches Museum der Stadt Heidelberg umbenannt. Im Laufe des 20. Jahrhunderts wuchs das Museum in seinem Bestand und in seinen Räumlichkeiten, so dass es heute ein breites Angebot an Themen von der Archäologie (Homo Heidelbergensis, Römersiedlung, Mithras-Heiligtum), über Gemälde (Werke von Carl Spitzweg, Carl Rottmann, Max Beckmann), Grafiken (Arbeiten von Matthäus Merian, Karl Philipp Fohr, Marc Chagall), Kunsthandwerk (Frankenthaler Porzellan, Tafelsilber der Kurfürstin Elisabeth Augusta) bis zu Skulpturen (Zwölfbotenaltar von Tilman Riemenschneider, Rückblickende von Wilhelm Lehmbruck) abdeckt.

Zentral für die stadtarchäologischen Funde sind die Kellergewölbe des Palais Morass. Dort befindet sich das Lapidarium, die Steinsammlung, mit mittelalterlichen Grabsteinen, Epitaphien und Architekturteilen aus dem ehemaligen Augustinerkloster sowie von einigen Bürgerhäusern, die im Orléansschen Krieg zerstört wurden, und der ehemaligen Bergstadt am Schlossberg. Ein zweiter Raum ist der Alten Brücke, ihrem steinernen Figurenschmuck und ihren hölzernen Vorgängerbauten gewidmet, die seit 1286 nachweisbar sind (siehe Rundgang 4). Ein dritter Raum zeigt nicht nur ein Stadtmodell und den maßstabsgetreuen Nachbau einer Latrine, sondern auch die spektakulären Funde der Grabungen auf dem Heidelberger Kornmarkt (siehe Rundgang 10).

um dieses herum, so sieht man dahinter den ehemaligen **Brunnen des Klosters**. In den Umfassungsmauern, die den ganzen Häuserblock umschließen, könnten außerdem noch Reste der ursprünglichen Klostermauern erhalten sein.

Das Dominikanerkloster war die letzte mittelalterliche Klostergründung in Heidelberg. Bereits Pfalzgräfin Mechthild von Savoyen-Achaia wollte im frühen 15. Jahrhundert an dieser Stelle ein Kloster stiften. Ihr ältester Sohn Ludwig IV. versuchte aber vergebens, diesen Wunsch umzusetzen. Erst seinem jüngeren Bruder Friedrich dem Siegreichen gelang in den 1470er Jahren die Umsetzung des Familienprojekts. Auch in den nächsten Generationen blieb die pfalzgräfliche Familie dem Konvent gewogen. So stiftete Pfalzgräfin Margarete von Bayern-Landshut Ende des 15. Jahrhunderts eine Kapelle samt Messen.

Während der Reformationszeit wurde das Kloster aufgehoben. Der Besitz fiel an das städtische Spital, das in die Konventsgebäude einzog. Im 18. Jahrhundert blühte noch einmal dominikanisches Klosterleben in den Mauern, ehe Kurfürst Maximilian Josef das Kloster 1801 aufhob. Wenige Jahre später zog hier die Universität mit medizinischen und naturwissenschaftlichen Instituten ein. Unter anderen wirkte an selbem Ort der Chemiker Robert Wilhelm Bunsen. 1855 wurde der Komplex für neue Universitätsgebäude abgerissen.

Auf der **Hauptstraße** gehen wir nun wieder in östlicher Richtung zurück, bis wir bei der **Hausnummer 97** beim **Kurpfälzischen Museum** ⓬ angelangt sind. Im Keller des 1712 errichteten Palais Morass ist das Lapidarium untergebracht, also die Sammlung von Werken aus Stein. Darunter befinden sich verschiedene Stücke aus den Heidelberger Klöstern wie beispielsweise die Schlusssteine aus den Gewölben des Augustinerklosters oder die zahlreichen Grabsteine von Bürgern und Adeligen. Unter ihnen sticht, als ein für die Zeit um 1300 beachtliches Werk, der Torso des bereits erwähnten Grabmals (siehe S. 148) heraus, das wohl für Pfalzgraf Ludwig II. errichtet wurde und ursprünglich im Chor des Heidelberger Augustinerklosters stand.

Zum Autor

Dr. Thorsten Huthwelker wurde mit einer Arbeit über »Tod und Grablege der Pfalzgrafen bei Rhein im Spätmittelalter (1327–1508)« an der Ruprecht-Karls-Universität Heidelberg promoviert. Neben regional- und landesgeschichtlichen Themen beschäftigt er sich vor allem mit Wappen und Wappenbüchern. Derzeit arbeitet er am Generallandesarchiv in Karlsruhe.

8. Herrschaft, Hof und Adel in der Stadt

Maximilian Wemhöner

Heidelberg verdankt seine Existenz den beiden Burgen über der Stadt. Im Gefolge der Pfalzgrafen bei Rhein kamen dabei nicht nur Handwerker oder Kaufleute: Im Bereich des ersten Burgfleckens bei der Peterskirche siedelten auch die Ministerialen, ursprünglich unfreie Verwaltungsmänner der Pfalzgrafen, die durch ihren treuen Dienst und ihren wachsenden politischen Einfluss im Verlauf des 12. und 13. Jahrhunderts in den Adelsrang aufstiegen. Ihre »Festen Häuser« (siehe Kasten auf S. 164) waren damit Vorboten höfischen Lebens einer mittelalterlichen Residenzstadt Heidelberg, die mit der Gründung der Planstadt im 13. Jahrhundert unter den ersten wittelsbachischen Pfalzgrafen ihren eigentlichen Anfang nahm.

Da die Burgen zunehmend für die pfalzgräfliche Repräsentation benötigt wurden, der Herrschaftsapparat aber gleichzeitig stetig wuchs, waren offenbar schon im 13. Jahrhundert Bereiche des neuen Stadtgebiets für die herrschaftliche Verwaltung reserviert worden. Im Lauf der Jahrhunderte kamen stetig neue Areale hinzu, auch in der ab 1392 angelegten Neustadt – um 1600 mussten schließlich über 1000 am Hof und in der Verwaltung tätige Personen adäquat untergebracht werden.

War Heidelberg ursprünglich nur einer von mehreren wichtigen Orten der Pfalzgrafschaft, so wurde die Stadt spätestens unter der Herrschaft Ludwigs II. in der zweiten Hälfte des 13. Jahrhunderts zum eigentlichen Zentralort, dessen Burg (genauer: den Palas dieser Burg) Ludwig als »nostrum palacium« bezeichnete. Bald errichteten daher auch Adelsfamilien aus der weiteren und näheren Umgebung Niederlassungen in der neuen Stadt. Über hohe Regierungs- und Ehrenämter am Hof und die Nähe zum Pfalzgrafen erhofften sich diese alteingesessenen Adelsfamilien einen Zugewinn an Land und Einfluss sowie die Sicherung ihrer Privilegien. Gleichzeitig bot der pfalzgräfliche Hof eine Bühne, um sich mit anderen Dynastien zu vernetzen und den eigenen Rang in einen überregionalen Kontext hineinzutragen. Dies schlug sich im Stadtbild zunehmend durch repräsentative Wohnsitze nieder (siehe Kasten auf S. 164). Bis um 1600 wuchs ihre Zahl auf rund 40 Adelshöfe an.

Dieser Themenrundgang erschließt also zum einen, welche herrschaftlichen Gebäude die Residenzstadt Heidelberg beherbergte, zum anderen, wie und wo die vielen hochrangigen Mitglieder des pfalzgräflichen Hofes in der Stadt lebten.

Links: Wappenfries der Turniergesellschaft mit dem Esel in der Heiliggeistkirche

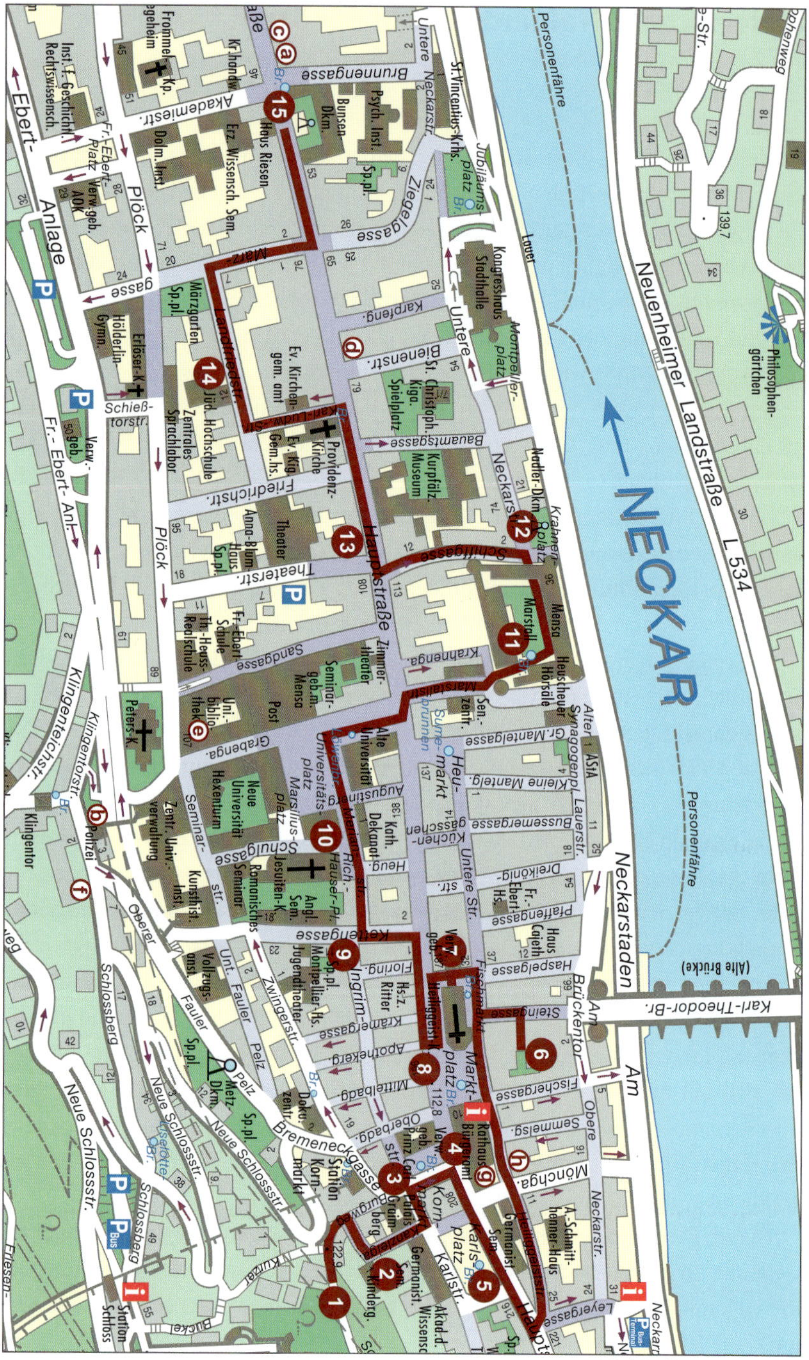

© Stadt Heidelberg, Vermessungsamt

Stationen *(Rundgang: circa 1,5 bis 2 Stunden)*

1. Münze (Burgweg 12)
2. Kanzlei (Kanzleigasse 1)
3. Vennigerhof (Kornmarkt 5)
4. Ottheinrichshof (Hauptstraße 191–201; sogenannte ›Rathauserweiterung‹)
5. Höfe Sickingen und Leiningen (Karlsplatz)
6. Obere und Untere Schoneck (Steingasse 9, Innenhof)
7. Heiliggeistkirche
8. Viztumshaus/Hofapotheke (Hauptstraße 190)
9. Pfalzgräflicher Stadthof sowie Speyerer Bischofshof (Kettengasse 10)
10. Stadthof sowie Höfe Hirschhorn und Gemmingen (Platz vor der Jesuitenkirche)
11. Zeughaus und Marstall (Marstallhof)
12. Krahnenplatz
13. Wormser Bischofshof (Gebäude Harmonie/Lux, Hauptstraße 110–114)
14. Herrengarten (Hochschule für jüdische Studien, Landfriedstraße 12)
15. Haus zum Riesen (Hauptstraße 52)

Weitere zentrale Adelshöfe und Herrschaftsbauten:

ⓐ Wirtschaftshof der Hofkammer, sogenannter Hundshof (Hauptstraße 13)
ⓑ Hofkellerei (Schlossberg 1–3a)
ⓒ Handschuhsheimer Wirtschaftshof (Hauptstraße 45)
ⓓ Schönberger Adelshof (Areal an der Hauptstraße zwischen Karpfen- und Bauamtsgasse)
ⓔ Seckendorfer Hof (Universitätsbibliothek, Plöck 107–109)
ⓕ Hof der Grafen von Leiningen, sogenannter Affenstein (Schlossberg 4–8)
ⓖ Handschuhsheimer Hof (Mönchgasse 8–12)
ⓗ Hof der Landschad von Steinach (Heiliggeiststraße 7–9 und Semmelsgasse 11)

Öffnungszeiten

Heiliggeistkirche: Montag bis Samstag von 11 bis 17 Uhr, Sonntag und an Feiertagen von 12.30 bis 17 Uhr. Die Besteigung der Emporen und des Turms ist kostenpflichtig.

Der Adelshof: vom Wohnturm zum Stadtpalais

Der Adelshof war nicht nur die Stadtwohnung der jeweiligen Familie, sondern diente auch wie eine moderne Botschaft als politische Vertretung im Zentralort des Landesherrn. Darüber hinaus wurden die Anlagen als Handelsstützpunkte genutzt. Während sich die grundsätzlich zu den Höfen gehörenden Nebengebäude als einfache Wirtschaftsbauten wenig änderten, wandelte sich das Aussehen der eigentlichen Hauptgebäude vom 13. bis ins 18. Jahrhundert erheblich. Am Anfang der Entwicklung stehen die Höfe mit Wohntürmen oder »Festen Häusern«, deren Wehrhaftigkeit Schutz vor Widersachern bot und deren burgartiges Aussehen den Rang ihrer adligen Bewohner repräsentierte (siehe dazu ❻ auf S. 169). Seit dem Ende des 14. Jahrhunderts verschwanden die Wohntürme; die »Festen Häuser« wurden zu teils sehr großen und repräsentativen Stadthäusern, die sich in ihrem Aussehen oftmals durch ihre große Breite und die daraus resultierende straßenseitige Traufe von den Giebelhäusern der Bürger unterschieden. Vor allem seit dem 16. Jahrhundert wurden diese Höfe zu regelrechten Miniaturpalästen umgebaut, mit Erkern, Toren und Treppentürmen als architektonischem Schmuck und zuweilen großen, ornamentalen Gartenanlagen. Hieraus entwickelten sich schließlich die Adelspalais des späten 17. und 18. Jahrhunderts, die mit ihren achssymmetrischen Fassaden, prächtigen Treppenhäusern und manchmal sogar Ehrenhöfen die barocke Schlossbaukunst rezipierten. Zu diesem Typ zählen die Palais Sickingen und Venningen (siehe dazu ❸ und ❹ auf S. 166–168).

»Haus zum Riesen« in der Hauptstraße – einst Teil des Venninger Adelshofes aus dem 18. Jahrhundert

Die Kanzlei der Pfalzgrafen unterhalb des Schlosses im Kurpfälzischen Skizzenbuch aus dem frühen 17. Jahrhundert

Da die Entwicklung des höfischen Lebens in Heidelberg von den Burgen ausging, wollen wir unseren Rundgang auch zu Füßen des Heidelberger Schlosses beginnen, an der direkten Verbindung von Stadt und Schloss, am **Burgweg 12** hinter der Talstation der Bergbahn ❶. Es ist kein Zufall, dass genau hier kurz nach 1500 die **Neuere kurfürstliche Münze** angesiedelt wurde. Auch ihre Vorgängerin lag nur wenig weiter östlich in einem heute nicht mehr zugänglichen Bereich hinter dem Gebäude Karlstraße 10; nach 1693 verlegte man die Neue Münze in die Neckarmünzgasse. In Heidelberg wurde spätestens seit der Regierungszeit Kaiser Karls IV. eigenes Geld geprägt, da dieser in der berühmten »Goldenen Bulle« von 1356 allen Kurfürsten das Hoheitsrecht des Münzregals zugesprochen hatte. Der heutige Gebäudebestand des Grundstücks Burgweg 12 stammt aus dem 18. Jahrhundert, dürfte aber noch ältere Reste beinhalten. Die Ansichten Heidelbergs von Sebastian Münster und Matthäus Merian sowie im so genannten Kurpfälzischen Skizzenbuch zeigen die Münze als turmartiges Gebäude mit steilem Dach und Ecktürmchen, das somit wie eine eigene kleine Burg erscheint. Dieses trutzige Aussehen ist sicherlich architektonischer Ausdruck von Wehrhaftigkeit, wie er gerade einer Münzprägestätte gut anstand.

Schräg gegenüber der Münze wurde unter der Herrschaft Friedrichs des Siegreichen 1466 die **Kurfürstliche Kanzlei** ❷ angesiedelt **(Kanzleigasse 1)**. Sie wurde über eine eigene kleine Gasse erschlossen, die wir mittels eines Durchgangs zwischen den Häusern Burgweg 5 und 7 erreichen. Heute befindet sich hier der Hof einer Kindertagesstätte. Ursprünglich saßen die Schreiber und Notare, die den Schriftverkehr der Pfalzgrafen bestellten und ihre Urkunden ausstellten, wohl auf den Heidelberger Burgen. 1228 ist erstmals eine eigene Schreibstube in Heidelberg belegt; von einer Kanzlei kann man spätestens 100 Jahre später unter Pfalzgraf Ruprecht I. sprechen. Unter der Herrschaft seines Großneffen König Ruprechts I. waren die Anforderungen an die nunmehr königliche Kanzlei enorm gestiegen, jedoch ist erst 1457 ein eigenständiges Verwaltungshaus beim Augustinerkloster belegt. Nach dem Umzug in die Kanzleigasse 1466 wurde das neue Gebäude bald auch Sitz des Hofgerichts und der Rechenkammer, so dass der Bau eine Art Hauptgebäude der kurfürstlichen Regierung darstellte. Durch eine Ansicht aus dem Kurpfälzischen Skizzenbuch, das »Kanzleiblatt« (siehe Abb. auf S. 165), ist der Bau in seinem Zustand um 1580 gut überliefert: Er bestand aus drei repräsentativen Gebäudeteilen, deren gemeinsame Fassade durch vermutlich gemalten architektonischen Schmuck gegliedert wurde. Große Eingänge erschlossen den Bau, dessen Erdgeschoss, wie die Strebepfeiler des mittleren Baus andeuten, offenbar gewölbt war – vielleicht um eine gewisse Feuersicherheit für die hier verwahrten Dokumente zu gewährleisten. Es haben sich Reste einer Tür mit ornamentalem Steinrahmen (in der Mauer rechts des Hoftors) erhalten, vielleicht auch ein großer Stützbogen hinten im Hof. Einen guten Eindruck vom Aussehen des Gebäudes vermittelt der bis heute erhaltene Kanzleibau des 16. Jahrhunderts in Amberg, dem oberpfälzischen Hauptort der Pfalzgrafen.

Das Blatt aus dem Skizzenbuch zeigt vor dem Kanzleigebäude noch einen heute verschwundenen Straßenzug – die kleinen Häuser auf der Zeichnung deuten auf die Wohnungen niederer Angestellter des Hofes hin. Die heutige Karlstraße hingegen, die damals Kaltenthal hieß, war dem Skizzenbuch zufolge von großen Adels- und Bürgerhäusern mit zugehörigen Gärten geprägt.

Wir gehen nun weiter, zuerst bis zum **Kornmarkt (Hausnummer 5)** ❸, von wo aus der Künstler des »Kanzleiblattes« auf die Stadt blickte: Der Betrachterstandpunkt ist offenbar ein Obergeschoss des ehemaligen **Alten Venninger Adelshofes**, von dem wir auf dem Bild einige Wirtschaftsgebäude im Hof und eine rückwärtige Grundstücksmauer mit Tor finden, wel-

Die kurfürstliche Kanzlei in Amberg in der Oberpfalz

che an der Westseite der Kanzleigasse erhalten ist. Das dem Merian-Stich zufolge äußerst stattliche Hauptgebäude des Hofes lag an der Westseite des Baublocks, das heißt, an der Südostecke des Kornmarktes, an der wir gerade stehen. Das einflussreiche Venninger Geschlecht hatte bis zum Umzug in die Kettengasse Ende des 17. Jahrhunderts an dieser topografisch prominenten Stelle am Aufgang zum Schloss seinen Heidelberger Stadthof. Im vierflügeligen Neubau des 18. Jahrhunderts, in dem zunächst die Familie von Weiler wohnte, dürften noch Reste des spätmittelalterlichen Vorgängers vorhanden sein. Dieser Neubau wurde nochmals 1839 durch Graf Charles de Graimberg umgebaut, welcher ihn als Wohnhaus und Museum für seine umfangreiche, für die Heidelberger Stadtgeschichte wertvolle Privatsammlung nutzte (siehe dazu mehr im Kasten auf S. 158).

An der Nordostecke des Kornmarktes, ungefähr am Standort der jetzigen Rathauserweiterung, lag der **Ottheinrichshof** ❹, benannt nach dem späteren Kurfürsten Ottheinrich von der Pfalz, den er seit 1544 bewohnte. In unserem Rundgang steht der Hof stellvertretend für die zahlreichen Häuser und Höfe in der Heidelberger Altstadt, die den nicht auf dem Schloss wohnenden Mitgliedern des Hauses Wittelsbach als Wohn- und Witwensitze dienten und zumeist kurzfristig nach Bedarf erworben und wieder verkauft wurden. Der prachtliebende Ottheinrich erweiterte seinen Hof mehrmals um einige Nachbarhäuser, von denen eines offenbar der alte **Adelshof der Grafen von Hohenlohe** gewesen war. Reste der Bauten verschwanden endgültig mit dem Abriss des Hotels Adler, das der Rathauserweiterung des 20. Jahrhunderts weichen musste.

Wir gehen nun durch die Hauptstraße zum **Karlsplatz** ❺, auf dem sich bis ins frühe 19. Jahrhundert das **Franziskanerkloster** erhob (siehe Rundgang 7), in dessen Kirche im Lauf der Zeit zahlreiche Mitglieder des Hofes beigesetzt wurden. So überrascht es nicht, dass sich in seiner Umgebung zahlreiche Adlige ansiedelten. An der Südseite des Platzes stand etwa der Pellendorfsche Adelshof, der bis 1580 im Besitz dieser Adelsfamilie war. Er ist auf dem oben bereits zitierten »Kanzleiblatt« aus dem Kurpfälzischen Skizzenbuch (siehe die Abb. auf S. 165) vermutlich als das zweite Gebäude der Häuserflucht in der linken Bildhälfte dargestellt. Nach der Zerstörung im Orléansschen Krieg als barockes Palais (Karlstraße 4) vom Darmstädter Hofarchitekten Louis Remis de la Fosse 1716/17 neu erbaut, diente der Hof ab 1767/68 der kurpfälzischen Regierung und war im 19. Jahrhundert die Heidelberger Wohnstatt der badischen Großherzöge. Heute ist der repräsentative Bau Sitz der Akademie der Wissenschaften.

Die Nordseite des Karlsplatzes bestimmt der barocke Neubau des **Sickingischen Hofes**. Hier wohnten von 1810 bis 1819 die Brüder Boisserée; auch die Kunstsammlung der Geschwister war hier untergebracht. Heute beherbergt das Gebäude das Germanistische Seminar der Universität. Seinen Vorgänger hatte das alte Kraichgauer Adelsgeschlecht der Sickinger bereits um die Mitte des 15. Jahrhunderts erworben. Offenbar teilte sich die Familie in der frühen Neuzeit das Grundstück mit den Grafen von Leiningen, vielleicht nachdem diese ihren alten Wohnsitz am Schlossberg, den sog. Affenstein (ⓕ im Plan), verkauft hatten. Der Merian-Stich zeigt denn auch zwei Hauptgebäude mit Treppengiebel und Treppentürmen zur Hofseite hin. Wenn wir nordöstlich des Karlsplatzes scharf links in die Heiliggeiststraße abbiegen, finden wir nach wenigen Metern zu unserer Linken eine Gartenmauer, die mit der auf dem Merian-Stich erkennbaren Grundstücksmauer des Sickingenhofes identisch sein dürfte.

Wir folgen der Heiliggeiststraße, die einstmals noch weitere Adelshöfe beherbergte, bis zu ihrem Ende und gehen entlang der Nordseite des Marktplatzes weiter zur **Steingasse**. Hier betreten wir durch eine tagsüber meist geöffnete Tordurchfahrt den Innenhof der **Hausnummer 9** (Gasthaus Vetter) und befinden uns nun im ehemaligen Hof der sogenannten **Schoneck** ❻, bei der es sich um eine zusammenhängende Gruppe »Fester Häuser« (siehe Kasten auf S. 164) handelte. Ihre genauen Abmessungen sind unklar, wahrscheinlich umfasste sie aber zumindest die Grundstücke Steingasse 9, 9/1, 11 und Marktplatz 1–3. Die Anlage bestand offenbar aus mindestens zwei steinernen Wohntürmen und zahlreichen Nebengebäuden. Zur **Unteren Schoneck**, wohl im rückwärtigen Grundstücksteil der Steingasse 9 gelegen, wo wir uns nun befinden, mag auch der spätgotische Erker gehört haben, von dem der Fuß unter der Fachwerkkonstruktion links hinter der Tordurchfahrt erhalten ist. Auf dem Merian-Stich ist an dieser Stelle ein großes Gebäude zu sehen, dessen oberstes Fachwerkgeschoss und hohes Dach die Umgebung überragen. Die **Obere Schoneck**, an der Marktplatzecke des Areals gelegen, war im 13. Jahrhundert im Besitz des Deutschen Ordens (siehe dazu in den Kasten auf S. 147), der sie schließlich an den Pfalzgrafen verkaufte, von welchem sie wiederum an verschiedene Adelsfamilien zu Lehen gegeben wurde.

Der Grabstein des Grafen Friedrich zu Solms, der 1605 im Säuglingsalter verstarb, in der Heiliggeistkirche

Über die Steingasse gehen wir nun zum Marktplatz und betreten die **Heiliggeistkirche** ❼, die als pfalzgräfliche Stiftung der wichtigste herrschaftliche Bau in der Altstadt und sakrales Hauptzentrum des Hofs war. Ihre Bedeutung als wittelsbachische Grablege wird andernorts erörtert (siehe Rundgänge 7 und 9) – hier sollen die einstmals zahllosen Gräber der anderen adligen Mitglieder des Hofes im Zentrum stehen. Von diesen haben sich einige Grabplatten erhalten, die heute vor allem an der Wand des südlichen Seitenschiffs aufgestellt sind. So finden wir an vierter Stelle von links die **Grabplatte des Matthias von Sobernheim**, der als oberster Schreiber der königlichen Kanzlei Ruprechts vorstand. Die lateinische Inschrift der wohl 1406 gefertigten Grabplatte legt besonderes Gewicht auf die Funktion des Toten bei Hofe. Auf der dritten Platte von rechts finden wir das aus fünf Kugeln bestehende Wappen der Sickingen und die Harfe der Landschad von Steinach: Es handelt sich hier um die Wappen des Hofmeisters **Swicker von Sickingen**, gestorben 1417, und seiner Frau **Elisabeth Landschad von Steinach**. Außerdem zu beachten sind die schönen Grabsteine der **Anna von Ostfriesland**, gestorben 1552, im nördlichen Seitenschiff und des 1605 im Säuglingsalter verstorbenen **Friedrich, Graf zu Solms** (rechts neben der Chororgel, siehe Abb. auf S. 169). Sein Grabstein ist besonders interessant wegen der Wappenreihen rechts und links: Hierbei handelt es sich um eine sogenannte Ahnenprobe, mit der die adlige Herkunft über mehrere Generationen zurückverfolgt und zur Schau gestellt wurde.

Auf der anderen Umgangsseite des Chores finden wir an der Wand über der Arkadenöffnung zum südlichen Seitenschiff einen gemalten **Wappenfries** (Frontispiz, siehe Abb. auf S. 160) aus der Mitte des 15. Jahrhunderts. Auf die Darstellung des Ritterheiligen Georg vor der Madonna mit Kind oben

Die Turniergesellschaft mit dem Esel

Diese Vereinigung des Ritter- und Hochadels zwischen Wetterau und Kraichgau ist erstmals 1387 bezeugt. Sie war in einen »Nieder-Esel« mit dem Zentralort Frankfurt und einen »Ober-Esel« mit Heidelberg als Zentrum aufgeteilt. Vereinigungen dieser Art sind ein typisches Phänomen des Spätmittelalters: Hier fanden Mitglieder des Hoch- und Niederadels zusammen, um sich insbesondere vom aufstrebenden Bürgertum der Städte abzugrenzen. Die Turniergesellschaften dienten also dem Schutz und der gegenseitigen Versicherung alten Ranges und der damit verbundenen Rechte. Die Mitglieder konnten sich in der Gesellschaft als »Gesellen« ungeachtet ihres individuellen Ranges auf Augenhöhe begegnen, allein die gewählten »Könige« nahmen eine Führungsposition ein.

links folgen mehrere Reihen mit Namen und Wappen der Mitglieder der **Turniergesellschaft mit dem Esel** (siehe Kasten auf S. 170). Wir finden vor allem Vertreter jener Familien des Kraichgauer und Odenwälder Adels, denen wir auch auf unserem Rundgang durch das höfische Heidelberg begegnen: Venningen (gekreuzte rote Lilienstäbe), Hirschhorn (Geweih), Handschuhsheim (Handschuh), Landschad (Harfe), Sickingen (fünf Kugeln auf schwarzem Grund) oder Gemmingen (zwei gelbe Balken auf blauem Grund).

Wir verlassen die Heiliggeistkirche und gehen zum Haus **Hauptstraße 190** ❽. Hier, im Bereich des Marktplatzes, lagen seit der Stadtgründung einige Adelshäuser, so auch der **Alte Stadthof der Bischöfe von Speyer**, der aber heute nicht mehr lokalisiert werden kann. Sicher zu bestimmen ist der Standort des Viztumshauses, des mittelalterlichen Amts- und Wohnhauses des **Vicedominus** am Rhein. Bis ins 13. Jahrhundert war der Viztum/ Vicedominus oberster Statthalter des Pfalzgrafen für die administrativen, rechtlichen und militärischen Belange vor Ort. Mit dem Entstehen der dauerhaften Residenz des Hofes in Heidelberg wurde sein Amt obsolet, wie dies auch die Grundstücksgeschichte offenbart: 1403 kaufte der Apotheker Johannes mit Erlaubnis König Ruprechts das offenbar nicht mehr benötigte »viztums hus an dem marck« und machte es zur Hofapotheke. Das Gebäude war offensichtlich im Gegensatz zu den meisten Häusern Heidelbergs ganz aus Stein erbaut und wird daher in den Quellen oftmals auch einfach »Steinhaus« genannt, woran jeder seine hohe Bedeutung erkennen konnte. Der stattliche, durch Johann Jacob Rischer erbaute Nachfolgebau aus dem 18. Jahrhundert, dessen wittelsbachisches Allianzwappen über der Tür auf die Funktion als zum Hof gehörige Apotheke verweist, vermittelt noch einen Eindruck von der monumentalen Wirkung des mittelalterlichen Vorgängers.

Wir gehen nun die Hauptstraße entlang nach Westen, biegen dann in die dritte Straße links, die Kettengasse, ein und bleiben an der **Ecke zur Merianstraße** ❾ stehen. Das große Grundstück zwischen Hauptstraße, Kettengasse, Heugasse und Seminarstraße, an der entlang einst die Stadtmauer verlief, wird heute im Wesentlichen vom Jesuitenkomplex eingenommen. Ursprünglich lag dort wohl seit Gründung der Planstadt der **pfalzgräfliche Stadthof**, der erstmals 1355 bezeugt ist. In unmittelbarer Nachbarschaft, am bergseitigen Ende der Kettengasse, lag im 16. und 17. Jahrhundert der **Neue Stadthof der Speyerer Bischöfe**, der später an die Venninger gelangte. Der **pfalzgräfliche Stadthof** selbst vereinte mehrere herrscherliche Wirtschaftsbauten auf seinem Gebiet: Hier lagen die gro-

Der Blick auf den Marstallhof vom Philosophenweg aus: im Vordergrund das Zeughaus, hinten das moderne Marstallgebäude der Universität

ße Zehntscheuer, wo die Abgaben in Form von Naturalien gelagert wurden, und bis zu ihrer Verlegung im 16. Jahrhundert der Marstall und das Zeughaus. Wir gehen nun weiter die Merianstraße entlang bis zum **Platz vor der Jesuitenkirche** ⑩: Hier ungefähr lag die alte Heuscheuer. Im Umkreis hatten viele Mitglieder der pfalzgräflichen Familie ihre Stadthöfe; auch die bereits erwähnte erste Kanzlei Friedrichs des Siegreichen lag hier. Wir haben es also mit dem ältesten Heidelberger Verwaltungsmittelpunkt zu tun – so wurde auch das nahe gelegene Augustinerkloster (siehe Rundgang 7) gerne durch die Pfalzgrafen wie etwa König Ruprecht genutzt. Auch ranghohe Adelsfamilien suchten offenbar die Nähe zum kurfürstlichen Verwaltungszentrum: Der **Hirschhorner Hof** lag auf den Grundstücken **Heugasse 2 und Hauptstraße 146**. Der stattliche **Gemmingensche Hof**

Der Heidelberger Marstall in einer Aquarellansicht aus dem 17. Jahrhundert lag dem ehemaligen Augustinerkloster gegenüber, in etwa im Bereich des **Marsiliusplatzes 1**.

Bereits 1466 war die Kanzlei aus dem Stadthofareal verlegt worden, Anfang des 16. Jahrhunderts erfolgte dann der Umzug des Zeughauses in den heutigen **Marstallhof** ⓫. Wir erreichen ihn, indem wir durch die Merianstraße über das ehemalige Grundstück des Augustinerklosters hinweg zum Universitätsplatz gehen, ihn dann schräg rechts überqueren und an seinem unteren Ende der Marstallstraße folgen. Nun betreten wir den weiten Marstallhof, den frühesten großen herrschaftlichen Bau in der Heidelberger Neustadt. Das trutzige, in etwa rechteckige Gebäudeensemble von 120 mal 80 Metern Seitenlänge wurde um 1510 erbaut und besteht im Wesentlichen aus einer noch weitgehend erhaltenen Umfassungsmauer mit runden Ecktürmen sowie einem großen Hallengebäude an der Nordseite. Architekt war wahrscheinlich der kurfürstliche Bau- und Büchsenmeister Lorenz Lechler. Das gut erhaltene, große Hallengebäude im Norden stand ursprünglich direkt am Fluss und wirkte von dort aus mit seinen archaischen Buckelquadern und wenigen Fenstern ganz besonders wehrhaft. Diese Architektur passte zu seiner Funktion als **kurfürstliches Zeughaus**, in dem die Waffen und Rüstungen verwahrt wurden, sie hatte freilich in einer Zeit der fortgeschrittenen Feuerwaffentechnik kaum noch tatsächlichen militärischen Nutzen. Heute wird der Bau, der auch in seinem Inneren durch die großen Scheidbögen wuchtig und altertümlich wirkt, als Mensa der Universität genutzt.

Auch auf der gegenüberliegenden Südseite des Marstallhofs erhebt sich heute ein weiterer universitärer Bau, das Kollegiengebäude der Altertumswissenschaften, 1965 bis 1972 erbaut. Ab 1590 wurde an dieser Stelle, im bis dahin unbebauten Bereich des Marstallhofes, unter Johann Casimir der neue **Marstall** errichtet. Das Gebäude, von dem ein heute in der französischen Nationalbibliothek aufbewahrtes Aquarell den besten Eindruck vermittelt (siehe Abb. auf S. 173), könnte mit seiner prächtigen Renaissance-Architektur in keinem größeren Kontrast zum Zeughaus gegenüber gestanden haben. Im Erdgeschoss lagen die in Boxen eingeteilten repräsentativen Pferdeställe. Vom Marstallhof aus führte eine prächtige Freitreppe ins Obergeschoss, in dem die Wohnungen für Stall- und Wagenmeister und andere Bedienstete lagen. Darüber hinaus wurde der Bau durch Treppentürme in den Ecken und monumentale Staffelgiebel gegliedert. Nach den Zerstörungen im Orléansschen Krieg Ende des 17. Jahrhunderts blieben seine Reste noch lange bestehen. Die Westhälfte wurde als universitäre Reithalle genutzt, die

Ein Erker aus der Zeit von 1550 auf dem Grundstück des ehemaligen Wormser Bischofshofes

Osthälfte im 19. Jahrhundert von Friedrich Weinbrenner neu errichtet; sie diente als akademisches Krankenhaus. Der heutige Neubau mag auf den ersten Blick klotzig und wie ein Fremdkörper wirken: Doch nicht nur durch seine Monumentalität und durch sein zentrales Treppenhaus nimmt er auf den verlorenen Marstall Bezug, sondern auch durch das Sockelgeschoss, das durch Arkaden angedeutet wird, und durch das rhythmisch gestaffelte Zurückspringen der Fassade. Er darf somit als einer der gelungensten modernen Bauten der Heidelberger Altstadt gelten.

Wir verlassen den Marstallhof durch die Tordurchfahrt im Westen und gelangen zum **Krahnenplatz** ⓬. Am Ufer der Freifläche vor uns legten die Neckarschiffe an, die durch einen großen, hölzernen Krahn be- und entladen wurden, der bereits 1586 erwähnt wird. Er gehörte zum ebenfalls im Marstallhof untergebrachten **Zollamt**, wo die Waren direkt verzollt und wohl im großen Dachstuhl des Zeughauses auch gelagert werden konnten. Ganz in der Nähe befand sich auch der um 1620 belegte **kurfürstliche Bauhof**.

Durch die Schiffgasse gelangen wir zurück zur Hauptstraße. Wir stehen nun unmittelbar vor dem ehemaligen **Wormser Bischofshof** ⓭, dessen Reste in den hier befindlichen **Kinokomplex (Hauptstraße 110)** einbezogen wurden. Bald nach der Gründung der Neustadt 1392 ist an dieser Stelle der Hof des Erzbischofs von Riga nachweisbar, der in pfalzgräflichen Diensten stand. Der Hof wurde 1442 vom Wormser Bischof Friedrich II. von Domeneck als Heidelberger Sitz erworben. Die Bischöfe von Worms unterhielten wie diejenigen von Speyer als unmittelbare territoriale Nachbarn enge Verbindungen zu den Pfalzgrafen, so dass eine Vertretung in Heidelberg nahezu zwingend erscheinen musste. Dem Merian-Stich nach zu urteilen, bestand der Komplex (Hauptstraße 110–114 und Platzbereich der Theaterstraße) aus mehreren Einzelgebäuden. Das heutige Kinogebäude könnte in seiner Grundsubstanz noch dem Giebelhaus, das westlich einer Tordurchfahrt bei Merian dargestellt ist, entsprechen und dürfte somit zumindest teilweise der Zerstörung von 1693 entgangen sein. Der noch heute vorhandene, allerdings umgesetzte Erker stammt aus der Zeit um 1550 und vereint spätgotisches Maßwerk am Sockel mit Renaissancemotiven an den Fenstern – ein typisches Zeugnis aus der Zeit des Stilwandels von der Gotik zur Renaissance. Seine Farbfassung in rot und grün wurde aufgrund originaler Fassungsspuren rekonstruiert. Das Portal im Haus links neben dem Kinoeingang, das stark restauriert ist und wahrscheinlich nicht mehr am originalen Ort steht, stammt aus der Zeit kurz nach 1610, als der Hof von Kurfürst Friedrich IV. gekauft

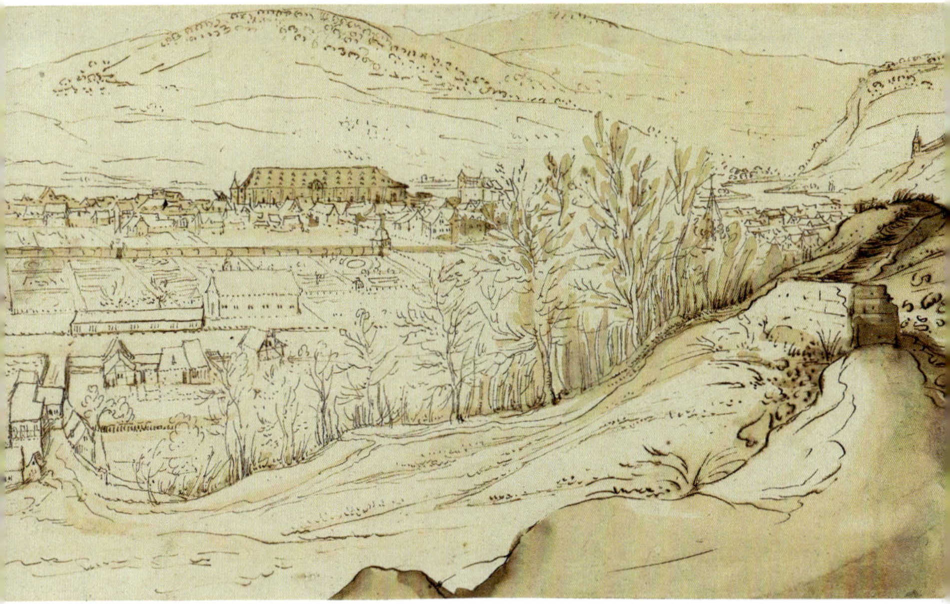

Der pfalzgräfliche Herrengarten und im Hintergrund der wuchtige Bau des Marstallhofes im Kurpfälzischen Skizzenbuch aus dem frühen 17. Jahrhundert

wurde. Es handelt sich um eine tempelartige Kleinarchitektur korinthischer Ordnung mit vier den Giebel tragenden Säulen. Ursprünglich waren sicher ein reliefiertes Giebelfeld und Inschriften in den von Putten getragenen Kartuschen über dem eigentlichen Portal vorhanden. Vom sonstigen Skulpturenschmuck haben sich noch zwei Wächterfiguren über den Nischen zwischen den Säulen erhalten.

Wir folgen dem Verlauf der Hauptstraße Richtung Bismarckplatz und biegen hinter der Providenzkirche links in die Karl-Ludwig-Straße ein. Am Ende der Straße wenden wir uns nach rechts in die **Landfriedstraße** und betreten links den **Hof der Hochschule für jüdische Studien (Nr. 12)**. Wir befinden uns hier in etwa im Zentrum des ehemaligen **Herrengarten-Komplexes** ⓮ (siehe auch Rundgang 5). Seit 1545 hatte der spätere Kurfürst Ottheinrich Grundstücke in der Neustadt gekauft, auf denen er einen großen, von einer Mauer umgebenen Lustgarten anlegen ließ. Er nahm ungefähr das riesige Geviert zwischen Hauptstraße, Theaterstraße, Plöck und Märzgasse ein. Merians Stich und Ansichten aus dem Kurpfälzischen Skizzenbuch zeigen das Areal, das aus mehreren Gärten bestand. Markant fällt auf den Ansichten ein großes Gebäude im Zentrum

Arkadenbögen des pfalzgräflichen Turnierhauses, in den modernen Neubau der Hochschule für Jüdische Studien integriert

der Anlage auf, das **Kurfürstliche Turnierhaus**, dessen Grundmauern in den Neubau der jüdischen Hochschule einbezogen wurden. Sie sind durch die großen Glasscheiben des Neubaus gut zu sehen. Das Turnierhaus war ein von einer Halle umschlossener Reitplatz, auf dem Turniere und andere Unterhaltungen zu Pferde geschützt vor dem Wetter stattfanden, die von Tribünen aus durch die Mitglieder des Hofes betrachtet werden konnten. Das Turniergebäude unterstreicht die Bedeutung des Herrengartens für die Repräsentation des Kurfürsten und das gesellschaftliche Leben des Heidelberger Hofes. Als weitere »Lustgärten« auf dem heutigen Stadtgebiet Heidelbergs standen ihm zudem noch der Wolfsbrunnen in Schlierbach sowie der heute gänzlich verschwundene Fürstenbrunnen in Ziegelhausen zur Verfügung.

Wir folgen der Landfriedstraße nach Westen und gelangen an ihrem Ende über die Märzgasse zurück zur Hauptstraße. Hier wenden wir uns nach links und gehen weiter in Richtung des Bismarckplatzes bis zum **Haus zum Riesen** (Hauptstraße 52, siehe Abb. auf S. 164), der letzten Station unseres Rundgangs ⓯. Es ist das vielleicht eindrucksvollste Beispiel eines Heidelberger Adelshofs: Auch wenn er erst Anfang des 18. Jahrhunderts errichtet wurde, führt uns der Bau in seinen architektonischen Formen das typische, repräsentative Erscheinungsbild eines Adelshofes vor, wie es im 17. Jahrhundert entstanden war. Das Grundstück hatte Eberhard Friedrich von Venningen im Tausch gegen seinen zerstörten Hof in der Kettengasse erhalten, dessen Grundstück nun zum Bau des Jesuitenkomplexes benötigt wurde. Kurz vor seinem Tod 1710 muss der neue Bau vollendet gewesen sein, der sich mit Hof, Garten und Wirtschaftsgebäuden die Akademiestraße entlang bis zur Plöck erstreckte. Allein das Hauptgebäude an der Hauptstraße ist erhalten geblieben. Der Bauherr selbst tritt uns hier als Statue im stattlichen Mittelrisalit, dem architektonisch ausgezeichneten Mittelteil der Fassade, entgegen. Seine Rüstung führt uns nicht allein seinen Adelsstatus vor Augen, sondern zusammen mit dem Marschallstab in seiner Hand auch sein Amt am pfalzgräflichen Hof: Der »Eberfritz« war, wie die Inschrift darunter verrät, kurfürstlicher Generalleutnant und oberster Jägermeister. Die den Risalit rahmenden Pilaster links und rechts tragen darüber hinaus Reliefs, die Venningens Stellung am Hof illustrieren: Wir finden unter anderem Jagdutensilien und Kriegsgerät. Das antiquiert-wuchtige, überhaupt nicht barock-leichte Eingangstor mag ein bewusst archaisch erscheinender Verweis auf das Alter der Familie sein und die lange Verbundenheit der Venninger mit Stadt und Hof auch am neuen Standort dokumentieren.

Zum Autor

Maximilian Wemhöner arbeitet seit 2009 in einem Heidelberger Forschungsprojekt über die Kommunikation von Rang durch Architektur im Europa des Spätmittelalters. Er beschäftigt sich dabei unter anderem mit dem Bauprogramm der Pfalzgrafen bei Rhein im 14. Jahrhundert.

9. Die Anfänge der Heidelberger Universität – und das Ende der jüdischen Gemeinde

Carla Meyer

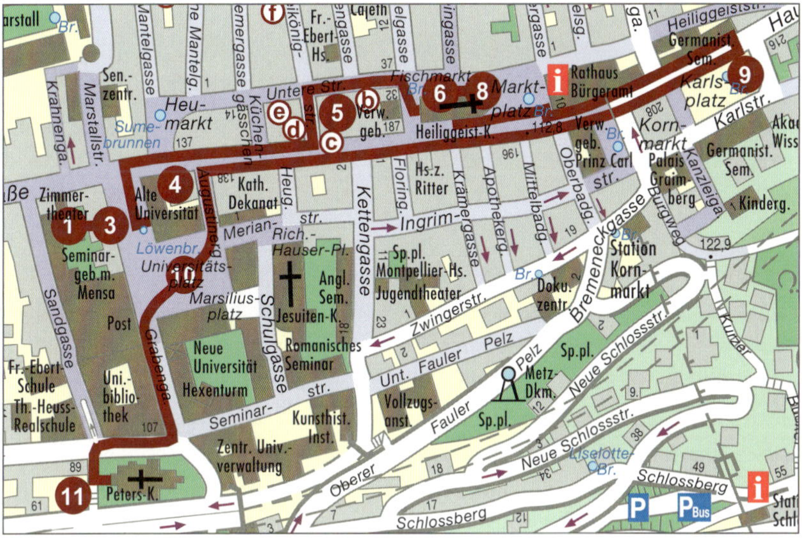

Stationen *(Rundgang: etwa 2 bis 3 Stunden)*

❶ bis ❸ Alte Universität mit Alter Aula und Universitätsmuseum (Grabengasse 1)

❹ Codizistenhaus (Hauptstraße 136)

❺ Synagoge/Marienkapelle (Dreikönigstraße 25)

❻ bis ❽ Heiliggeistkirche mit Langhaus, Emporen und Turm

❾ Karlsplatz mit Sebastian-Münster-Brunnen

❿ Augustinerkloster (Universitätsplatz)

⓫ Peterskirche

Weitere Gebäude der jüdischen Gemeinde und der Universität

ⓐ Synagogenplatz in der Großen Mantelgasse

ⓑ Wohnhaus für Professoren (Untere Straße 24)

ⓒ Wohnhaus für Professoren der Theologie (Hauptstraße 169)

ⓓ Wohnhaus für Professoren der Jurisprudenz (Hauptstraße 165 und 167)

ⓔ Collegium artistarum (Untere Straße 18 und 20)

ⓕ Schwabenburse des Magisters Stephan Knab aus Zwiefalten (Dreikönigstraße 4–8)

Links: Die Göttin der Weisheit zieht in Heidelberg ein; über ihr thront der Gründer der Heidelberger Universität, Kurfürst Ruprecht I. – Gemälde in der Aula der Alten Universität

Öffnungszeiten

Universitätsmuseum: zwischen April und Oktober Dienstag bis Sonntag 10 bis 18 Uhr. Zwischen November und März Dienstag bis Samstag 10 bis 16 Uhr. Kostenpflichtig, Kinder unter 8 Jahren frei. Mit einem Kombiticket sind das Universitätsmuseum, die Alte Aula und der Studentenkarzer, zwischen 1823 und 1914 Gefängnis der Universität zu besichtigen.

Heiliggeistkirche: Montag bis Samstag von 11 bis 17 Uhr, Sonntag und an Feiertagen von 12.30 bis 17 Uhr. Die Besteigung der Emporen und des Turms ist kostenpflichtig.

Peterskirche: zwischen April und Oktober Montag bis Freitag von 11 bis 17 Uhr, Samstag von 11 bis 14 Uhr.

Die Universität Heidelberg, 1386 ins Leben gerufen, gilt heute als älteste Hochschule in der Bundesrepublik. Auf dem Gebiet des Heiligen Römischen Reichs waren ihr freilich zwei prominente Gründungen vorausgegangen: 1348 hatten König Karl IV. in Prag, 1365 sein Habsburger Schwiegersohn Rudolf in Wien Hochschulen initiiert. Ehrgeiz mag die kurpfälzischen Wittelsbacher getrieben haben, mit den beiden Dynastien gleichzuziehen und in ihrer Residenz auch ein »studium generale« einzurichten. In den Jahrhunderten zuvor hatten studierwillige Deutsche noch in den Süden und Westen Europas ziehen müssen. Dort existierten im späten 14. Jahrhundert bereits 25 Hochschulen, allein neun in Italien und acht in Frankreich (siehe Kasten).

Die ersten Heidelberger Lehrer kamen vor allem aus Paris und Prag, da beide ältere Universitäten von schweren Konflikten erschüttert wurden. In Prag führten erbitterte Auseinandersetzungen zwischen den verschiedenen »nationes« – Zusammenschlüssen von Magistern und Scholaren je einer Herkunftsregion – zu Abwanderungen. In Paris war die Krise durch das Abendländische Schisma ausgelöst worden, eine tiefe Spaltung der westlichen Christenheit, die 1378 mit einer doppelten Papstwahl in Rom und in Avignon ihren Anfang genommen hatte. Viele Universitätsangehörige bestritten ihren Lebensunterhalt mit Einkünften aus dem Kirchenvermögen (»Pfründen«) ihrer Heimat. Deutsche waren daher existentiell davon betroffen, dass die meisten deutschen Fürsten dem Römer Urban VI. folgten, während der französische König von der Pariser Universität die Anerkennung des Avignoneser Papstes verlangte. Viele »Urbanisten« machten sich daher auf die Suche nach neuen Wirkungsstätten, unter ihnen Marsilius von Inghen, zuvor zweimaliger Rektor der Pariser Universität. 1385 wird er in Heidelberg fassbar, als ihn der pfälzische Kurfürst als »anheber und regirer« der Heidelberger Hochschule in seine Dienste berief.

Der Rundgang beginnt am Universitätsplatz in der **Alten Universität** ❶. 1728 fertig gestellt und nach Kurfürst Johann Wilhelm »Domus Wilhelmiana« (Wilhelmsbau) benannt, wurde sie nach den Wirren des Orléansschen Krieges das neue Zentrum der Heidelberger Universität. Zuerst steigen wir durch das barocke Treppenhaus in das erste Obergeschoss. Auf halber Treppe erinnert eine **Inschriftentafel** an das Collegium Casimirianum, auf dessen Trümmern das heutige Gebäude errichtet wurde. Als überzeugter Calvinist hatte Pfalzgraf Johann Casimir 1591 das nach ihm benannte Collegium gegründet, um in der unter seinem Vorgänger noch lutherisch geprägten Kurpfalz eine »Quelle und Pflanzstätte rechtgläubiger Religion« zu errichten.

Digitale Rekonstruktion des Casimirianums am Standort der heutigen Alten Universität

Im Obergeschoss befindet sich der Eingang zur **Alten Aula** ❷, dem zentralen Festsaal der Universität. 1886 wurde er anlässlich der 500-Jahr-Feier zur Erinnerung an die ruhmreiche Geschichte der Universität historistisch im Stil der Renaissance neu gestaltet. Auf den Initiator des Jubiläums, Großherzog Friedrich von Baden, verweist eine **Marmorbüste** über dem Redner-

Die ersten europäischen Universitäten

Die ersten Universitäten in Europa entstanden um 1200 in Bologna und Paris, die Initiative dazu war anders als in Heidelberg nicht von der Obrigkeit, sondern von Magistern und Scholaren selbst gekommen. Da die kirchlichen Schulen dem Andrang nicht mehr genügten und auch Laien Schulen für Recht und Medizin gründeten, war der Regelungsbedarf für Ausbildungsinhalte und Qualifikationen gestiegen. Außerdem führte der Zuzug von fremden Scholaren in vielen Städten zu Konflikten mit der Einwohnerschaft. Zur Interessensvertretung schloss man sich nach dem Vorbild von Kaufleuten oder Handwerkern zu »universitates«, genossenschaftlichen Vereinigungen, zusammen. Kirchliche wie weltliche Autoritäten erkannten jedoch bald die Vorteile, die ihnen die Universitäten zur Ausbildung von Theologen und Juristen für ihre Dienste boten, und begannen sie zu fördern. Besondere Bedeutung für die neuen Hochschulen besaß die Genehmigung durch die römische Kurie, die den in ihnen verliehenen akademischen Graden die allgemeine Anerkennung in der Christenheit sicherte. Auch in Heidelberg holte man daher 1385/86 ein päpstliches Privileg ein. Darin wurde der Wormser Probst des Domstifts mit dem Amt des Kanzlers betraut und vom Papst bevollmächtigt, künftig die Promotionen zu leiten und die Lehrerlaubnis zu erteilen.

pult. Sie wird flankiert von Porträtmedaillons des mittelalterlichen Universitätsgründers Ruprecht I. und ihres neuzeitlichen Erneuerers, des ersten badischen Großherzogs Karl Friedrich. Nach beiden heißt die Hochschule bis heute ›Ruperto Carola‹.

Die Stirnwand wird von einem Gemälde Ferdinand Kellers eingenommen, auf dem Pallas Athene, die Göttin der Weisheit, siegreich in Heidelberg einzieht. Über ihrem Wagen thront ein zweites Mal der Gründer der Hochschule, Kurfürst Ruprecht I., mit dem Schwert als Symbol seiner Herrschaft. Hinter ihm steht eine Frauengestalt, die durch ihre Mauerkrone als Personifikation der Stadt Heidelberg erkennbar ist und vom Schloss flankiert wird. Dem Wagen der Göttin folgen berühmte Gelehrte der Universität aus verschiedenen Jahrhunderten (siehe Abb. auf S. 180). Aus der Gründungszeit schreitet in der ersten Reihe – halb verdeckt durch den Wormser Bischof und Universitätskanzler Johann von Dalberg aus dem späten 15. Jahrhundert – der erste Rektor **Marsilius von Inghen**. Zu seiner Linken steht der Reformator **Philipp Melanchthon**, der mit zwölf Jahren an der Heidelberger Artistenfakultät als Lateinschüler begann und dort 1518 Martin Luther bei dessen »Heidelberger Disputation« kennenlernte (siehe ⑩). Nicht als Mönch, als der er seit 1505 im Heidelberger Franziskanerkloster lebte, sondern als Laie mit pelzbesetztem Mantel ist der Humanist **Sebastian Münster** dargestellt. 1529 bekehrte er sich zum Protestantismus, trat aus dem Orden aus und heiratete in Basel die Witwe des Buchdruckers Adam Petri (siehe ⑨).

An der Decke des Saals erinnern **vier Rundbilder** mit Frauendarstellungen an die ursprünglichen Fakultäten der Universität: **Theologie** (mit Gesetzestafel, Buch und brennendem Weihrauch), **Recht** (mit Buch, Urkunde und Schwert), **Medizin** (mit einer Schale und der Schlange des Äskulap, des griechischen Gottes der Heilkunde) und die **Septem Artes Liberales** (mit Globus und Schriftband), die »Sieben Freien Künste«. In der Artes-Fakultät wurden die Studierenden in einem fünfjährigen Basisstudium auf die höheren Fakultäten vorbereitet. Nach dem in die Gelehrtensprache Latein einführenden Trivium, dem »Dreiweg« (Grammatik, Rhetorik, Dialektik), erhielt man den Titel eines Bakkalars, nach dem Quadrivium, dem »Vierweg« (Arithmetik, Geometrie, Musik, Astronomie) erlangte man die Würde eines Magister Artium.

Wir gehen nun die Treppen wieder hinunter ins Erdgeschoss und in den Trakt des **Universitätsmuseums** ③. Sein erster Raum ist der Heidelberger Universitätsgeschichte von den Anfängen bis ins 18. Jahrhundert gewidmet. Die Bedeutung der Wittelsbacher für die Geschichte der Hochschule wird durch **Portraits** der für

Die Gründung der Universität Heidelberg 1386

Die Ereignisse der Jahre 1385/86 sind detailliert durch einen Bericht des ersten Rektors Marsilius von Inghen bekannt. Wie er schildert, traten die Pfalzgrafen am 23. Oktober 1385 an Urban VI. mit der Bitte heran, in Heidelberg eine Universität einzurichten. Nachdem der Papst sich sein Einverständnis hatte teuer bezahlen lassen, wurde seine Urkunde acht Monate später am 24. Juni 1386 Kurfürst Ruprecht I. überbracht. Nur Tage später beschloss dieser gemeinsam mit seinem Neffen Ruprecht II. und dessen Sohn Ruprecht III. die Universitätsgründung und ernannte Marsilius von Inghen zum Beauftragten für die Universität. Von Marsilius stammen vermutlich die fünf Gründungsurkunden, die Ruprecht am 1. Oktober verkündete. Darin wurden allen Mitgliedern der Universität (wie auch an anderen Hochschulen üblich) Rechtsschutz, weitgehende Steuer- und Zollfreiheiten, preiswerte Wohnungen und ein eigener Gerichtsstand gewährt. Erst 1945 am Ende des Zweiten Weltkriegs gingen vier dieser fünf Privilegien verloren. Auch das letzte verbliebene ist heute – zu oft dem Tageslicht in Ausstellungsvitrinen ausgesetzt – bis zur Unleserlichkeit ausgeblichen. 2004 ließ das Universitätsarchiv daher durch eine Prager Kalligraphin eine Replik auf Pergament herstellen.

Replik der Gründungsurkunde vom 1. Oktober 1386

Das Zepter der Artistenfakultät mit der heiligen Katharina von Alexandrien als Patronin der Wissenschaften (rechts im Detail)

die Universität wichtigsten Landesherren illustriert. Abbildungen zentraler **Urkunden und Lehrbücher**, deren Originale bis heute in Teilen in Universitätsarchiv und -bibliothek liegen, dokumentieren den Gründungsakt, die wirtschaftlichen Grundlagen der Universität und die Studienbedingungen in der Frühzeit (siehe Kasten auf S. 185).

Die kostbarsten Ausstellungsstücke im Universitätsmuseum sind zwei **Zepter**, die dem Rektor oder den Dekanen der Fakultäten etwa bei Gottesdiensten, Promotionsfeiern oder bei der Ausübung akademischer Gerichtsbarkeit als Hoheitszeichen vorangetragen wurden. Das eine, schon 1387 erwähnt, repräsentierte die gesamte Universität. Das zweite, ab 1403 nachweisbar, gehörte der Fakultät der Artisten. Häufig gebraucht und nicht immer sorgsam behandelt, waren die Zepter oft reparaturbedürftig. Nur die Bekrönungen der Stäbe sind daher heute noch mittelalterlich. Unter dem Baldachin des **Universitätszepters** ist die Szene aus dem Lukasevangelium dargestellt, wie der zwölfjährige Jesus im Tempel mit den Schriftgelehrten diskutiert. In der Bekrönung des **Artistenzepters** steht die heilige Katharina von Alexandrien (mit ihren Marterwerkzeugen Rad und Schwert), die der Legende nach in einem Streitgespräch heidnische und jüdische Gelehrte besiegte und daher als Schutzheilige der Wissenschaften galt.

Nur als Repliken zu sehen sind die mittelalterlichen Siegel, die Marsilius von Inghen noch im Gründungsjahr vom Kurfürsten für die neue Korporation erbat. Das **Große Siegel der Universität** zeigt den Apostel Petrus, als Patron der Diözese Worms auch Schutzherr der Universität, zwischen zwei Schildträgern mit dem Wappen der pfälzischen Wittelsbacher. Das bis ins 18. Jahrhundert verwendete **Rektoratssiegel** wird ebenfalls vom pfälzischen Löwen geziert, der ein aufgeschlagenes Buch in den Pranken hält. Darin waren wohl ursprünglich die Worte »semper apertus« (»immer offen«) eingraviert.

Wir verlassen die Alte Universität und wenden uns in Richtung Hauptstraße, in die wir nach rechts einbie-

Die jüdische Gemeinde Heidelbergs im Mittelalter

Jüdische Gemeinden, als Minderheiten in vielen mitteleuropäischen Städten ansässig, waren seit dem hohen Mittelalter ganz in der Hand des Königs beziehungsweise der Landesfürsten, die ihren Schutz garantierten. Unverhohlen suchten diese Profit aus ihrer Schirmherrschaft zu schlagen, indem sie hohe Steuern verlangten oder mit der jüdischen Habe sogar wie mit ihrem Eigentum verfuhren. Gerade in Krisenzeiten, wenn die in der christlichen Umgebung latente antijüdische Polemik besonders heftig aufflackerte, ließen die Obrigkeiten die ihnen Anvertrauten häufig im Stich.

Auch das Schicksal der erstmals im späten 13. Jahrhundert in Heidelberg nachweisbaren Judengemeinde war daher wechselhaft. So wurden die Juden 1348/49 zur Zeit der ›Pestpogrome‹, die in vielen mitteleuropäischen Städten wüteten, auch in Heidelberg verfolgt. Nur wenige Monate später gewährte der pfälzische Kurfürst Ruprecht I. jedoch ihren aus Worms und Speyer geflohenen Glaubensgenossen in Heidelberg und anderen pfälzischen Orten Asyl. 1357 ließ er ihren Schutz in die Stadtordnung aufnehmen und jüngste Forschungen schreiben ihm sogar einen Anteil beim ersten in Heidelberg nachweisbaren Bau einer Synagoge zu. Bis 1381 war die Gemeinde daher auf 13 jüdische Familien angewachsen; mit fast zwei Prozent der städtischen Bevölkerung zählte sie zu den größeren im Reich.

Für Ruprecht I. zahlte sich ihre wirtschaftliche Stärke in barer Münze aus, seit er dem König die Schutzherrschaft über die Juden der Kurpfalz abgekauft hatte. Unter seinem Nachfolger Ruprecht II. änderten sich jedoch die politischen Vorzeichen: Wie viele seiner Nachbarn zur gleichen Zeit entschied er noch in seinem ersten Regierungsjahr 1390, die Juden aus seinem Territorium zu vertreiben. Kein Jude, so verfügte er, solle fortan in seinen Ländern mehr sesshaft werden; dieses Verbot galt mit wenigen Ausnahmen bis ins späte 17. Jahrhundert. Erst ab 1714 ist daher eine neue Synagoge in Heidelberg nachweisbar, nun in der Großen Mantelgasse (siehe ⓐ). 1878 durch einen historistischen Neubau ersetzt, wurde sie während der Novemberpogrome 1938 von den Nationalsozialisten niedergebrannt. Seit 2001 erinnert die weißmarmorne Pflasterung des Platzes an ihren Grundriss.

Im nicht öffentlich zugänglichen Hof des ehemaligen »Codizistenhauses« in der Hauptstraße erinnert eine über einem Brunnen vermauerte lateinische Inschrift an einen neuen Abfluss, den die Universität den Bewohnern 1582 spendierte. Der Jurist Valentin Forster dankt dem damaligen Rektor für die Baumaßnahme und verspricht zugleich für sich und alle künftigen Anwohner, sie nicht mit Abfall oder Abwasser zu verschmutzen.

gen. Dort bleiben wir vor dem Haus **Hauptstraße 136** ④, dem Eckhaus zur Augustinergasse, stehen. In den Anfangsjahren fanden die Vorlesungen der Universität vor allem in Klöstern und Privathäusern statt. Eigene Räume erhielt die Universität erst, als Ruprecht II. 1390 die Vertreibung der Juden aus seinem Territorium und damit auch aus Heidelberg beschloss (siehe Kasten auf S. 187). Aus ihrem enteigneten Besitz erhielt die Universität 1390/91 zehn Häuserkomplexe und vier Gärten, darunter die Gebäude auf dem Grundstück, vor dem wir stehen.

In Ruprechts Urkunde wird der Gebäudekomplex detailliert beschrieben als »das hus hinden und vorn mit aller siner zugehorunge, keinerlei ußgenommen«. Zugleich wird sein ursprünglicher Eigentümer Simelin benannt, der von Ruprechts Vorgänger noch als ein Richter in innerjüdischen Angelegenheiten bestellt worden war. Nach Simelins Enteignung zog der aus Prag an den Neckar gezogene niederländische Jurist Dr. Johannes van de Noet hier ein, der erste Professor der Heidelberger juristischen Fakultät, zugleich mehrfacher Rektor und Vizerektor der Gesamtuniversität;

nach ihm wohnten noch viele seiner Fachkollegen in diesem Gebäude. Neben der Nutzung als Wohnhaus war es auch als »Codizistenhaus« bekannt, da hier Vorlesungen über römisches Recht stattfanden.

Wir folgen der Hauptstraße, bis wir auf der linken Seite in die Dreikönigstraße – bis ins 19. Jahrhundert hinein Judengasse genannt – abbiegen und diese bis zur nächsten Kreuzung (Untere Straße) weitergehen. Auf dem Grundstück, auf dem heute das Eckhaus **Dreikönigstraße 25** ❺ und in Teilen die Nachbarhäuser in der Unteren Straße 24 und der Hauptstraße 169 stehen, erstreckte sich einst das Herzstück der jüdischen Gemeinde, die **Synagoge**. Sie wurde, so legte Ruprechts Urkunde 1390 fest, in eine Kapelle zur Ehre der Muttergottes umgewandelt, wie es auch andernorts nach Vertreibungen und Pogromen üblich war. Zugleich sollte sie der Universität nach Ruprechts Willen als Hörsaal dienen.

Da aus späterer Zeit keine wesentlichen Umbauten überliefert sind, entsprach der Synagogen-Komplex wohl weitgehend den Gebäuden, die noch auf Merians Heidelberg-Stich von 1620 zu sehen sind. Direkt an der Straßenkreuzung lag ein ummauerter Hof, der als Eingang diente und auch zur Mikwe führte. Im Keller unter der Dreikönigstraße 25 sind bis heute Reste einer Treppe erhalten, die sich als Zugang zu dem rituellen Bad deuten lassen. Der eigentliche Betsaal ist bei Merian mit einer doppelten Fensterreihe und einem hoch aufragenden Satteldach dargestellt. Im Kurpfälzischen Museum wird das Fragment eines jüdischen Gedenksteins (entweder aus der Synagoge selbst oder vom jüdischen Friedhof im Bereich der Plöck) verwahrt, den man im Fußboden der Kapelle vermauert hatte.

Die Marienkapelle, die Judengasse und das Judentor im Merian-Stich von 1620

Vom Standort der ehemaligen Synagoge aus sind mehrere andere Gebäude der mittelalterlichen Universität in Blickweite. Die **Anwesen links und rechts neben der Kapelle** (heute

Als idealisierte Darstellung einer Vorlesung vor zahlreichen Hörern muss der Holzschnitt »Hohe Schul zu Heydelberg« aus Sebastian Münsters »Cosmographia« aus der Mitte des 16. Jahrhunderts gelten.

Untere Straße 24 und rückwärtiger Teil von Hauptstraße 169, siehe ⓑ und ⓒ) wurden als Wohnhäuser genutzt; im Letzteren waren anfangs Theologieprofessoren untergebracht. Den Juristen hatte man Wohnraum am oberen Ende der Dreikönigstraße an der **Ecke zur Hauptstraße** (heute Hauptstraße 165 und 167, siehe ⓓ) überlassen. Nur wenige Schritte entfernt **in der Unteren Straße** (heute Hausnummern 18 und 20, siehe ⓔ) hatte man aus dem Vermächtnis des ersten Kanzlers Konrad von Gelnhausen ein »Collegium artistarum« (Artistenkolleg) als Herberge für sechs Magister eingerichtet, die an der Artistenfakultät lehrten und selbst Theologie studierten. Die Studenten sonst wohnten privat oder in Bursen, das heißt, in Wohnheimen unter Leitung eines Magisters. Wer dort aufgenommen wurde, zahlte ein Kost- und Hörergeld, da seit dem 15. Jahrhundert hier auch ein großer Teil des Unterrichts stattfand. Die »Schwabenburse« etwa, seit 1486 vom Magister Stephan Knab aus Zwiefalten und seiner Heidelberger Ehefrau betrieben, lag in der **Dreikönigstraße in Richtung Neckar** auf der linken Straßenseite (heute Hausnummer 4–8, siehe ⓕ).

Wir gehen nun weiter die Untere Straße entlang auf den Marktplatz zu und dort durch den Haupteingang in das **Langhaus der Heiliggeistkirche** ❻ hinein. Die Heiliggeistkirche besaß für die Universität herausragende Bedeutung. Erstens war ihr Vorgängerbau der Ort, an dem man am 18. Oktober 1386 die Hochschule mit einer feierlichen Messe eröffnete. Erst drei Universitätslehrer waren freilich zu dieser Zeit in Heidelberg eingetroffen. Bei der Einweihung der Kölner Universität zwei Jahre später sollten dagegen 21 Professoren anwesend sein. Die ungleich attraktiveren Studienbedingungen in der Großstadt führten prompt zum Aderlass in Heidelberg: »Fast alle Studenten« seien, wie Marsilius enttäuscht notierte, sogar noch unter Führung des amtierenden Heidelberger Rektors in die neue Universität Köln umgezogen.

Zweitens war die Heiliggeistkirche auch der Ort, an dem die Universitätsmitglieder mit der Heidelberger Einwohnerschaft zusammentrafen. In ihrer Hauptkirche sollten die in den Gründungsurkunden dokumentierten Vorrechte der Hochschule jedes Jahr zu Allerheiligen vor allen Bürgern verlesen werden. Umgekehrt wurden den Studenten ab 1387 regelmäßig in Disziplinarordnungen unter anderem nächtliche Ruhestörung und Übergriffe auf die Bürger verboten. Trotzdem ließen sich Konflikte nicht verhindern. 1422 etwa kam es nach einer Schlägerei, bei der ein Diplomat am Hof seine Hand verlor, zum »Studentenkrieg«, da Hofleute als Rache eine studentische Burse stürmten. Die Universität solidarisierte sich mit den betroffenen Studenten und konnte sich durchsetzen. Die Übeltäter mussten zur Strafe mit nackten Füßen und brennenden Kerzen in den Händen die Heiliggeistkirche umrunden.

Wir gehen in das rechte, **südliche Seitenschiff** ❼. An seiner Wand sind die wenigen Grabplatten aufrecht aufgereiht, die die Katastrophe 1693 beziehungsweise die Neugestaltung der Kirche beim Wiederaufbau nach 1700 überdauerten. Sie sind Zeugnis für eine dritte, finanzielle Funktion, die die Heiliggeistkirche für die Universitätsangehörigen erfüllte: Anfangs muss-

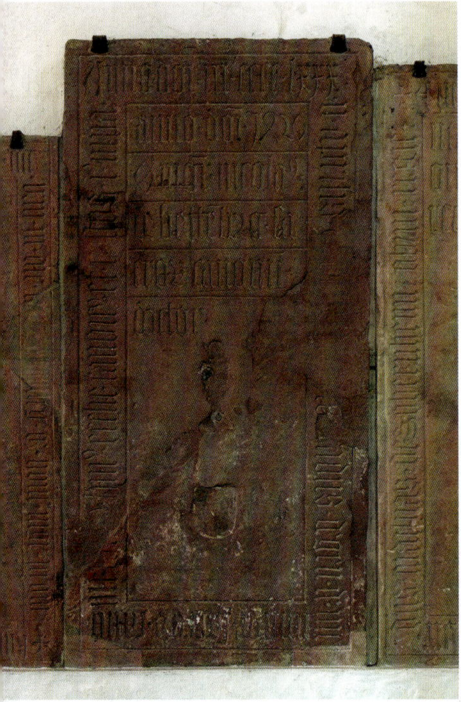

Grabplatte für die Doctores Conrad Degen und Nikolaus von Bettenberg

Umlaufende Inschrift:
»Im Jahr des Herrn 1480 am 5. April starb Herr Conrad Degen aus Memmingen, Doktor des Kirchenrechts, Stiftsherr dieser Kirche und Kustos. Er ruhe in Frieden.«

Inschrift in der Mitte:
»Im Jahr des Herrn 1420 starb der Magister Nikolaus von Bettenberg, Doktor des Kirchenrechts«

ten die Kurfürsten die von ihnen herbeigerufenen Professoren aus ihrem eigenen Säckel entlohnen. 1398 jedoch hatte Ruprecht III. erstmals vom Papst erreicht, dass der Universität zwölf Kanonikerstellen in Stiften der weiteren Umgebung übergeben wurden. Diese Stellen wurden, sobald sie frei waren, mit den zu ihnen gehörigen Pfründen – das heißt Geld- und Naturalerträgen – an Heidelberger Dozenten vergeben. 1413 führte man die Stellen zentral in der Heiliggeistkirche zusammen, die Ruprecht III. außerdem zum Universitätsstift erhoben hatte; aus ihrem Stiftungsvermögen konnten damit erst zwölf, später 15 Professoren versorgt werden.

Den Professoren, die ihre Besoldung aus der Heiliggeistkirche erhielten, stand das Begräbnisrecht in der Kirche zu. Auf dem dritten Grabstein von links, dem höchsten in der Reihe, sind gleich zwei Professoren der Universität und zugleich Geistliche des Stifts verewigt, obwohl ihre Todesjahre weit auseinander liegen. Ursprünglich lag der Grabstein wohl flach über einer Gruft unter dem Fußboden. Offenbar war bei der zweiten Bestattung in der Gruft die alte Grabplatte von 1420 beschädigt worden und man übernahm ihre Inschrift mit auf den neuen Stein. Wie der eucharistische Kelch in der Steinmitte symbolisiert, waren beide Stiftsherren Priester gewesen. Dies macht den Charakter der Hochschule als kirchliche Institution deutlich: Zwar ging die Lehrtätigkeit den Pflichten im Gottesdienst vor; doch wer in der Heiliggeistkirche bepfründet sein wollte, der musste geistliche Weihen empfangen haben.

Die Emporen der Heiliggeistkirche bargen einst eine der berühmtesten Bibliotheken Europas, die »Bibliotheca Palatina«. Zur 600-Jahr-Feier der Universität 1986 kehrten 600 repräsentative Stücke aus ihrem etwa 3500 Handschriften und 12000 Drucke umfassenden Schatz vorübergehend auch dorthin zurück (siehe Foto). Der Großteil der »Bibliotheca Palatina« lagert heute im Vatikan, da sie als Kriegsbeute im Dreißigjährigen Krieg 1623 nach Rom abtransportiert worden war. Im 19. Jahrhundert kehrten jedoch 847 deutschsprachige Kodizes nach Heidelberg zurück. Seit 2001 arbeiten die Universitätsbibliothek Heidelberg und der Vatikan daran, die Pfalzgräfliche Bibliothek virtuell wieder zu vereinigen: http://palatina-digital.uni-hd.de

Wir lösen nun am **Info-Stand im Eingangsbereich** den Eintritt für die Besteigung des **Westturms** 8. Über Wendeltreppen gelangen wir auf die **Emporen** rechts und links über den Seitenschiffen: Sie waren Schauplatz für die vierte Funktion der Heiliggeistkirche als Bibliothek. Offenbar dachte Kurfürst Ludwig III., ein leidenschaftlicher Büchersammler, schon früh daran, seine Bücher nach seinem Tod dem Universitätsstift zu schenken. Vermutlich ließ er daher auch das alte Langschiff durch die in dieser Zeit seltene Form der Emporenhalle ersetzen. 1438, zwei Jahre nach seinem

Blick vom Turm der Heiliggeistkirche auf das Jesuitenquartier

Tod, wurden hier über 150 Handschriften aufgestellt, wie in dieser Zeit üblich auf großen Pulten, auf denen die schweren Pergamentbände in der Regel gegen Diebstahl angekettet lagen.

Anfangs wurden auch andernorts in Heidelberg Bibliotheken gegründet, so aus dem Besitz des Marsilius von Inghen, der der Universität 360 Bände überließ, und des ersten Kanzlers Konrad von Gelnhausen, der dem Artistenkolleg über 200 Handschriften vermachte. Ein Gesamtkatalog aller Sammlungen verzeichnet im Jahr 1461 etwa 1600 Werke in 840 Bänden. Unter dem Kurfürsten Ottheinrich wurden sie im 16. Jahrhundert in der Heiliggeistkirche als »Bibliotheca Palatina« zusammengeführt und weiter ergänzt. Im frühen 17. Jahrhundert rühmte man sie als »größten Schatz der Wissenschaften in Deutschland«; nach der Besetzung der Kurpfalz 1622 im Dreißigjährigen Krieg durch bayerische Truppen unter Tilly galt sie daher als wertvolle Kriegsbeute. Auf seinen ausdrücklichen Wunsch hin wurde die Bibliothek Papst Gregor XV. überlassen, so dass auch die umfängliche Sammlung reformierter Schriften aus Heidelberg hinter den Mauern des Vatikans verschwand.

Von der linken, nördlichen Empore aus führt eine Treppe weiter hinauf zum **Westturm**. Das Panorama hier oben bietet den besten Eindruck über ein zweites Quartier der Stadt, das im 15. Jahrhundert von der Universität besiedelt wurde. Wir gehen dazu auf die südliche Turmseite, von der man auch auf die Hauptstraße blickt. Links von ihr ragt als riesiges Ensemble der Gebäudekomplex der Jesuiten über die Dächer hinaus. Um die Jesuitenkirche mit ihrer monumentalen Fassade gruppieren sich links in der Form eines »L« die Kollegiengebäude. Das Jesuitenquartier geht zurück auf die neuen katholischen Kurfürsten aus der Pfalz-Neuburger Linie, die nach der Zerstörung 1693 in Heidelberg die Herrschaft innehatten. Um die Rekatholisierung ihrer Untertanen voranzutreiben, überließen sie dem in der Gegenreformation engagierten Orden großzügig Raum zwischen der Augustinergasse und der Kettengasse, dessen westlicher Teil zuvor vor allem von der Universität genutzt worden war.

Fridericus Lucae, der 1663 als Student in Heidelberg gelebt hatte, beschrieb den nach und nach gewachsenen Gebäudekomplex als »ansehenlichen« Campus, in dessen Mitte ein Hof mit einem »schönen Springbrunn« gestanden habe. Westlich des Hofs hätten die »Senat-Stube« und das Archiv gelegen, außerdem der Hörsaal der Philosophen, der zwar groß, aber auch »etwas tunckel« gewesen sei. Im Osten hätten die Theologen gelehrt und ihre »Convivia Doctorialia und Rectoralia gehalten«, darüber habe sich die »Bibliotheca Universitatis« befunden. In die »übrigen Gemächer« aber hätten sich die Studenten eingemietet, weshalb der Campus auch kurz als »Bursch« (Burse) bekannt gewesen sei. Nach seiner Zerstörung Ende des 17. Jahrhunderts zog sich die Universität auf die Grundstücke rund um die heutige »Alte Universität« als ihrem neuen Zentrum zurück. Mit dem für den Barock typischen geschweiften Mansarddach liegt sie rechts des Jesuitenquartiers knapp neben dem Verlauf der Hauptstraße.

Vom Turm herabgestiegen treten wir aus der Heiliggeistkirche und biegen links in die Hauptstraße ein. Unsere nächste Station ist der **Karlsplatz** 9, über dem mächtig die kurfürstliche Schlossanlage thront. Nirgendwo wird der Einfluss augenfälliger, den die pfälzischen Landesherren nicht nur auf Heidelberg insgesamt, sondern auch für die von ihnen ins Leben gerufene Hochschule beanspruchten. Wem seine Reformbemühungen nicht passten, so ließ Friedrich der Siegreiche 1452 verkünden, der könne Heidel-

Brunnen am Karlsplatz in der Erinnerung an das Werk des »Cosmographen« Sebastian Münster

berg ja verlassen. Auch die Impulse, die Heidelberg zu einem Zentrum des Humanismus machen sollten, gingen vom Schloss aus. Häufiger standen daher die humanistischen Gelehrten, die Friedrich und sein Nachfolger Philipp der Aufrichtige nach Heidelberg beriefen, im Konflikt zu ihren Fakultäten. Das erfuhr auch der vielgereiste Peter Luder: 1458 hatte er die Universität in einer Preiserede für den Kurfürsten noch als »festen Sitz der Wissenschaften« gelobt, der »die bedeutendsten Männer auf allen Wissensgebieten« hervorbringe, ja »fast ganz Deutschland unterwiesen und erleuchtet« habe. Nach seinem Weggang 1460 beschimpfte er seine ehemaligen Kollegen als »Bestien in Heidelberg«.

An einen anderen berühmten Humanisten erinnert seit 1978 der **Brunnen** des Berliner Bildhauers Michael Schoenholtz auf dem Karlsplatz. Im Franziskanerkloster, das auf dem Platz stand, lebte zwischen 1521 und 1529 Sebastian Münster als Mönch und Lehrer für Hebraistik, Mathematik und Astronomie, hier soll er zu seinem Hauptwerk, der »Cosmographia«, angeregt worden sein. Nach seinem Umzug nach Basel (siehe oben S. 184) ließ Münster für diese erste deutschsprachige Beschreibung der Erde und des Weltalls 120 Gelehrte und Künstler das damals verfügbare Wissen aus Geschichte, Geographie und Naturwissenschaften zusammentragen und illustrieren. 1544 erstmals gedruckt, wurde sie bis ins 17. Jahrhundert hinein ein in mehrere Sprachen übersetzter Bestseller. Auch Münsters ehemalige Wirkungsstätte Heidelberg ist darin berücksichtigt, mit einem Panorama der Stadt und einem Holzschnitt zur Heidelberger Hochschule (siehe S. 190). Der Brunnen dagegen nimmt Bezug auf Münsters Anspruch, den Kosmos im Ganzen zu beschreiben: Sein Steinsockel besteht aus konzentrischen Kreisen, die als Planetenbahnen zu erkennen sind. Darauf ruht eine Erdkugel, bevölkert von Figuren, die die verschiedenen Lebensalter des Menschen von der Geburt bis zum Tod repräsentieren.

Vom Karlsplatz aus kehren wir um und gehen die Hauptstraße zurück, bis wir links in die Augustinergasse einbiegen. Ihr folgend stoßen wir nach wenigen Schritten auf den **Universitätsplatz:** Auf der freien Fläche zwischen der Alten und der Neuen Universität stand vor der Zerstörung der Stadt das schon im 13. Jahrhundert bezeugte Augustinerkloster. Da sich Mauerreste noch immer unter dem Pflaster abzeichnen, lässt sich am Bodenniveau noch seine Größe erahnen. Schon während des Mittelalters war das Kloster eng mit der Universität verbunden. Ab 1476 wurden hier Vorlesungen gehalten, nach seiner Auflösung in der Reformation wurden die dazu gehörenden Gebäude ganz der Hochschule geschenkt.

Eine besondere Rolle spielt das Augustinerkloster für die Geschichte der Reformation in Heidelberg, woran eine **Gedenktafel im Pflaster** in der Nordostecke des Platzes bei der Augustinergasse erinnert. Am 26. April 1518 hatte Martin Luther bei seinen Ordensbrüdern Quartier genommen, um wenige Monate nach seinem berühmten Thesenanschlag in Wittenberg seine Überzeugungen in Heidelberg zu diskutieren. Während sich die Theologieprofessoren kritisch äußerten und die Universitätsstadt noch bis 1553 katholisch bleiben sollte, reagierten vor allem junge Mitglieder der Artistenfakultät und Studenten, unter ihnen Melanchthon (s. oben ❷), mit Begeisterung. Zehn von Luthers Zuhörern sind später als evangelische Prediger im deutschen Südwesten nachweisbar.

Vom Universitätsplatz aus biegen wir links in die Grabengasse ab, an deren Ende bereits von weitem die **Peterskirche** ⓫ zu sehen ist. Als älteste, zuerst im 12. Jahrhundert fassbare Pfarrkirche Heidelbergs diente sie dem Gottesdienst für die Stadtbewohner von der Taufe bis zur Toten-

Martin Luther mit weiteren Reformatoren in einem Fenster der Peterskirche

messe. Ruprecht III. veranlasste im Jahr 1400, dass die Erträge aus ihrem Kirchengut der Universität zugesprochen wurden. Damit verbunden war für Universitätsangehörige auch das Recht auf eine Beisetzung dort. Von dieser bis ins 19. Jahrhundert lebendigen Tradition zeugen bis heute über 150 Grabplatten im Innern der Kirche und an ihren Außenmauern, auch wenn sie nur noch einen Bruchteil der einstigen Zeugnisse repräsentieren. Während sich die Heidelberger Bürger meist auf dem umliegenden **Friedhof** begraben ließen, fanden in der Kirche selbst vor allem hohe Hof- und Universitätsangehörige ihre letzte Ruhestätte. Auch Marsilius von Inghen war hier vor dem Hauptaltar im Chor bestattet.

Wir betreten das Innere der Kirche, (siehe Grundriss auf S. 98) die im 19. Jahrhundert erst vom Abbruch bedroht, dann jedoch in gotisierenden Formen in weiten Teilen erneuert wurde. In den Umfassungsmauern, im Turm und im Chor der Kirche ist jedoch noch mittelalterliche Bausubstanz erhalten. Für das späte 15. Jahrhundert muss man sich im Innern wohl nicht drei Kirchenschiffe, sondern ein ungewöhnlich breites Langhaus ohne Stützen vorstellen. Abgeschlossen wurde es von einer flachen Holzdecke, nur der Chor war gewölbt. Der Grundstein zu diesem Bau war 1485 im Auftrag des Kurfürsten Philipp des Aufrichtigen durch dessen

Grabmal für Alexander Bellendörfer

Protonotarius Alexander Bellendörfer gelegt worden. Bellendörfers Bedeutung für die Kirche mag bewirkt haben, dass sein **Grabmal** als einziges Denkmal aus spätgotischer Zeit die Jahrhunderte überdauerte.

Heute befindet sich die Sandsteinplatte **in der zweiten Kapelle an der Nordseite**, dort an der Ostwand zwischen zwei Tafeln des 17. Jahrhunderts. Sie zeigt Bellendörfer auf Knien und barhäuptig ins Gebet versunken. Als Zeichen seines Standes trägt der Verstorbene einen pelzgefütterten Überrock und in den Händen hält er neben dem Rosenkranz eine nicht weniger prächtige Kappe. Links oben findet sich sein Wappen, zwei Hunde mit dreimal verschlungenen Schwänzen, wie es auch im kurfürstlichen Lehensbuch von 1471 belegt ist. Daraus spricht das Selbstbewusstsein des hohen Hofbeamten: Als Protonotar war er (wie schon vor ihm sein Vater) der Vorsteher der Kanzlei am Hof. In der Nähe der Kanzlei auf dem heutigen Grundstück der Akademie der Wissenschaften (siehe Rundgang 8) hatte er sich daher ein repräsentatives Anwesen gekauft. Der Grundstein zu seiner familiär vorgezeichneten Karriere war gelegt worden, als er sich zusammen mit zweien seiner Brüder 1450 an der Universität immatrikuliert hatte. Bellendörfer ist damit ein Beispiel dafür, wie stark an der Universität des 15. Jahrhunderts die internationale Gründergeneration vom Kreis der Hoffamilien abgelöst worden war.

Als **Universitätskapelle** ist heute die zweijochige, flachgedeckte Kapelle an der Südseite der Kirche bekannt. Seit dem 19. Jahrhundert wurde sie zur Gedenkstätte berühmter Gelehrter ausgebaut. Dort hängt daher heute auch das **Epitaph für Olympia Fulvia Morata** (an der Westwand rechts oben neben der Tür), das sich ursprünglich wohl auf dem im 19. Jahrhundert aufgelassenen Friedhof um die Peterskirche befand. Die einst farbige Sand-

Epitaph für Olympia Fulvia Morata in der Peterskirche:
»Dem unsterblichen Gott geweiht und der Tugend und auch dem Gedächtnis der Olympia Morata, Tochter des Gelehrten Fulvius Moratus aus Ferrara, Gattin des Arztes Andreas Grunthler, einer vortrefflichen Frau, deren Geist und einzigartige Kenntnis beider Sprachen, deren sittliche Reinheit und höchstes Streben nach Frömmigkeit über jedes gewöhnliche Maß immer geschätzt sind. Wie Menschen ihr Leben beurteilen, hat ein seliger Tod, den sie so gottgefällig und friedfertig starb, auch mit göttlichem Zeugnis besiegelt. Sie starb auf fremdem Boden im Jahre des Heils 1555, im Alter von 29 Jahren, hier begraben mit ihrem Mann und dem Bruder Emilio. Wilhelm Rascalon, Doktor der Medizin, setzte der Hochverdienten fromm (dies Denkmal).«

steinplatte erinnert an die erste Frau, die einen Lehrauftrag an der Universität erhielt. 1554 war die in Ferrara geborene und am Hof der Este zu einer begeisterten Humanistin erzogene Olympia mit ihrem deutschen Ehemann Andreas Grunthler, einem Arzt, der in Ferrara studiert hatte, nach Heidelberg gekommen. Während Grunthler eine Professur für Medizin antrat, sollte Olympia Griechisch unterrichten, sie starb jedoch zuvor schon im Oktober 1555. Die Tafel wurde von einem Freund des Paares gestiftet, dem Mediziner Wilhelm Rascalon, der auch den wenig später verstorbenen Andreas Grunthler würdigte. Noch 1612 ist von »coniuncti tumuli«, von nah beieinander liegenden Gräbern, die Rede. Vielleicht bildete das heute erhaltene Epitaph den Oberteil einer Grabplatte, so lassen es jedenfalls die Tiefe des Steins und seine ungeglätteten Außenkanten vermuten.

Bis heute ist Olympia als Namensgeberin für ein Frauenförderungsprogramm an der Heidelberger Universität präsent. Auch sonst spielt die Erinnerung der Anfänge eine zentrale Rolle für das Selbstverständnis der modernen Hochschule, die im Logo nicht nur das große Siegel der Gründerjahre, sondern auch den Slogan »Zukunft seit 1386« führt.

Zur Autorin

Dr. Carla Meyer lehrt und forscht seit 2003 im Historischen Seminar und am Institut für Fränkisch-Pfälzische Geschichte und Landeskunde der Universität Heidelberg; ihre Arbeiten zur mittelalterlichen Geschichte sind unter anderem auf den Raum des deutschen Südwestens bezogen.

PERSTA
INVICTA
VENUS
Hotel zum Ritter
HOTEL RITTER
RESTAURANT

10. Händler, Handwerker, Ratsleute – die Bürgergemeinde

Marco Neumaier

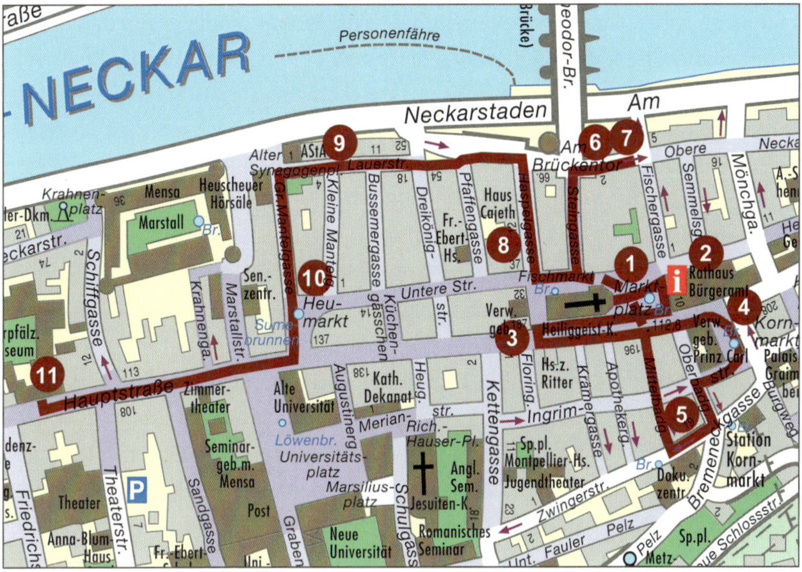

© Stadt Heidelberg, Vermessungsamt

Stationen *(Rundgang: circa 1½ Stunden)*

1. Marktplatz mit Verkaufsbuden an der Heiliggeistkirche
2. Rathaus und städtisches Salzhaus (Marktplatz 10)
3. Haus zum Ritter (Hauptstraße 178)
4. Kornmarkt mit ehemaligem Spital
5. Badstuben (Oberbadgasse 10 und Mittelbadgasse 9)
6. Neckarschule (Obere Neckarstraße 1)
7. Schlachthaus mit Zunftstube der Metzger (Obere Neckarstraße 3)
8. Kaufhaus und Metzgerschranne (Museum Haus Cajeth, Haspelgasse 12 und 8)
9. Pfistermühle (Lauerstraße 1 bis 7)
10. Bebauung des Heumarkts
11. Armenspital (Palais Morass und Kurpfälzisches Museum, Hauptstraße 97)

Öffnungszeiten

Museum Haus Cajeth: Montag bis Samstag von 11 bis 17 Uhr.

Links: Das Haus zum Ritter in der Hauptstraße

Im Mittelalter hatte man als Einwohner einer Stadt nicht automatisch auch das Bürgerrecht. Um in die Gemeinschaft der Bürger aufgenommen zu werden, musste gewöhnlich eine bestimmte Geldsumme entrichtet und ein Eid geleistet werden. Städtische Bürgerschaften beruhten traditionell auf Schwurgemeinschaften, die sich dadurch verbindliche Rahmenbedingungen für ihr Zusammenleben gaben. Damit positionierten sich die Bürger häufig gegen den eigentlichen Stadtherren, der ein Bischof, ein weltlicher Fürst oder aber der König sein konnte. Heidelberg gehörte zu den zahlreichen Territorialstädten im Heiligen Römischen Reich, bei denen der jeweilige Landesherr gleichzeitig als Stadtherr in Erscheinung trat. Die Geschicke der Stadt wurden folglich nach dem Willen der Pfalzgrafen bei Rhein und späteren Kurfürsten gelenkt.

Diese Ausgangssituation wirkte sich auf die Rechte und Pflichten der Bürger aus. Die städtische Gemeinde stand in direktem Abhängigkeitsverhältnis zu ihrem Stadtherren. In einer Stadtordnung für Heidelberg aus dem Jahr 1357 heißt es entsprechend: »Sollen alle burger, sie sein reich oder arm, der Pfalz gehorsam sein, wie eigen leute ihren herrn sein sollen.« Eine weitgehende kommunale Eigenverantwortung, wie sie in den Reichsstädten, die nur dem König unterstanden, oder den sogenannten »freien« (das heißt autonomen) Städten vorherrschte, konnte sich in Heidelberg demnach nicht entfalten. Neben die allgemeinen Pflichten der Bürger, Steuern zu leisten und zur Verteidigung ihrer Stadt im Kriegsfall beizutragen, traten schließlich auch spezielle Dienste für den Stadtherrn. So verordnete Kurfürst Ludwig VI. 1579 anlässlich der Hochzeit seiner Tochter Anna Maria, dass alle Stallungen in Heidelberg zur Unterbringung von Pferden der Gäste bereitgestellt werden sollten.

Die Stadtverwaltung wurde ebenfalls vom Stadtherren bestimmt: Als Stellvertreter installierten die Pfalzgrafen einen Schultheißen und Schöffen, die diesen insbesondere bei der Rechtsprechung unterstützten. Schon gegen Ende des 13. Jahrhunderts wurde dieses Gremium durch einen Stadtrat unter der Leitung von einem und später zwei Bürgermeistern ersetzt. Die städtische Vertretung rekrutierte sich zwar aus den Reihen der Bürger, über ihre Zusammensetzung entschied jedoch in letzter Instanz der Pfalzgraf. Die bürgerliche Selbstbestimmung blieb demnach in Heidelberg stets eingeschränkt, wenn auch Friedrich der Siegreiche im 15. Jahrhundert den Handlungsspielraum der Bürger unter anderem gegen kurfürstliche Willkür stärkte. Nicht alle Bürger konnten aktiv an der Regierung ihrer Stadt mitwirken. Die Verantwortung übernahmen gewöhnlich Vertreter der städtischen Elite, des Patriziats. So zeigt ein Schatzungsverzeichnis von 1439, dass den größten Anteil an dem in Heidelberg erfassten Gesamtvermögen die beiden Bürgermeister und zehn Ratsmitglieder stellten.

Trotz sozialer Unterschiede innerhalb der Bürgerschaft war Rechtsgleichheit gewährleistet. Schultheiß, Bürgermeister und Rat hatten die niedere Gerichtsbarkeit inne. Dazu gehörten alle Strafsachen mit Ausnahme von schwerwiegenden Delikten und Kapitalverbrechen, die lediglich vor dem kurfürstlichen Hofgericht verhandelt werden konnten. Der besondere Status Heidelbergs als Residenz- und Universitätsstadt bewirkte, dass neben der städtischen zwei weitere juristische Zuständigkeiten existierten, namentlich die des Hofes und der Hochschule. Die Bevölkerung Heidelbergs definierte sich folglich nach ihrer Zugehörigkeit zu einem bestimmten Rechtskreis. Ferner ist um 1600 die Tendenz erkennbar, dass einzelne Viertel eine heterogene Sozialstruktur aufwiesen. Parallel zu einer Konzentration bestimmter gewerblicher oder gesellschaftlicher Gruppen im selben Umfeld war die unmittelbare Nachbarschaft von einfachen Handwerkern, Professoren und Amtsleuten des Kurfürsten zur Normalität geworden.

Die Verkaufsbuden an der Heiliggeistkirche heute und auf dem Merian-Stich von 1620

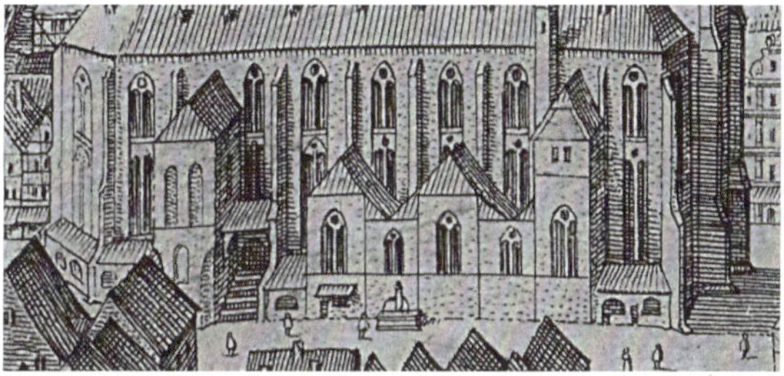

Der Rundgang beginnt auf dem **Marktplatz** ❶, der seit den mittelalterlichen Anfängen Heidelbergs nicht nur topographisch den Mittelpunkt der Altstadt bildet. Bis heute bieten dort Händler aus der Region wöchentlich ihre Waren an. In Mittelalter und früher Neuzeit wurden die Marktleute als »Hocker« oder »Höcker« bezeichnet. 1588 lebten sieben dieser Kleingewerbetreibenden in der Stadt. Entlang der Außenmauer der **Heiliggeistkirche** sind traditionell **Verkaufsbuden** zu finden. Schon 1487 veräußerte das Stift die »kreme und flecken [...] zwischen den pfylern« an die Stadt. Es sollte darin jedoch »nichts unzimlichs oder unerlichs feil gehabt oder verkauft werden«. Auf der Stadtansicht Matthäus Merians von 1620 sind solche Buden deutlich zu erkennen. Aus dem Kaufvertrag geht außerdem hervor, dass vornehmlich Bäckern die Verkaufsstände zur Pacht angeboten wurden. Dazu passt, dass **Brezelsymbole** unterschiedlicher Größe die südliche Choraußenwand zieren. Man kann sie jedoch nur sehen, wenn die Buden geschlossen sind. Es handelt sich sehr wahrscheinlich um Zunftzeichen, die den Anspruch der Bäcker auf den Ort für ihr Gewerbe signalisierten und die teilweise wohl bis auf das 15. Jahrhundert zurückgehen.

Brezeln als Zunftzeichen der Bäcker an der Außenmauer der Heiliggeistkirche

Die besondere Bedeutung des Marktplatzes als Zentralort der Stadt kommt zusätzlich dadurch zum Ausdruck, dass neben der Stiftskirche als Heidelbergs Hauptkirche auch das **Rathaus** ❷ dort errichtet wurde. Der Gebäudekomplex erstreckt sich heute über den gesamten östlichen Rand des Platzes und ist seit dem barocken Wiederaufbau nach dem Orléansschen Krieg zu Beginn des 18. Jahrhunderts bis 1959 in mehreren Phasen stetig gewachsen. Die Ursprünge des Rathauses liegen bereits im 15. Jahrhundert. Am 16. Dezember 1472 erwarb die Bürgergemeinde mit Erlaubnis Kurfürst Friedrichs des Siegreichen das sogenannte Haus zum Stern für eine beachtliche Summe, um »ein rathuse daruß zu machen«. Es entstand ein repräsentativer Bau, dessen Gestalt anhand zweier historischer Bildzeugnisse rekonstruiert werden kann.

Der »Thesaurus Picturarum« des Heidelberger Kirchenrats Marcus zum Lamm, eine prachtvoll illustrierte, enzyklopädisch-chronikalische Handschrift aus der zweiten Hälfte des

Die Hinrichtung des Johannes Sylvanus 1572 auf dem Heidelberger Marktplatz, im Hintergrund das Erdgeschoss des spätmittelalterlichen Rathauses

16. Jahrhunderts, enthält einen Bericht über die Hinrichtung des Johannes Sylvanus auf dem Marktplatz am 23. Dezember 1572. Der Verurteilte war der Kopf einer Gruppe von Theologen, die das Dogma der Dreifaltigkeit leugneten, wofür er mit dem Tode bestraft wurde. Eigentlich lag die Richtstätte, der sogenannte Rabenstein, außerhalb der Stadtmauern am westlichen Rand des heutigen Bismarckplatzes, doch wurden manche politisch brisanten Todesurteile auch auf dem zentralen Platz in der Stadt vollstreckt. Jedenfalls zeigt das beigefügte Aquarell im Hintergrund der Szene das untere Geschoss des Rathauses mit zwei Rundtoren und einem Kellereinstieg. Zusätzlich zierte ein Balkon in gotischem Stil die Fassade, der wohl als Bühne für öffentliche Bekanntmachungen diente.

Eine weitere bildliche Darstellung der historischen Gestalt des Heidelberger Rathauses, das um 1600 umgebaut wurde, findet sich im Panorama Matthäus Merians. Dort ist der imposante Staffelgiebel des Baus zu erkennen. Wie jedoch der Innenraum strukturiert war und im Einzelnen genutzt wurde, ist unbekannt. Bauwerke dieser Art beherbergten obligatorisch einen großzügigen Saal und Amtsstuben. Die Einwohnverzeichnisse von 1588 und 1600 informieren lediglich darüber, dass dem Stadtdiener und seiner Familie im Rathaus auch eine Wohnung zur Verfügung stand.

Das städtische **Salzhaus** war rechts direkt an das Rathaus angebaut. Dort wohnte auch der Salzmesser. Die Stadt hielt seit 1603 das Monopol auf den Handel mit dem wertvollen Konservierungs- und Würzmittel, womit eine Aufsichtsfunktion einherging. Kurfürst Friedrich IV. ordnete an, dass »niemandten, wer der auch sei, ohn allein bemelten burgermeistern und rahtt unßerer statt Heidelberg, saltz zum wiederkauf einzuekauffen und außzuemeßen oder außmeßen zue laßen erlaubt« sei. Im 18. Jahrhundert war der Nachfolgebau in privater Hand und musste schließlich der südlichen Rathauserweiterung weichen.

Nicht nur die städtische Gemeinde drückte ihren Repräsentationswillen durch Architektur aus, sondern auch einzelne Vertreter des Heidelberger Patriziats. Einige Schritte vom Rathaus entfernt liegt an der südwestlichen Ecke des Marktplatzes das **Haus zum Ritter** ❸, welches der wallonisch-stämmige Tuchhändler Charles Belier 1592 errichten ließ. Es besticht durch seine beeindruckende Renaissance-Fassade (siehe Abb. auf S. 202), die einer ausführlichen Deutung bedarf. Das Erdgeschoss weicht auf den ersten Blick von der durchstrukturierten Gestalt der oberen Stockwerke ab. Dieser Befund hängt wohl damit zusammen, dass auf dem Straßenniveau des Hauses die Geschäftsräume untergebracht waren. Die großen Fenster des Verkaufsbereichs erforderten eine

Porträt der Bauherren Charles und Francina Belier am Haus zum Ritter in der Hauptstraße

Abkehr von der strengen Gliederung des oberen Abschnitts.

Das erste und zweite Obergeschoss zieren jeweils zwei Erker. Deren Brüstungen sind mit Reliefs versehen, wobei sich die übereinander liegenden motivisch entsprechen. Am oberen Geschoss des linken Erkers halten zwei Engel das jeweilige sprechende Wappen der Familien Belier und Soreau mit dem steigenden Widder (französisch »bélier«) und zwei Fischen (französisch »saur« für »Bückling«). Das untere Geschoss greift das Wappentier Beliers wieder auf. Auf der rechten oberen Erkerbrüstung sind Charles und Francina Belier in Porträtreliefs verewigt. Analog dazu sollen im darunterliegenden Stockwerk der Kuradministrator Johann Casimir und seine Ehefrau Elisabeth von Sachsen dargestellt sein. Stimmt diese These, so ist dieser Teil der Fassade als eine in Stein gemeißelte Huldigung an den kürzlich verstorbenen Landesherren zu verstehen.

Entlang des Sockels oberhalb der Erker sind vier Porträtmedaillons von merowingischen Königen angebracht. Der Architekt spielte hier wohl auf die Herkunft Beliers an, da die Geschichte der Stadt Tournai eng mit der fränkischen Herrscherdynastie verbunden ist. Lateinische Inschriften zieren den Giebel, die sowohl die Frömmigkeit als auch die Bildung des Bauherren verdeutlichen sollen. So ist in der Dachzone »Soli Deo Gloria« (»Gott allein zur Ehre«) zu lesen. Die Spitze des Giebels nimmt die Büste eines Ritters mit antikisierendem Helm und Toga ein. Diese Figur hat dem Haus, das seit 1705 durchgängig einen Hotelbetrieb beherbergt, seinen Namen gegeben.

Charles Belier hatte seine Heimat Tournai verlassen müssen, da ihm in den spanischen Niederlanden als überzeugtem Calvinisten Repressalien und Verfolgung drohten. Seit 1562 hatte der reformierte Kurfürst Friedrich III. und 20 Jahre später auch Administrator Johann Casimir Glaubensbrüdern und -schwestern aus Frankreich, Wallonien und Flandern Exil in der Kurpfalz gewährt. Es entstanden Flüchtlingsgemeinden in Frankenthal, Schönau, Otterberg und Heidelberg. Belier wohnte hier seit 1588 mit seiner Frau Francina, ihrem Kind und Gesinde noch am Marktplatz zur Miete. Der Bau eines eigenen Wohn- und Geschäftshauses in nächster Nähe wurde wohl maßgeblich durch den nicht unbeträchtlichen Erbanteil, der Francina nach dem Tod ihres Vaters Jean Soreau zukam, ermöglicht. Soreau hatte ebenfalls durch den Handel mit Tuch in Frankfurt am Main ein beachtliches Vermögen angesammelt. 1607 ist Charles Belier aufgrund seines Wohlstands und wohl durch kurfürstliche Förderung Ratsmitglied. Der einstige Glaubensflüchtling aus Tournai gehörte demnach zur bürgerlichen Elite Heidelbergs – ein frühneuzeitliches Beispiel gelungener Integration.

Wir folgen nun der Hauptstraße in östlicher Richtung, gehen am Rathaus vorbei und betreten den Kornmarkt. Der Platz in seiner heutigen Form existiert erst seit dem 18. Jahrhundert. An die ursprüngliche mittelalterliche Bebauung erinnert an der nordwestlichen Ecke nur noch der mit Pflastersteinen nachgezeichnete Grundriss einer Kapelle. Sie gehörte zu einem **Spital** ❹, das eine archäologische Großgrabung in den Jahren 1986/87 zutage förderte. Spitäler waren karitative Institutionen, die gewöhnlich auf eine fromme Stiftung zum Zweck der Sozialfürsorge zurückgingen. Die Verwaltung des seit der zweiten Hälfte des 13. Jahrhunderts bestehenden Komplexes oblag dem Kurfürsten und der Stadt gemeinsam. Dazu setzte der Stadtrat Pfleger ein und ein Spitalmeister organisierte den Tagesablauf in der Einrichtung. Die Menschen des Mittelalters definierten sich über die Zugehörigkeit zu einem bestimmten sozialen Verband. Fehlte diese Bindung, stand der oder die Betroffene außerhalb der gesellschaftlichen Ordnung. Die Spitäler wurden folglich zu Anlaufstellen für diejenigen, die in eine solche Lage gekommen waren.

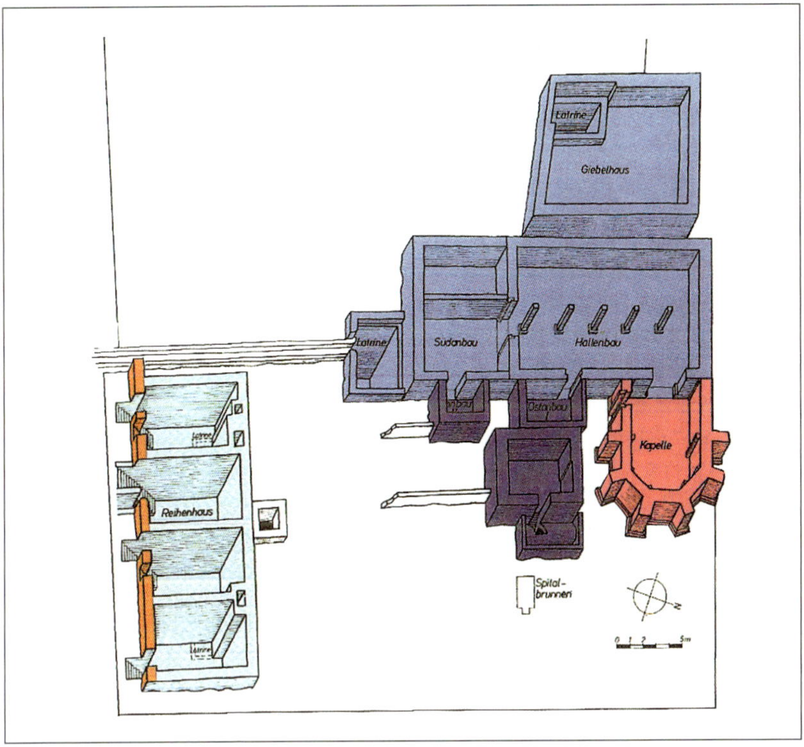

Grundriss der Spitalgebäude am Kornmarkt

Die erste Anlage des Heidelberger Spitals gliederte sich in einen Hallenbau mit drei Anbauten, einer Kapelle sowie einem Friedhof und nahm die Fläche des heutigen Kornmarkts fast vollständig ein. Zu Beginn des 15. Jahrhunderts wurde das Bestattungsfeld aufgegeben und man ergänzte das mit einem Treppengiebel versehene Amts- und Wohnhaus des Spitalmeisters sowie ein Pfründhaus. Letzteres bezieht seinen Namen von den Pfründnern. Es handelte sich hierbei um alleinstehende wohlhabendere Bürger, die sich in das Spital einkauften und ihren Lebensabend dort verbrachten. Sie bewohnten großzügige Räumlichkeiten mit Ausstattung in hochwertiger Qualität, wie unter anderem der Fund aufwändig gestalteter Ofenkacheln belegt. Spitäler standen folglich nicht nur den Armen offen. Schließlich ergab die archäologische Untersuchung des ehemaligen Friedhofs, dass vornehmlich ältere Personen dort ihre letzte Ruhe fanden. Die Grabung förderte jedoch auch Säuglingsbestattungen zutage. Es lebten demnach wohl auch Mütter ohne Angehörige in der Obhut des Spitals.

Zahlreiche Funde lieferte die Freilegung mehrerer Abortschächte, von denen die des Pfründhauses am besten erhalten waren. Die unterirdischen Abfall- und Entwässerungsanlagen sollten den städtischen Hygienezustand verbessern. Darin landeten nicht nur menschliche und tierische Ausscheidungen, sondern auch alter Hausrat jeglicher Art. Die Archäologen entnahmen den Befüllschichten der Latrinen auf dem Kornmarkt unter anderem Scherben von Glas- und Keramikgefäßen, Holzschalen, Textilien und tönerne Tabakspfeifen. Diese Hinterlassenschaften aus drei Jahrhunderten geben Aufschluss über den Lebensstandard und die alltäglichen Gewohnheiten der ehemaligen Bewohner.

Im Zuge reformatorischer Maßnahmen ließ Kurfürst Friedrich II. das Spital schließlich säkularisieren und 1556 fand dessen Verlegung in das kurz zuvor aufgelöste Dominikanerkloster statt (zum Dominikanerkloster

Modell des Pfründhauses, dessen Kellergeschoss mit Latrinen (überwölbter Raum unten rechts) archäologisch ergraben wurde, im Kurpfälzischen Museum

Der Grundriss einer Kapelle in der Pflasterung erinnert bis heute an die Spitalgebäude, die bis ins 16. Jahrhundert auf dem Kornmarkt standen

siehe S. 157–159). Auf Gesuch der städtischen Gemeinde mussten die Kerngebäude der alten Spitalanlage im folgenden Jahr einem Milch- und Krautmarkt weichen. Das ehemalige Haus des Spitalmeisters und das Pfründhaus blieben bestehen und wurden an Bürger verkauft. Dieser Zustand des »Neuen Marktes«, wie das Areal fortan hieß, ist in Merians Stadtansicht zu sehen. Die Anwohner, die zwischen 1588 und 1607 dort nachweisbar sind, gehörten hauptsächlich in den Einflussbereich des Hofes. Jedoch lebten am »Neuen Markt« auch Handwerker wie Schuhmacher, Schneider sowie Sporen-, Harnisch- und Feilenmacher. Darüber hinaus ist in einem Grabungsbereich, der am nordwestlichen Rand des Platzes (Ecke Oberbadgasse/Hauptstraße, heute Palais Prinz Carl) zu lokalisieren ist, eine große Anzahl an Gefäßen aus einem Brunnen geborgen worden, die zur Ausstattung der frühneuzeitlichen Stadtapotheke gehörten. Tatsächlich betrieb Ezechias Fettich, der zeitweise auch Bürgermeister war, um 1600 ebendort ein solches Gewerbe.

Der Rundgang setzt sich in südlicher Richtung fort. Dazu überqueren wir den Kornmarkt, biegen rechts in die Ingrimstraße ein und folgen ihr bis zur **Ober- und Mittelbadgasse** ❺. Beide Namen lassen bereits erahnen, dass sich dort ehemals zwei Badehäuser befanden. Wir beziehen unseren Standpunkt in der **Mittelbadgasse** ❺. Die Lage der dortigen Badstube ist im Bereich der Häuser Oberbadgasse 10 und Mittelbadgasse 9 sowie teilweise in der benachbarten »Alten Gundtei« (Zwingerstraße 15a) zu lokalisieren. Ein Schild am Haus Mittelbadgasse 16 verweist darauf, dass eine Heidelberger Badstube bereits in einer Urkunde des Klosters Schönau aus dem Jahr 1265 belegt ist. Diese frühe Erwähnung bezieht sich wohl auf eine dritte derartige Einrichtung in unmittelbarer Nachbarschaft zum Deutschordenshaus (heutige Zwingerstraße/Kettengasse), deren Betrieb schon im 16. Jahrhundert eingestellt war. Wenn man den Blick von dem Schild aus nach rechts in die Zwingerstraße schweifen lässt, fällt ein **Brunnen** ins Auge. Er ist ein aus dem 19. Jahrhundert stammender Nachfolger des ursprünglichen Mittelbadbrunnens, der in die Stadtmauer eingelassen war. Auf dem Katasterplan der Jahre 1773/74 ist eine Leitung zu erkennen, die diese Bewässerungsanlage mit einer weiteren im Innenhof der beiden rückwärtig aneinander grenzenden Bäder verband.

Öffentliche Badehäuser waren in jeder mittelalterlichen und frühneuzeitlichen Stadt anzutreffen. Diese Einrichtungen boten den Bürgern nicht nur die Möglichkeit zur Körperhygiene. Sie dienten außerdem als Orte der Geselligkeit und es konnten dort medizinische Dienstleistungen in Anspruch genommen werden. Die Bader waren dazu ausgebildet,

Zur Wasserversorgung der Stadt

Die Lage Heidelbergs erlaubte der städtischen Bevölkerung, auf drei Wegen ihr Trink- und Nutzwasser zu beziehen. Der Neckar stellte Gewerben wie unter anderem Gerbern, die den wertvollen Rohstoff für ihre tagtägliche Produktion benötigten, ein natürliches Reservoir bereit. So erklärt sich auch die hohe Konzentration solcher Handwerker in Flussnähe. Nach mittelalterlichem Verständnis war dieses Verfahren unbedenklich, da man fließendem Wasser eine reinigende Wirkung zusprach.

Tiefbrunnen ermöglichten den Zugang zu Grundwasser, das jedoch oftmals zweifelhafte Qualität aufwies. Eine Reihe von natürlichen Quellen an den Nordhängen des Königstuhls bot das sauberste Wasser. Der Lagerbuchplan von 1773/74 zeigt, wie ein gut durchdachtes System von Röhren, Teilkästen und Brunnenstuben den Rohstoff in die Stadt transportierte. Darüber wachten eigens von der Stadt eingesetzte Brunnenmeister. Diese Organisation der Wasserversorgung bestand in Heidelberg wohl bereits seit dem Spätmittelalter.

chirurgische Eingriffe vorzunehmen und zu schröpfen. Bei dieser Behandlung wurden kleine Ton- oder Glasgefäße erhitzt, so dass ein Unterdruck entstand, und auf die leicht angeritzte oder unversehrte Haut gesetzt. Im Sinne der Viersäftelehre sollte dem Körper schlechte beziehungsweise überschüssige Materie entzogen und ein gesundes Gleichgewicht hergestellt werden. Gleichwohl warnte der Heidelberger Medizinprofessor Thomas Erastus 1563 in seinem »Kurtzen Bericht für den gemeinen Mann«, einem Ratgeber zum richtigen Verhalten bei einem Ausbruch der Pest: »In die gemeine Badstuben gehe keiner/der sich nit wo[e]lle in gefahr begeben vnnd Gott versuchen.«

Unser Weg führt uns weiter in Richtung des Neckars. Wir folgen der Mittelbadgasse zurück zum Marktplatz, überqueren diesen und steuern durch die Steingasse auf die Alte Brücke zu. Östlich des Brückentors stand seit dem Mittelalter die **Neckarschule** ❻. Es handelte sich um eine städtische Bildungseinrichtung, die Schülern die lateinische Sprache und das Trivium der sieben freien Künste (Grammatik, Dialektik beziehungsweise Logik und Rhetorik) nahebringen und demnach auf ein Universitätsstudium vorbereiten sollte. Obwohl keine direkte institutionelle Bindung an die Heidelberger Hochschule bestand, rekrutierte sich das Lehrpersonal aus deren Umfeld. Ein Magister leitete mit Unterstützung von Hilfslehrern den Unterricht. Die Lateinschule am Neckar scheint über einen guten Ruf verfügt zu haben. Das Einzugsgebiet ihrer Schüler erstreckte sich nicht nur auf Heidelberg und die Kurpfalz, sondern über die Landesgrenzen hinaus. So hatte unter anderem der spätere Reformator Johannes Brenz aus dem württembergischen Weil der Stadt 1510 die Schule absolviert und schrieb sich vier Jahre später an der Universität Heidelberg ein.

Der »Lagerbuchplan« der Stadt Heidelberg von 1773/74 zeigt grün markiert die beiden Brunnen der einstigen Badstuben. Auf den historischen Standort des Brunnens an der Kreuzung zwischen Zwingerstraße und Mittelbadgasse verweist noch heute eine Wasserquelle.

1560 übernahm das im säkularisierten Franziskanerkloster (zum Franzis-

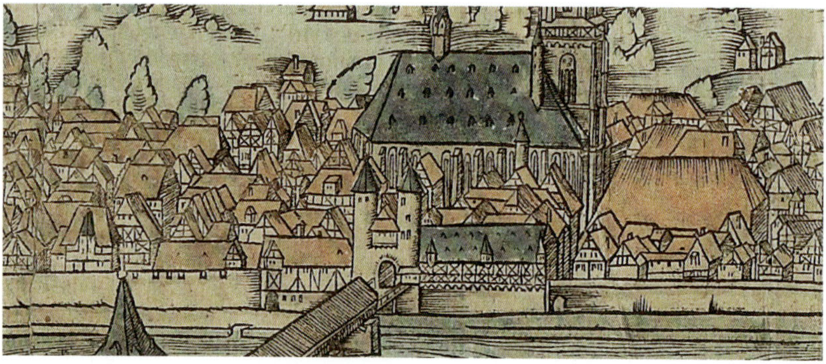

Darstellung der Altstadt auf der Ansicht Sebastian Münsters von 1550: Direkt links neben dem Tor der Alten Brücke erstreckt sich entlang des Flussufers der Fachwerkbau der Neckarschule. Rechts neben dem Turm der Heiliggeistkirche ragt als großes rotes Walmdach das Kaufhaus über das Häusermeer.

kanerkloster siehe S. 146) untergebrachte Pädagogium die Funktion der zu diesem Zeitpunkt im Verfall begriffenen Neckarschule. Die alte Einrichtung existierte jedoch weiter. Sie diente nun zur Unterbringung von bedürftigen Schülern (Alumnen), die Stipendien aus dem Almosen der Stadt erhielten, und am Pädagogium lernten. 1587 verordnete Kuradministrator Johann Casimir, dass insgesamt 36 Knaben dort versorgt werden sollten: zehn Söhne von Heidelberger Familien, 14 aus der Kurpfalz und zwölf Fremde. Landeskinder erfuhren demnach eine deutliche Bevorzugung.

Im Nachbargebäude der Neckarschule (Obere Neckarstraße 3) waren das städtische **Schlachthaus** und die **Zunftstube der Metzger** ❼ untergebracht. Hinweise darauf finden sich an dem jetzigen Bau in Gestalt dreier auf das Jahr 1615 datierter Wappenreliefs mit jeweils zwei Schildern umrahmt von einem Säulenportikus. Die ersten beiden sind in die Wand zur Oberen Neckarstraße eingelassen. Sie zeigen ein Hackmesser und Köpfe von Rindern sowie zwei Namen: Johann Georg Berger und Michel Mathes. Berger taucht auch in einem Grundsteuerverzeichnis aus dem Jahr 1607 auf. Er besaß demzufolge ein Haus in der Pfaffengasse. Der dritte Wappenstein ist auf der rechten Seitenwand des Gebäudes zu finden. Die Datierung wurde von 1614 auf 1615 korrigiert und der heraldische Schmuck besteht aus Figuren, Helmen und einer Rinderhälfte.

In den mittelalterlichen und frühneuzeitlichen Städten organisierten sich die Handwerker und bildeten Zünfte, die als Interessensvertretungen ihrer Berufe fungierten. 1439 gab es in Heidelberg zehn solcher Verbände, die zunächst die Grundgewerbe in der Stadt wie Metzger, Bäcker,

Einer der drei Wappensteine an der Oberen Neckarstraße, die an die Zunftstube der Metzger erinnern

Schmiede und Schuhmacher repräsentierten. Eine zunehmende Spezialisierung des Handwerks erforderte, dass diese Gemeinschaften ganze Berufssparten vertraten. So waren in der Schuhmacherzunft alle lederproduzierenden und -verarbeitenden Gewerbe vereinigt. Die Zünfte verwalteten sich selbst. Jeder Berufsverband setzte Rahmenbedingungen für die Ausübung des eigenen Gewerbes wie die Grundsätze der Ausbildung oder Qualitätsstandards der Produkte. Diese Regeln wurden in Zunftordnungen festgeschrieben, deren Rechtmäßigkeit der Stadtherr bestätigte. Ein solches Dokument ist für die Heidelberger Metzgerzunft aus dem Jahr 1482 erhalten. Im Schlachthaus etwa war Sauberkeit oberstes Gebot. Es sollte außerdem auch vermieden werden, Schlachtungen über dem am Gebäude entlang fließenden kanalisierten Bach vorzunehmen.

Wir gehen nun zurück zum Brückentor. Es fällt auf, dass sich davor eine große Freifläche erstreckt. Die mittelalterliche und frühneuzeitliche Brücke war sicherlich nur einspurig befahrbar und demnach wurde ein Sammelplatz für Fuhrwerke notwendig. Im heutigen Stadtgrundriss lassen sich noch Merkmale des damaligen Verkehrsleitsystems erkennen. Die Stein- und Haspelgasse verlaufen beide direkt von dem freien Areal am Brückenzugang zum Stadtinneren und sind im Vergleich zu anderen Gassen sehr breit angelegt. Der Transportverkehr sollte über die Steingasse sowohl auf den Marktplatz und zur Hauptstraße als auch zum nahe gelegenen Kaufhaus gelangen. Wir folgen letzterer Route, biegen von der Kirche rechts ab und beziehen in der Haspelgasse 12, vor dem Grundstück des Museums Haus Cajeth, unseren Standpunkt. Dort befand sich das **Kaufhaus** 8.

Die Herrenmühle, die Mönchsmühle und die Pfistermühle (von links nach rechts) auf dem Merian-Stich von 1620

In den Stadtansichten Münsters und Merians besticht dieser funktionale Bau durch sein mächtiges Walmdach. Er erstreckte sich bis zur gegenüberliegenden Pfaffengasse. Das heutige Areal entspricht weitgehend den Dimensionen des historischen Grundstücks, wie ein Blick in den Innenhof verdeutlicht. Der Zugang ist während der Öffnungszeiten des Museums möglich. Gelegentlich taucht für das Gebäude in den Quellen auch die Bezeichnung »Tanzhaus« auf. Es bot folglich nicht nur Verkaufs- und Lagerflächen für nach Heidelberg importierte Waren, sondern diente darüber hinaus als Veranstaltungsort für gesellschaftliche Ereignisse. Diese vielfältige Nutzung solcher Bauten ist in anderen Städten ebenfalls dokumentiert. 1693 fiel das Kaufhaus den Flammen zum Opfer. 1735 ließ der kurfürstliche Münzwart Anton Cajeth an der Stelle ein Palais errichten. Auf dem benachbarten Grundstück lag seit dem Mittelalter ein Markt für Fleischwaren, die sogenannte **Metzgerschranne**.

In der Haspelgasse ist außerdem eine hohe Konzentration von Wirtshäusern und Herbergen – 1588 allein vier – nachweisbar, denn die eingangs geschilderte Verkehrssituation gewährleistete einen Zustrom potenzieller Kundschaft für diese Gastronomiebetriebe.

Wir steuern nun wieder in Richtung des Neckars und betreten links die Lauerstraße. Im Bereich der heutigen drei Grundstücke Nr. 1 bis 7 stand die ehemalige **Pfistermühle** 9. Der Fluss reichte vor der Anlage des Neckarstaden in den Jahren 1896/97 näher an die Stadt und seine Strömung ermöglichte den Betrieb von drei Mühlen, die maßgeblich die Ernährungsversorgung der Bevölkerung sicherten. Die unterschiedliche Trägerschaft der Heidelberger Mühlen spiegelte zugleich die einzelnen Einflussbereiche der Stadt wider: Der pfalzgräfliche Hof betrieb die Herren-

mühle, die Schönauer Mönche die Mönchsmühle und die Bürgergemeinde die Pfistermühle. Letztere war noch 1471 im Besitz eines gewissen Ingelheim, wurde jedoch später von den Heidelberger Bäckern (»Pfistern«) unterhalten. Die Zunft sicherte sich dadurch eine stetige und unproblematische Versorgung mit dem Rohstoff für ihr Handwerk. Wie die anderen Mühlen in der Stadt erlitt sie 1689 Schaden. Nach dem Wiederaufbau blieb die Pfistermühle bis 1824 in Betrieb. Sie fiel einem Hochwasser zum Opfer.

Wir biegen von der Lauerstraße aus nach links in die Große Mantelgasse ein und begeben uns auf den **Heumarkt** ⑩. Anhand des heutigen Zustands der Randbebauung wird deutlich, dass nach der Zerstörung von 1693 die ursprüngliche Gestalt des Heidelberger Stadtgrundrisses weitgehend erhalten blieb. Mittelalterliche Parzellierungen erfolgten in der Regel nach gleichmäßigem Muster. Obwohl für Heidelberg vor dem 18. Jahrhundert kein Katasterplan überliefert ist, lassen sich mit Hilfe der schriftlichen und bildlichen Quellen sowie der Topographie in vielen Fällen Kontinuitäten des Urzustandes erklären. Ein geeignetes Beispiel sind die am westlichen Heumarkt gelegenen Häuser Nr. 2 und 4. Schon mit dem bloßen Auge ist zu erkennen, dass beide Gebäude eine annähernd gleiche Breite aufweisen. Dieser Eindruck wird bestätigt, wenn man die Kellerpläne der betreffenden Parzellen zu Rate zieht. Daraus ist abzulesen, dass die Grundstücke in ihrer Form tatsächlich mit geringer Abweichung weitgehend identisch sind. Ferner stimmen bei den Häusern die Abmessungen der Keller mit denen der oberirdischen Geschosse überein. Demnach war es nach 1693 zu keiner Neuparzellierung gekommen.

Analog dazu zeigt sich die historische Überlieferung. In Merians Stadtansicht erscheinen die Häuser, die als Vorgängerbauten zu identifizieren sind, ebenfalls gleichförmig. Dieser Befund wird gestützt durch die entsprechenden Einträge in dem bereits erwähnten Grundsteuerverzeichnis

Der Heumarkt heute und auf dem Merian-Stich von 1620

von 1607. Die damaligen Eigentümer, der Fuhrmann Leonhardt Hail (Nr. 2) und der Schneider Abraham Arnolt (Nr. 4), hatten jeweils einen übereinstimmenden Betrag in Höhe von zwei Hellern zu entrichten. Diese Summe wurde für die Mehrzahl der Grundstücke in Heidelberg veranschlagt. Da die Bemessungsgrundlage gewöhnlich auf der Parzellenbreite zur Gasse beziehungsweise Straße hin basierte, ist hier demnach ein einheitliches Grundmaß anzunehmen.

Zum Abschluss des Rundganges verlassen wir die ursprüngliche Kernaltstadt vom Heumarkt aus nach rechts in die Hauptstraße, überqueren die Grabengasse und betreten die Vorstadt. Unser letzter Standort ist das Gelände des Palais Morass (Hauptstraße 97), das sich der Professor an der Juristischen Fakultät und zeitweilige Rektor der Universität Heidelberg Johannes Philipp Morass 1712 errichten ließ. Dort lag vor 1693 das **Armen-**

spital ⓫. Die so genannte »Elende Herberge« war wohl um 1500 entstanden und bot ursprünglich bedürftigen Reisenden und Pilgern Unterkunft. Aus einem kurfürstlichen Erlass des Jahres 1567 geht hervor, dass dort zusätzlich ein »Blatterhaus« zur Betreuung von Seuchenpatienten existierte und die gesamte Anstalt aus städtischen Mitteln finanziert wurde.

Der Rundgang zeigte eindrücklich die vielfältigen Bereiche des städtischen Lebens, für die sich die Bürgergemeinde in Abstimmung mit der pfalzgräflich-kurfürstlichen Regierung verantwortlich zeichnete. Im Heidelberger Rathaus wurden die Sozialfürsorge, das Bildungswesen, die hygienischen Einrichtungen und die Wasserversorgung ebenso organisiert wie Grundlagen für das Wirtschaftsleben geschaffen. So war das Funktionieren des Gemeinwesens gewährleistet.

Zum Autor

Dr. Marco Neumaier ist unter anderem auf die frühneuzeitliche Geschichte Heidelbergs sowie der Kurpfalz spezialisiert und war mehrere Jahre am Institut für Fränkisch-Pfälzische Geschichte und Landeskunde tätig. Seit 2013 arbeitet er an den Staatlichen Kunstsammlungen Dresden.

Das Palais Morass in der Hauptstraße, heute Sitz des Kurpfälzischen Museums

Zum Weiterlesen

Seit Altheidelberg in der Romantik als Thema entdeckt wurde, füllen Studien zur Geschichte und historischen Gestalt der Stadt Heidelberg viele Regalmeter. Die Rubrik »Zum Weiterlesen« bietet mit kompakten Stadtgeschichten, Kunst- und Architekturführern sowie Ausstellungskatalogen eine kleine Auswahl jüngerer Titel zum Einstieg in diese Literatur. Aufgeführt sind nicht nur Heidelbergensia, sondern auch Lesestipps zu den thematischen Schwerpunkten der Rundgänge.

Heidelberg im Überblick

Andreas Cser, Kleine Geschichte der Stadt und Universität Heidelberg (Regionalgeschichte – fundiert und kompakt), Leinfelden-Echterdingen 2007.

Oliver Fink, Kleine Heidelberger Stadtgeschichte, Regensburg 2005.

Frieder Hepp und *Hans-Martin Mumm* (Hg.), Heidelberg im Barock. Der Wiederaufbau der Stadt nach den Zerstörungen von 1689 und 1693. Begleitband zur Ausstellung, Heidelberg 2009.

Armin Kohnle, Kleine Geschichte der Kurpfalz (Regionalgeschichte – fundiert und kompakt), Karlsruhe 2005.

Landesamt für Denkmalpflege Baden-Württemberg (Hg.), Stadtkreis Heidelberg, 2 Bände (Kulturdenkmale in Baden-Württemberg. Denkmaltopographie Bundesrepublik Deutschland II.5), Ostfildern 2013.

Elmar Mittler (Hg.), Heidelberg. Geschichte und Gestalt, Heidelberg 1996.

Wolfgang von Moers-Messmer, Heidelberg und seine Kurfürsten. Die große Zeit der Geschichte Heidelbergs als Haupt- und Residenzstadt der Kurpfalz, Ubstadt-Weiher 2001.

Bernd Müller, Architekturführer Heidelberg. Bauten um 1000–2000 (Sonderveröffentlichungen des Stadtarchivs Heidelberg 10), Mannheim 1998.

Volker Rödel (Hg.), Der Griff nach der Krone. Die Pfalzgrafschaft bei Rhein im Mittelalter. Begleitpublikation zur Ausstellung der Staatlichen Schlösser und Gärten Baden Württemberg und des Generallandesarchivs Karlsruhe (Schätze aus unseren Schlössern 4), 2. Auflage Regensburg 2002.

Wolfgang Seidenspinner und *Manfred Benner,* Heidelberg, 2 Bände (Archäologischer Stadtkataster Baden-Württemberg 3.2.1 und 3.2.2), Stuttgart 2006.

1. Handschuhsheim als Dorf der Karolingerzeit

Jürgen Brose, An des Berges Fuß gelegen. Handschuhsheim von den Anfängen bis heute – eine Chronik, Heidelberg 2010.

Herbert Derwein, Handschuhsheim und seine Geschichte, 2. Auflage Heidelberg 1997.

Hans Heiberger, Die Tiefburg in Heidelberg-Handschuhsheim, Heidelberg 1981.

Renate Neumüllers-Klauser, St. Vitus. Heidelberg-Handschuhsheim, Regensburg 2001.

Fred Schwind, Beobachtungen zur inneren Struktur des Dorfes in karolingischer Zeit, in: Burg, Dorf, Kloster, Stadt. Beiträge zur hessischen Landesgeschichte und zur mittelalterlichen Verfassungsgeschichte. Ausgewählte Aufsätze von Fred Schwind, hg. von *Ursula Braasch-Schwersmann,* Marburg 1999, S. 391–444.

2. Der Heiligenberg und das Kloster Lorsch seit dem frühen Mittelalter

Rolf-Heiner Behrends und *Dieter Müller,* Die Befestigungen auf dem Heiligenberg bei Heidelberg (Atlas der archäologischen Geländedenkmäler Baden-Württemberg 2,5), Stuttgart 2002.

Landesamt für Denkmalpflege im Regierungspräsidium Stuttgart (Hg.), Forschungen zum Heiligenberg bei Heidelberg. Forschungsgeschichte, Fundmaterial, Restaurierung (Forschungen und Berichte der Archäologie des Mittelalters in Baden-Württemberg 32), Stuttgart 2012.

Renate Ludwig und *Peter Marzolff,* Der Heiligenberg bei Heidelberg (Führer zu archäologischen Denkmälern in Baden-Württemberg 20), 2. Auflage Stuttgart 1999.

Wolfgang von Moers-Messmer, Der Heiligenberg bei Heidelberg. Ein Führer durch seine Geschichte und seine Ruinen, 3. Auflage Heidelberg 1983.

Matthias Untermann, Der Heiligenberg und seine Lorscher Klöster, in: Kloster Lorsch. Vom Reichskloster Karls des Großen zum Weltkulturerbe der Menschheit, hg. von *Bernhard Pinsker* und *Annette Zeeb,* Petersberg 2011, S. 76–88.

3. Die obere Burg auf der Molkenkur

Christian Burkhart, Die Obere Burg zu Heidelberg. Das vergessene Pfalzgrafenschloß, Heidelberg 1998.

Achim Wendt und *Manfred Benner,* »... des lieux depuis long temps condamnés au silence.« Archäologische Spurensuche auf der oberen Burg auf der Molkenkur, in: Heidelberg. Jahrbuch zur Geschichte der Stadt 8, 2003/2004, S. 9–40.

Achim Wendt und *Manfred Benner,* »castrum cum burgo ipsius castri«. Archäologie und Geschichte der Stadtgründung Heidelbergs, in: Zwischen den Zeiten. Archäologische Beiträge zur Geschichte des Mittelalters in Mitteleuropa. Festschrift für Barbara Scholkmann, hg. von *Jochem Pfrommer* und *Rainer Schreg* (Internationale Archäologie. Studia honoraria 15), Rahden 2001, S. 93–122.

4. Die Altstadt und ihre hochmittelalterlichen Befestigungen

Ute Fahrbach, Marstall, Marstallstraße und Heuscheuer in Heidelberg (Veröffentlichungen zur Heidelberger Altstadt 23), Heidelberg 1989.

Jochen Goetze, Gassen, Straßen und Raster oder die Anfänge der Stadt Heidelberg. Überlegungen und Gedanken zum Heidelberger Stadtgrundriß, in: Heidelberg. Jahrbuch zur Geschichte der Stadt 1, 1996, S. 103–120.

Ludwig Merz, Alt Heidelberg und seine Tore, Heidelberg 1982/83.

Ludwig Merz, Die Heidelberger Stadtmauern. Neue Aufschlüsse über alte Mauerzüge, Heidelberg 1965.

Hans-Martin Mumm, Vor der Stadtgründung. Drei Studien, in: Heidelberg. Jahrbuch zur Geschichte der Stadt 13, 2009, S. 9–20.

5. Die spätmittelalterliche Stadterweiterung nach Westen

Gertrud Fels, Der Gartenpavillon im Quartier Grabengasse, Sandgasse (Veröffentlichungen zur Heidelberger Altstadt 13), Heidelberg 1982.

Jochen Goetze, Umrisse einer Sozial- und Wirtschaftsgeschichte Heidelbergs im Mittelalter und in der Frühen Neuzeit, in: Heidelberg. Jahrbuch zur Geschichte der Stadt 1, 1996, S. 9–23.

Renate Ludwig und *Britta Rabold* (Hg.), Kultur(ge)schichten. Archäologie am Unteren Neckar. Begleitheft zur Ausstellung im Kurpfälzischen Museum der Stadt Heidelberg (Archäologische Informationen aus Baden-Württemberg 34), Stuttgart, Heidelberg 2007.

Wolfgang Metzger, »All Ding zergenglich«. Der Heidelberger Herrengarten, ein vergessener Renaissancegarten im Licht neuer Quellen, in: Gartenkunst 12, 2000, S. 275–302.

Anneliese Seeliger-Zeiss, Die Evangelische Peterskirche Heidelberg (Schnell Kunstführer 1595), 2. Auflage Regensburg 2006.

6. Das Schloss – von der Burg zurResidenz

Inken Gaukel und *Hermann Diruf* (Hg.), Traum & Wirklichkeit. Vergangenheit und Zukunft der Heidelberger Schlossruine. Ausstellungskatalog, Stuttgart 2005.

Burkhard Pape, Die Befestigungen am Heidelberger Schloß. Bau, Architektur und Funktion der Fortifikationen und die Geschichte der Belagerungen, Neckargemünd-Dilsberg 2006.

Heiko P. Wacker, Das Heidelberger Schloss als befestigte Residenz, Heidelberg 2010.

Stephan Hoppe: Wie wird die Burg zum Schloss? Architektonische Innovation um 1470, in: Heiko Laß (Hg.), Von der Burg zum Schloss, Bucha bei Jena 2001, S. 95–116.

7. Das Heiliggeiststift und die ehemaligen Klöster in der Altstadt

Hans Gercke, Kirchen in Heidelberg (Großer Kunstführer 258), Regensburg 2011.

Thorsten Huthwelker, Das Heidelberger Franziskanerkloster als Grablege der Pfalzgrafen bei Rhein und ihres Hofes, in: Zeitschrift für die Geschichte des Oberrheins 159, 2012, S. 165–182.

Matthias Köhler, Heidelberg Heiliggeistkirche (Schnell Kunstführer 1184), 4. Auflage Regensburg 2006.

Georg Schwaiger und *Manfred Heim,* Orden und Klöster. Das christliche Mönchtum in der Geschichte, 3. Auflage München 2008.

Eberhard Zahn, Die Heiliggeistkirche zu Heidelberg (Veröffentlichungen des Vereins für Kirchengeschichte in der Evangelischen Landeskirche in Baden 19), Karlsruhe 1960.

8. Herrschaft, Hof und Adel in der Stadt

Hermann Ehmer, Heidelberg. Residenz der Pfälzer Kurfürsten bis 1720, in: Residenzen. Aspekte hauptstädtischer Zentralität von der frühen Neuzeit bis zum Ende der Monarchie, hg. von Kurt Andermann (Oberrheinische Studien 10), Sigmaringen 1992, S. 297–322.

Johann Kolb, Heidelberg. Die Entstehung einer landesherrlichen Residenz im 14. Jahrhundert (Residenzenforschung 8), Sigmaringen 1999.

Achim Wendt, »mit wybe, kindern und aller habe hinder uns her gein heidelberg gezogen ...«. Zur Residenzbildung Heidelbergs im 13./14. Jahrhundert, in: Heidelberg. Jahrbuch zur Geschichte der Stadt 4, 1999, S. 130–145.

Achim Wendt, »... den stul der pfalsgraffschaft in dysze ubertrefflich burg zu verandern«. Zur Residenzbildung Heidelbergs im 13. und 14. Jahrhundert, in: Heidelberg. Jahrbuch zur Geschichte der Stadt 3, 1998, S. 9–30.

9. Die Anfänge der Heidelberger Universität – und das Ende der jüdischen Gemeinde

Peter Meusburger und *Thomas Schuch* (Hg.), Wissenschaftsatlas der Universität Heidelberg, Knittlingen 2011.

Susanne Himmelheber, Wolfgang Eckart, Jens Danehl, Joachim Heintze und *Karin Buselmeier,* Universitätsmuseum Heidelberg. Begleitheft zur Ausstellung (Universitätsmuseum Heidelberg. Kataloge 2), Heidelberg 2006.

Miriam Magall, Ein Rundgang durch das jüdische Heidelberg, Heidelberg 2006.

Eike Wolgast, Die Universität Heidelberg 1386 bis 1886, Berlin u. a. 1986.

Jochen Goetze, Die Häuser der 1390 aus Heidelberg vertriebenen Juden, in: Heidelberg. Jahrbuch zur Geschichte der Stadt 17, 2013, S. 11–24.

10. Händler, Handwerker, Ratsleute – die Bürgergemeinde

Dietrich Lutz (Hg.), Vor dem großen Brand. Archäologie zu Füßen des Heidelberger Schlosses. Ausstellung im Kurpfälzischen Museum Heidelberg und im Badischen Landesmuseum Karlsruhe, Stuttgart 1992.

Brita von der Decken-Sachs, Der Kornmarkt in Heidelberg (Veröffentlichungen zur Heidelberger Altstadt 17), Heidelberg 1983.

Peter Blum (Hg.), Heidelberger Altstadtbrunnen (Schriftenreihe des Stadtarchivs Heidelberg. Sonderveröffentlichungen 7), Heidelberg 1996.

Jochen Goetze, Das Heidelberger Stadtrecht im Mittelalter, in: Heidelberg. Jahrbuch zur Geschichte der Stadt 7, 2002, S. 13–32.

Hans-Martin Mumm, Der Ritter am ›Ritter‹ und seine Frau. Ein neuer Blick auf eine berühmte Fassade, in: Heidelberg. Jahrbuch zur Geschichte der Stadt 10, 2005/06, S. 151–176.

Marco Neumaier, Heidelberg in der Frühen Neuzeit (1508–1803). Sozialtopographie, URL: <http://www.heidelberg-fruehe-neuzeit.uni-hd.de/sozialtopographie.html> (7.10.2013).